古代歷史文化 研究輯刊

七 編

王 明 蓀 主編

第 7 冊

宋代對蝗災的認識與回應

張 志 強 著

國家圖書館出版品預行編目資料

宋代對蝗災的認識與回應／張志強 著 — 初版 — 新北市：花
木蘭文化出版社，2012〔民 101〕

序 4+ 目 2+164 面；19×26 公分
（古代歷史文化研究輯刊 七編；第 7 冊）
ISBN：978-986-254-817-2（精裝）
1. 農業災害　2. 蝗蟲　3. 宋代
618　　　　　　　　　　　　　　　　　　101002869

ISBN-978-986-254-817-2

9 789862 548172

古代歷史文化研究輯刊
七 編 第 七 冊　　　　　　　ISBN：978-986-254-817-2

宋代對蝗災的認識與回應

作　　者	張志強
主　　編	王明蓀
總 編 輯	杜潔祥
出　　版	花木蘭文化出版社
發 行 所	花木蘭文化出版社
發 行 人	高小娟
聯絡地址	新北市永和區中正路五九五號七樓
	電話：02-2923-1455／傳眞：02-2923-1452
網　　址	http://www.huamulan.tw 信箱 sut81518@gmail.com
印　　刷	普羅文化出版廣告事業
初　　版	2012 年 3 月
定　　價	七編 24 冊（精裝）新台幣 38,000 元

宋代對蝗災的認識與回應

張志強　著

作者簡介

張志強，1977 年生，臺灣宜蘭人。工科畢業後基於興趣接受歷史本科生的訓練，於 2003
年 6 月、2007 年 1 月，分別取得淡江大學歷史學系學士、碩士學位。現為國立中正大學歷史學
系博士生。主要關注環境史（歷史地理、歷史氣候）、科技史（醫療、生物、災害）以及政治
史（危機處理、地方行政）等新興領域的研究。先後在《歷史月刊》、《淡江史學》、《科學史研
討會彙刊》以及《宋史研究通訊》等刊物發表多篇文章。碩士論文榮獲 2007 年中國歷史學會「李
安獎學金」碩士論文評比第一名並獲頒獎學金。

提　要

　　本文是以宋人對蝗蟲的觀察與認知為中心，來探討宋代社會對於「蝗蟲生態」與「蝗災
成因」的瞭解，同時分析當時治蝗措施的運用，與相關知識累積的關係，進而探索當時社會在
蝗災衝擊下所衍生的各種問題，例如官吏失職、匿災以及貪污等等。

　　首先，說明宋代蝗災的分布情形，再探究蝗災對當時社會所造成的影響，以作為後續研究
的基礎。其次，說明宋人對蝗蟲生活史的觀察，再歸納當時社會上普遍的蝗蟲來源說，藉以瞭
解宋人對蝗蟲生物知識的認知情形。接著，從宋人對蝗災成因的解釋及其治蝗方法，分析這些
措施的歷史意義。最後，呈現宋代社會在蝗災衝擊下，所產生的各種現象，如捕蝗法令的由賞
入罰、官民捕蝗的苦況、多靈驅蝗的信仰型態等，以便增進對宋代社會真實面貌的瞭解。

　　綜而論之，透過這四個部份的討論，可以瞭解蝗災為宋代社會帶來了飢荒、民亂等問題，
使得朝廷制定嚴苛的捕蝗法，以減少蝗蟲的危害。然而此舉雖然舒緩了蝗災所造成的傷害，增
進了人們對蝗蟲生態的瞭解，甚至提升了治蝗的技術，但頻繁的捕蝗活動，不僅官吏疲於奔命，
還造成百姓們額外的負擔，並衍生許多執行上的弊病。這些問題的產生，正彰顯出飛蝗史研究
的複雜性，需依靠跨領域的研究模式，它不僅是災荒史的研究，同時也是科學史、社會史、經
濟史乃至於環境史等領域的研究課題。

序 ……………………………………………………………… 1

第一章　緒　論 ………………………………………………… 1
　　第一節　研究動機 ………………………………………… 1
　　第二節　研究回顧 ………………………………………… 2
　　　　一、中國歷代蝗災史料的整理 ……………………… 2
　　　　二、涉及宋代蝗災的通論性研究 …………………… 3
　　　　三、宋代蝗災的研究成果 ……………………………10
　　　　四、宋代禳蝗的相關研究 ……………………………10
　　第三節　研究方向 …………………………………………12

第二章　宋代蝗災的分布與影響 ………………………………15
　　第一節　宋代蝗災的分布情況 ……………………………15
　　　　一、北宋的蝗災分布 …………………………………16
　　　　二、南宋的蝗災分布 …………………………………17
　　　　三、兩宋蝗害的災情分析 ……………………………19
　　第二節　宋代蝗災對社會的影響 …………………………20
　　　　一、蝗災對農業生產的破壞 …………………………21
　　　　二、蝗災引發的糧價暴漲 ……………………………24
　　　　三、蝗災衍生的飢荒問題 ……………………………27
　　　　四、蝗災對社會秩序的衝擊 …………………………30

第三章　宋人對蝗蟲的生物認知與來源說 ……………………33
　　第一節　宋人的蝗蟲生物認知 ……………………………33
　　　　一、蝗蟲的生命週期 …………………………………34
　　　　二、蝗蟲的多產特色 …………………………………36
　　　　三、蝗蟲的生活習性 …………………………………37
　　　　四、蝗蟲的自然天敵 …………………………………41
　　第二節　宋人的蝗蟲來源說 ………………………………46
　　　　一、宋代以前化生思想的流傳 ………………………46
　　　　二、宋人的化生思想 …………………………………48
　　　　三、宋人的蝗蟲來源說 ………………………………50

第四章　宋人對蝗災的認識與防治 ……………………………59
　　第一節　宋人的蝗災觀 ……………………………………59
　　　　一、天災觀念下的成災原因 …………………………60
　　　　二、蟲災觀念下的成災原因 …………………………64
　　第二節　宋人的治蝗方法 …………………………………70
　　　　一、天災觀念下的治蝗措施 …………………………70
　　　　二、蟲災觀念下的治蝗措施 …………………………76

目
次

第五章　宋代除蝗的相關法令及信仰活動 ……… 85
　第一節　宋代捕蝗法的發展趨勢 ……………… 85
　　一、熙寧（1068～1077）「除蝗法」的施行 … 86
　　二、元符（1098～1100）「捕蝗法」的補充 … 87
　　三、淳熙（1174～1189）「捕蝗敕」的嚴峻 … 89
　第二節　宋代捕蝗對官民之衝擊 ……………… 92
　　一、官吏治蝗負擔之加重 ……………………… 93
　　二、百姓捕蝗辛勞的遽增 ……………………… 96
　第三節　宋代的禳蝗活動 ……………………… 99
　　一、宋代捕蝗中的祭捕現象 …………………… 99
　　二、宋代的「蜡祭」與「醡神之祀」………… 101
　　三、宋代多靈驅蝗的祭祀活動 ……………… 103
　　四、劉猛將信仰的萌芽 ……………………… 106

第六章　結　論 ……………………………………… 111

徵引書目 …………………………………………… 117

附錄：宋代蝗災發生記錄年表（960～1279 A.D.）… 129

後　記 ……………………………………………… 161

附　圖
　圖2-1：北宋蝗災發生頻率分布示意圖 ………… 17
　圖2-2：南宋蝗災發生頻率分布示意圖 ………… 18
　圖2-3：宋代皇帝在位期間遭受蝗災比較圖 …… 19
　圖2-4：宋代農牧分布圖 ………………………… 24
　圖3-1：蝗蟲交合情況 …………………………… 35
　圖3-2：蝗蟲產卵入地常深寸許情況 …………… 35
　圖3-3：剛產下之蝗卵形態 ……………………… 36
　圖3-4：蝗卵顏色會漸漸轉深 …………………… 36
　圖3-5：蝗蟲初生時型態 ………………………… 39
　圖3-6：蝗、蝦外型比較圖 ……………………… 57

附　表
　表2-1：宋代連續蝗災表 ………………………… 21
　表3-1：宋代蝗蟲「抱草死」之紀錄 …………… 44
　表4-1：南宋蝗災的祭祀記錄 …………………… 72
　表4-2：宋代掘蝗卵之記錄 ……………………… 81
　表5-1：「劉猛將」來歷記錄表 ………………… 106
　表6-1：宋人捕蝗方法的分類 ………………… 111
　表6-2：宋人對捕蝗知識的應用 ……………… 112

序

　　志強是近年來台灣史學界新崛起的一位優秀青年學者。也是我在大學執教時給我留下極佳印象的學生之一。他本來是一位已學有所成的五專土木工程科的畢業生，後來因為興趣及使命感的促使，考進了淡江大學歷史系，開啟了我們之間相處多年的師生之緣。由於他的興趣多元，加上對所修習的每門課都全力以赴，因此授過他課的老師都對他讚譽有加。更由於他網路應用技術的嫻熟，曾幫助系上及多位老師架設網上教學資料，也因此充實了他自己對網路史料的深入了解與應用能力，對他日後的研究工作很有幫助。

　　我在系上開設的主要課程是「中國科技史」，此門課程範圍很廣，舉凡古中國的天文、地理、數學、醫藥、動植物學、環保、農業、天然災害的處理──等等都在探討研究的範圍之內，引起了他濃厚的興趣。在修讀期間，除了上課認真之外，所有的作業也都表現突出。由於我們師生研究興趣相同，所以課餘他常常在我的研究室和我討論相關問題。從他每次提出的問題與認真探討的態度，當時我就知道這個青年將來必能成大器。

　　大學畢業後，志強順利的進入了本系研究所攻讀碩士。在碩士班時，最主要的課業之一，就是碩士論文的撰寫。由於他對科技史的興趣，加上他出身農村，對影響農業收成的自然環境與天然災害十分關心，就學期間也曾蒐集過有關蝗蟲與災害的資料，經與師長們討論過後，遂決定以探討中國古代科技與農業都十分發達的宋代蝗蟲問題為論文研究的中心思想，因而完成了這本即將出版的極具參考價值，內容十分豐富，學術與實用功能兼備的優秀著作。

　　本書共包含六個單元，除了開頭的「緒論」與結尾的「結論」外，共分為四大重點：

　　第一個重點在探索與分析宋代蝗蟲災害的發生時間、分布地點，以及蝗災發生時對當時社會、自然環境及人文的影響。內容按時間先後分成北宋與南宋兩大部分，文字的說明固然井然有序、清晰明瞭，而且還附有蝗災發生時間與地點的詳細圖表，讓讀者一目了然。另外還根據確實的史料自行繪製蝗災發生的頻率分布圖及宋代農牧分布圖，更將宋代每位皇帝在位期間蝗災發生的頻率做成比較圖，輔助讀者能從另一個角度去探索宋代的政情與社會變化

　　第二個重點在舉出豐富的史料以詳細說明宋人對蝗蟲的認知，並從古籍與現實生活中去解析各種不同認知的來源。文中除了舉出大批史料記載為依據外，也附錄了現代所拍攝的有關蝗蟲生態的相關圖片，以對比出宋人有關蝗蟲認知的對與錯。在此章中讀者可以發現宋人解釋蝗蟲生成的有趣想法，如有人認為蝗蟲是由「魚」變成的，有人認為是由「蝦」變成的，更有人以為蝗蟲是由「戾氣」變成的。而凡此種種說法的來源，作者在文章中都給了清楚的答案。

　　第三個重點則是在探討宋人對蝗蟲危害原因的認知，及針對蝗災發生的原因所採行的滅蝗政策與行動。在此章中作者運用了大量宋人文集、史料、詩詞、筆記等作品中的相關資料，來剖析宋人對蝗災原因的認識，並將蝗蟲危害的原因歸納為「天災」與「蟲災」兩種性質頗有差異的說法，並分析每一種說法對政府在制定處理與解決蝗災的政策方面的影響。文中所敘述的滅蝗方法如「坎瘞法」（是將幼小的蝗蝻與蝗卵挖掘殆盡，投入烈火焚燒後再以土掩埋的方法）、「環境防治法」（是鼓勵農民在蝗災嚴重的地區改種蝗蟲不喜食之豆類等植物）等，時至今日，仍具有實用價值。

　　第四個重點是在解析宋代蝗災對當時的法令及民間信仰的影響。文中經由史料的分析彰顯了由北宋到南宋由於蝗災的日趨嚴重，朝廷對治蝗法令內容的制定與法令的施行也越來越嚴苛，甚至有矯枉過正，嚴重擾民的現象，造成種種地方官員與百姓的抱怨，相當程度的影響了蝗災治理的成效。最後透過宋人對蝗神的信仰及祭祀方面，說明宋人因為對蝗蟲的恐懼與敬畏，對於祭祀蝗神的活動越來越重視，因此到南宋末年遂衍生出將死於元兵入侵戰役的猛將劉錡奉為滅蝗之神的「劉猛將」廟的設立及奉祀。

　　除了上述四大重點外，本著作還有兩個十分值得後人學習與參考的特色：

　　一、是參考資料蒐集得非常豐富與詳實：從確立了題目與大綱之後，志強就利用課餘時間至台灣各大圖書館蒐集相關資料，又由於他對網路技術運用的純熟，又透過電腦網路搜遍海峽兩岸由早期到現代學者們與文題相關的所有著作，舉凡與宋代蝗蟲與蝗災有關的原因分析、地理分布，環境條件、災害影響、神奇傳說、信仰祭祀……等等各方面的資料都蒐集得十分完整。本書所使用的參考資料時間涵蓋了上古到現在，種類包括了經、史、子、集、地志、類書、筆記傳說、專書論文等等將近兩百本。而且他對於所參考使用的資料都認真研讀過，很多還做出精闢的內容分析（詳見此書第一章的研究回顧部分），此種功力不要說在一般常見的碩士論文中，就是在今日的博士論文中，亦不多見。因此此書完成後，不但讓志強以高分取得了碩士的學位，也順利的進入了中正大學歷史研究所攻讀博士學位。在畢業後不久，志強又以此作品參加了台灣宋史研究學界具有崇高地位的「李安獎學金」的甄選，獲得了第一名的殊榮，真是實至名歸。

　　二、是志強在作品中充分的運用了繪圖與制表的功能，不但大幅增進閱讀者對所探討問題深度的了解，也為將來有志於繼續研究此類問題的學者提供了很好的參考資料。全書中附錄了將近二十幅的圖表，除了其中少數幾幅圖（如蝗蟲生態圖、蝗蝦比較圖）是引用他人作品外，其餘圖表全是作者個人根據史料繪製而成，尤其是附在全文最後的「宋代蝗災發生記錄年表」，將西元 960～1279 年的兩宋政權統治期間所發生的蝗災，逐年逐月將其發生時間、地點、災情以及史料出處詳細的表列出來，極具參考價值。

　　好的作品希望公諸於世，是當然的道理。前日志強來函告知，今有台灣的「花木蘭文化出版社」願意襄助出版他的著作，請我幫他寫篇序文。得知此訊內心感到十分高興。今特以此文一方面祝賀志強的著作順利出版，一方面也感謝「花木蘭文化出版社」諸君的獨具慧眼，讓這本優秀的作品問世，讓讀者有一本好書可讀。

葉鴻灑寫於溫哥華
2011 年 6 月 25 日

第一章　緒　論

第一節　研究動機

　　飛蝗是一種世界性的害蟲，對農業威脅很大，其分布東起太平洋的斐濟群島（Fiji Islands），西至大西洋的亞速爾群島（Azores Islands），南達紐西蘭南端，北迄於歐亞大陸針葉林地帶的南緣〔註1〕。其中東亞飛蝗（Locusta migratoria manilensis）的發生頻率和致災程度最為劇烈，中國全境皆在此一飛蝗的活動範圍內，故蝗患問題嚴重〔註2〕。因此，如何防治蝗蟲為害，也就成為歷代統治者關注的焦點。

　　中國以農立國，蝗蟲經常成群結隊的遷移，威脅著古人賴以維生的農業，危害農作物十分深鉅，造成古人對蝗蟲產生不可抗拒的恐懼，使得蝗蟲蒙上一層神秘的面紗，有人說牠是蝗神；又有人說牠是神的使者；也有人認為牠是所謂的蝗蟲精。但這些說法對我們來說，是相當奇特而有趣的事情。

　　現今科學已經瞭解蝗災發生的原因，是自然界失去平衡，蝗蟲繁衍過多所致。但在尚未有現代自然知識的先民眼中，蝗蟲蔽天蓋日的情景，確實會

〔註1〕　夏凱齡等編，《中國動物志》昆蟲綱第十卷（北京：科學出版社，1998年），頁21～23。

〔註2〕　中國境內已知飛蝗有三亞種，分別是亞洲飛蝗（Locusta migratoria migratoria）、東亞飛蝗（Locusta migratoria manilensis）以及西藏飛蝗（Locusta migratoria tibetensis），其中東亞飛蝗的主要發生地為長江以北的華北平原，與北方農業區域重疊，故其危害最為劇烈；詳情可參馬世駿撰，《中國東亞飛蝗蝗區的研究》（北京：科學出版社，1965年），頁10～19；朱恩林主編，《中國東亞飛蝗發生與治理》（北京：中國農業出版社，1999年），頁5～6。

令人感到恐慌、害怕，蝗災過後的農作物歉收，更是造成度日艱辛的災難。所以蝗蟲究竟是從何而來？又從何而去？這件事困擾著先民。他們追究蝗蟲與蝗災的來由，在生活經驗中探求，便產生多種的想像與說法，這些論述豐富了古代文化，也引起筆者深入研究的興趣。

有鑑於此，筆者在尋找歷代有關蝗災的資料時發現，南宋學者羅大經在《鶴林玉露》一書中，對蝗蟲的生物型態，有詳實且細膩的描述。這是一個相當近似科學的觀察紀錄，使人感到十分訝異！宋代有人能如此觀察蝗蟲生態，爲何無法掌握蝗蟲的來由呢？宋人對蝗蟲的生物知識到了何種程度？爲何會形成蝗蟲與其他生物相互轉化的特殊概念？其實蝗蟲與其他千百種的昆蟲一樣，循著上天所賦予的生命歷程：生、老、病、死，並無例外，而宋人對蝗蟲抱持態度實饒富趣味，本文即旨在探究科技十分發達的宋朝，人們對蝗蟲的觀察與認識，以便了解宋人如何運用這些知識，來防治蝗蟲對農業的危害，進而理解蝗災對宋代整體生活的社會影響。

第二節 研究回顧

民國初年以來，學者對中國飛蝗史的研究焦點，多集中在防蝗、災害二個面向：前者由自然科學者擔當；後者則將其視爲災荒史的項目，和水災、旱災、風災和地震等並列，且多從消弭災害和事後救荒著手。依研究性質的差異，將其分項說明如下。

一、中國歷代蝗災史料的整理（僅討論宋代部分）

蝗災史料的收集與整理，是飛蝗史研究的基礎。不少學者在此都付出努力而有豐碩的成果，其中對宋代蝗災資料的整理，較具特色的著作有：學者陳高傭的《中國歷代天災人禍表》〔註3〕一書，他將同時間的災害與戰爭的記錄並列，這對分析宋代蝗災與其他天災人禍之關係，有很大的幫助。

另一方面，宋正海主編的《中國古代重大自然災害和異常年表總集》〔註4〕一書，對宋代蝗災研究也頗具參考價值，其優點在於材料來源豐富，包括正史、地方志以及部分文集等，缺點則是過於瑣碎，難以和其它災害相互比

〔註3〕 陳高傭，《中國歷代天災人禍表》（上海：上海書店，1986年），頁796～1084。
〔註4〕 宋正海主編，《中國古代重大自然災害和異常年表總集》（廣州：廣東教育出版社，1992年），頁453～455、470。

較；這情況在其新作《中國古代自然災異相關性年表總匯》〔註 5〕一書出版後，獲得了補充並有進一步的處理。作者在書中依災害的相關性，將蝗災與水、旱以及疫病等災害並列，作一歸納整理，相當方便讀者使用。

此外，學者周堯在《中國昆蟲學史》〔註6〕一書裡，附有歷代蝗災的統計表，取材與其他著作略有不同，可相互補充。中國社會科學院歷史研究所資料編纂組所編撰的《中國歷代自然災害及歷代盛世農業政策資料》〔註 7〕一書，也將宋代蝗災相關史料作一收集，但未獨立編排，且資料來源不明確，故使用不便。其它尚有張波等編的《中國農業自然災害史料集》〔註8〕、郭文佳的《宋代社會保障研究》〔註9〕等著作，都有宋代蝗災的相關整理，雖然取材相似，但可供參照使用。

二、涉及宋代蝗災的通論性研究

蝗災是災害史中研究的重點之一，目前已累積不少的成果，但學者大多以宏觀的角度去論述歷代的蝗災，反之，僅討論其中單一問題，故無法對蝗災進行有系統且全面性的研究。因此迄今為止，宋代蝗災相關的作品並不多見，論述也較為簡單，甚至幾句話就帶過。現舉其中具有啟發性的研究成果，依研究主旨的不同，分項說明如下。

（一）蝗災統計研究方面

中國擁有長期且豐富的蝗災記錄，對現今蝗蟲防治能提供不少的借鏡。早就有學者投入研究，較具代表性的有：陳家祥的〈中國歷代蝗患之記錄〉〔註10〕一文，作者對宋代的蝗災記錄曾做了一番整理的工作，但著墨不多僅

〔註 5〕 宋正海、高建國、孫關龍、張秉倫等撰，《中國古代自然災異相關性年表總匯》（合肥：安徽教育出版社，2002 年），頁 478～479、519。

〔註 6〕 周堯，《中國昆蟲學史》（西安：天則出版社，1988 年），頁 182～193。

〔註 7〕 中國社會科學院歷史研究所資料編纂組，《中國歷代自然災害及歷代盛世農業政策資料》（北京：農業出版社，1988 年），頁 85～143。

〔註 8〕 張波、馮風、張綸、李宏斌等編，《中國農業自然災害史料集》（西安：陝西科學技術出版社，1994 年），頁 492～500。

〔註 9〕 郭文佳，《宋代社會保障研究》（北京：新華出版社，2006 年），頁 381～424。

〔註10〕 陳家祥，〈中國歷代蝗患之記錄〉，《浙江省昆蟲局年刊》第五號（1936），頁 188～241。在此之前，學者徐國棟已有類似的作品，但研究對象較廣，且僅以浙江省之地方志為主；詳情可參徐國棟，〈浙江省縣志蟲害記載之整理與推論〉，《浙江省昆蟲局年刊》第二號（1933），頁 332～363。

屬材料上的分析。其後，曹驥則在〈歷代有關蝗災記載之分析〉〔註11〕一文裡，針對蝗災發生情況，與水旱之災、氣溫、天敵以及人類防治等關係，做一量化的分析，但其圖表均以宏觀的角度製作，對宋代蝗災的研究，僅能提供觀念上的啓發。

　　二十世紀八○年代以後，隨著學界對災害研究的關注，蝗災的論述開始增多，如彭世獎在〈中國歷史上的治蝗鬥爭〉〔註12〕一文，對歷代政府所頒佈的治蝗政令，進行說明與分析，其文中所提宋代飛蝗自死的記載，具有重要的參考價值。稍後，陸人驥的〈中國歷代蝗災的初步研究——開明版《二十五史》中蝗災記錄的分析〉〔註13〕一文，即運用正史裡的蝗災記錄，統計歷代的蝗災發生次數，並針對蝗災的特徵與危害加以論述。同時期最具代表的作品有三：第一爲鄭雲飛的〈中國歷史上的蝗災分析〉〔註14〕一文，他運用中國古代的農業結構，來論證蝗災「北重南輕」的情況，並認爲宋代以後，長江以南地區的災情加重，可能與旱作面積的擴大有關。這是相當具有啓發性的作品，點出人爲環境與蝗災之間有必然之關係，值得深入探討。第二則爲倪根金的〈中國歷史上的蝗災及治蝗〉〔註15〕一文，作者對古代的蝗災、治蝗思想以及捕蝗術，進行敘述與析論，並指出中國的捕蝗法，始於宋孝宗淳熙九年（1183）的「諸州官捕蝗之罰」。第三則是著名地理學家陳正祥所繪「蝗神廟之分佈」〔註16〕一圖，雖取材多爲明清方志，但對中國歷代的蝗災分布，仍具有重要的參考價值。

　　到了二十一世紀初，蝗災的研究在分布、成因以及思想方面，都有進一

〔註11〕　曹驥，〈歷代有關蝗災記載之分析〉，《中國農業研究》第一卷第一期（1950），頁57～64。

〔註12〕　彭世獎，〈中國歷史上的治蝗鬥爭〉，《農史研究》第三輯（1983），頁122～130。

〔註13〕　陸人驥，〈中國歷代蝗災的初步研究——開明版《二十五史》中蝗災記錄的分析〉，《農業考古》第一期（1986），頁311～324。

〔註14〕　鄭雲飛，〈中國歷史上的蝗災分析〉，《中國農史》第四期（1990），頁38～50。

〔註15〕　倪根金，〈中國歷史上的蝗災及治蝗〉，《歷史教學》第六期（1998），頁48～51。

〔註16〕　陳正祥，《中國文化地理》（台北：木鐸出版社，1983年），頁52。作者運用方志中的八蜡廟，推估中國蝗災分布區域的方法，提供學界創新的研究思路，但就方志的存留迄今的情況來看，兩宋時期的方志所佔比例甚少；換言之，陳正祥所繪的蝗神廟圖，係以明清時期爲本，無法等同於兩宋時期的蝗神廟分布，故僅具參考之價值。

步的斬獲。如施和金在〈論中國歷史上的蝗災及其社會影響〉〔註17〕一文中，指出在歷代蝗災分布裡，宋代蝗災的範圍是以河北、河南、山東及山西爲最主要受災地區。宋正海等人在《中國古代自然災異動態分析》〔註18〕第十八章〈蝗災〉的內容裡，運用自然科學的理論與方法進行研究，對蝗災發生週期與成因的綜合析論，認爲宋人已經對蝗蟲的生活史，有一定的了解，並指出《宋史》已記下掘卵滅蝗的方法。遊修齡則在〈中國蝗災歷史和治蝗觀〉〔註19〕一文中，認爲「天人感應說」和蝗災的關係，到宋代被程朱理學所張揚，並引用朱熹奉旨前去浙東一帶視察蝗災的事蹟，舉證說明。

　　以上的通論性研究，都對宋代的蝗災都有相關論述，其中不乏具有開創性的研究成果，雖然討論還不夠深入、詳細，仍值得參閱，可以期望在這些基礎上拓展新的視野。

（二）其他相關研究方面

　　在歷史的發展裡，每一次重大災害的發生，都必然對當時的社會生活，造成劇烈的影響。對於這些「災害」的研究著作，或多或少都會涉及宋代的蝗害論述，其中以災荒史、昆蟲史及環境史等研究的相關最深，以下分別加以說明：

1. 災荒史的研究

　　蝗災屬於災荒史研究的項目之一，近年以來研究成果頗多，但涉及宋代蝗災的作品甚少。其中最具有代表性的著作，當推前輩鄧雲特所撰《中國救荒史》〔註20〕一書。這本書對宋代鼓勵捕蝗的方法，給予肯定，並針對北宋神宗的〈除蝗詔〉與南宋孝宗的〈淳熙敕〉，有簡要的說明。此外，著名學者王德毅在《宋代災荒的救濟政策》〔註21〕書中，也曾扼要敘述宋代蝗害的災情，並提及當時民智未開，民間採用祭拜的方式驅蝗，雖朝廷採行「以蝗易

〔註17〕施和金，〈論中國歷史上的蝗災及其社會影響〉，《南京師大學報（社會科學版）》第二期（2002），頁148～154。
〔註18〕宋正海，《中國古代自然災異動態分析》（合肥：安徽教育出版社，2002年），第十八章〈蝗災〉，頁365～381。
〔註19〕遊修齡，〈中國蝗災歷史和治蝗觀〉，《華南農業大學學報（社會科學版）》第二期（2003），頁94～100。
〔註20〕鄧雲特，《中國救荒史》（臺北：臺灣商務印書館，1987年），頁351～353。
〔註21〕王德毅，《宋代災荒的救濟政策》（臺北：中國學術著作獎助委員會，1961年），頁15～16。

粟」與嚴峻的「捕蝗令」，仍無法杜絕此情況的產生。這兩份作品的內容裡，關於宋代蝗災的討論，雖然僅略提一二，但其中所揭示的觀念與災情描述，對宋代蝗災的研究，具有重要的參考價值。

二十世紀九○年代以後，聯合國推動「國際減輕自然災害十年」（簡稱IDNDR）的活動〔註22〕，使得災害史的研究更為興盛。此時期與宋代蝗災相關的代表性研究有：宋湛慶的〈宋元明清時期備荒救災的主要措施〉〔註23〕一文，對傳統備荒、救災的各種措施，進行要點式的分析，其中提到宋代官吏因私藏蝗災賑糧而被彈劾的事例，值得注意；桂慕文在〈中國古代自然災害史概說〉〔註24〕一文中，歸納宋代災害的特徵，並指出其蝗災相當猖獗；張建明、宋儉兩位學者在《災害歷史學》〔註25〕一書裡，肯定宋代在中國飛蝗史上有著重要的地位，對北宋神宗的〈除蝗詔〉有詳細的分析。其它如王涯軍、楊偉兵的〈宋代川峽四路荒政特點淺析〉〔註26〕一文，僅提宋人謝絳〈論捕蝗踐田之害〉的意見，是救荒政策的具體辦法。

雖然「國際減輕自然災害十年」的活動已結束，但災荒研究的風氣，持續至今，仍不減其勢，本世紀初尚有孟昭華在《中國災荒史記》〔註27〕一書中，論述各朝代所發生的自然災害，重點在於闡述統治者具體的救荒措施，其中對於宋代的蝗災史料，加以羅列與說明，並指出當時的蝗害災難不可忽視。

2. 昆蟲史的研究

二十世紀初，從西方留學歸來的學者，如張巨伯、吳福禎、陳家祥與鄒鍾琳等人，開啟了近代中國昆蟲學的研究。他們對蝗蟲進行研究的同時，也

〔註22〕 聯合國於 1987 年 12 月，召開第四十二屆大會，會中通第 169 號決議，將二十世紀最後十年，定為「國際減輕自然災害十年」，致使全球展開對災害防治的注意，帶動災害研究的熱潮。

〔註23〕 宋湛慶，〈宋元明清時期備荒救災的主要措施〉，《中國農史》，第二期（1990），頁 14～22。

〔註24〕 桂慕文，〈中國古代自然災害史概說〉，《農業考古》第三期（1997），頁 226～238。

〔註25〕 張建明、宋儉，《災害歷史學》（武漢：湖北人民出版社，1998 年），頁 306～307。其分析內容有四：第一為官吏的職責；第二是「厚給捕蝗」的政策；第三是納官後的處理；第四則為捕蝗受損的補償措施。

〔註26〕 王涯軍、楊偉兵，〈宋代川峽四路荒政特點淺析〉，《貴州社會科學》，第二期（1998），頁 93～97。

〔註27〕 孟昭華，《中國災荒史記》（北京：中國社會出版社，2003 年），頁 317～319。

把關注的範圍，延伸到古代的蝗害問題上，以資借鑑，增加蝗災研究的深度。但受限於學科的視野，這些早期的昆蟲學家，多半將焦點放在歷代防蝗的昆蟲認識上，故對於宋代飛蝗史的研究，僅限於部分的文獻，或單一的歷史事件以及災害統計等研究，如徐碩俊所輯〈歐陽修答朱寀捕蝗詩（附跋）〉〔註28〕一文，僅針對史料作觀念上的推崇，並未深入探討此詩所處的時代環境；此外，李鳳蓀的〈捕蝗古法〉〔註29〕一文，亦提及宋神宗熙寧八年（1075），下詔捕蝗的史事。這些成果雖多屬於通論性的講述，或片面的史料剖析，但具拋磚引玉的功效。

　　二十世紀五十年代以後，隨著人們對中國古代昆蟲知識的瞭解增加，宋代蝗災的相關研究也逐漸深化。如郭郛的〈中國古代的蝗蟲研究的成就〉〔註30〕一文，對宋代的治蝗知識有扼要的論述。最具代表性的成果者，是周堯的《中國早期昆蟲學研究史》〔註31〕一書，他指出南宋孝宗的〈淳熙敕〉，是我國第一道治蝗法規，並認為此法規在宋代已經徹底執行，對治蟲不力的官吏，曾給予嚴屬的處分。稍後，專攻飛蝗的馬世駿、陳永林兩位昆蟲學家，在《中國東南亞飛蝗蝗區的研究》〔註32〕一書中，點出宋代黃河奪淮出海後，河道改變與蝗蟲繁殖區的關係，並製作「黃河歷代主要改道決溢與飛蝗發生情況比較圖」、「黃河歷代較大改道的情況與飛蝗發生情況的比較表」，來作說明。雖然書裡對宋代蝗災沒有直接論述，但由圖中可以發現，宋代黃河改道後，多伴隨有蝗災的產生，這種天災、地理變遷與蝗害之間的關係，值得進一步研究。

　　二十世紀八十年代以後，在「中國昆蟲學史」的專題研究上，有兩本重要的著作問世，對宋代蝗蟲的相關論述，已有更深刻的探討。如鄒樹文在《中國昆蟲學史》〔註33〕一書中，針對宋代歐陽修〈答朱寀捕蝗詩〉的內容，有

〔註28〕徐碩俊，〈歐陽修答朱寀捕蝗詩（附跋）〉，《昆蟲與植病》第一卷（1933），頁463～464。

〔註29〕李鳳蓀，〈捕蝗古法〉，《昆蟲與植病》，1933年第一卷，頁734～742。

〔註30〕郭郛，〈中國古代的蝗蟲研究的成就〉，《昆蟲學報》第二期（1955），頁211～220。

〔註31〕周堯，《中國早期昆蟲學研究史》（北京：科學出版社，1957年），頁27～42。

〔註32〕馬世駿，《中國東亞飛蝗蝗區的研究》，頁25～28、圖11（2）。

〔註33〕鄒樹文，《中國昆蟲學史》（北京：科學出版社，1982年），頁124～127。作者在文中指出學者周堯對宋代蝗史研究的錯誤：第一是掘蝗種法出現的時間，他認為早在仁宗景祐元年（1034）已採用；第二則是南宋孝宗的〈淳熙

精闢的分析，並引以爲證，指出該詩之前，官府已有治蝗法規的存在，進而討論整個宋代的捕蝗法，認爲神宗熙寧八年（1075）的〈除蝗詔〉是現存可考最早的治蝗法規內容。不久之後，前述提到的周堯，將早期的著作加以改寫，重新出版成《中國昆蟲學史》〔註34〕一書，內文中關於宋代蝗災的論述，有相當比例的擴充與修正。除此之外，這時期以飛蝗爲專題的研究，在宋代的蝗災認識上，也得到很大的進展，其中最具代表性的作品，即爲劉淦芝的〈中國飛蝗史〉〔註35〕一文，他對中國古代的飛蝗史，進行深入且扼要的論述，認爲江浙一帶於兩宋時期（960～1279），蝗害問題特別嚴重，並指出當時治蝗法令特嚴，偏重掘卵，其原因在於江浙蝗蟲多自他處飛來，遺卵爲患，故不得不加以防範。

另外，以現今蝗蟲爲研究對象的昆蟲學作品中，也具參考價值，如郭郛等學者在《中國飛蝗生物學》〔註36〕一書裡，針對宋人歐陽修的〈答朱寀捕蝗詩〉、北宋神宗的〈除蝗詔〉、南宋孝宗的〈淳熙敕〉以及董煟《救荒活民書》中的「捕蝗法」，進行深入的說明與分析，並認爲董煟所記載的「捕蝗法」，是宋代治蝗經驗的總結。此外，夏凱齡等人所編撰的《中國動物志・昆蟲綱第四卷》〔註37〕一書，對古代蝗蟲設有專章論述，編者在防治蝗蟲的議題上，繼承北宋神宗的〈除蝗詔〉，是最早可考的治蝗法規，並對詔書內容進行分析，指出當時對蝗蟲的防治，已由官府組織動員，也有具體的配套措施。還有，姬慶文在《治蝗豐碑》〔註38〕一書中，對古代的捕蝗法有簡要的敘述，並指出宋代治蝗活動，不僅責成官吏督捕，還發明了掘卵滅蝗法，相當可貴。

從以上的論述不難發現，由於學科的屬性與時代的需求，這些研究的焦點，多放在「蝗害防治」和「蝗蟲知識」上，整體的發展趨勢在早期多集中

　　敕〉，不是宋代可考的第一道捕蝗法，他認爲是北宋神宗的〈捕蝗詔〉。

〔註34〕 周堯，《中國昆蟲學史》，頁 47～64。書中關於宋代蝗史較重大的修正，是爲改列南宋孝宗的〈淳熙敕〉爲我國第二道治蝗法規。

〔註35〕 劉淦芝，〈中國飛蝗史〉，收入《中國科技史》上冊（臺北：銀禾文化，1989年），頁 242～267。

〔註36〕 郭郛、陳永林、盧寶廉，《中國飛蝗生物學》（濟南：山東科學技術出版社，1989年，頁 13～15。

〔註37〕 夏凱齡等編，《中國動物志》昆蟲綱第四卷（北京：科學出版社，1994年），頁 27～28。

〔註38〕 姬慶文，《治蝗豐碑》（南京：江蘇文史資料編輯部，1995年），頁 20～22。

在材料的整理與介紹，中期以後對古代蝗蟲的研究開始具體，晚期則進行總結以及更深入的應用。宋代蝗災的相關研究，則以「捕蝗法」一項較具規模。雖然對宋代蝗災的研究，許多仍舊附於通史性的作品當中，但篇幅日增，也有許多開創性、啓發性的論述，尤其對宋代蝗蟲知識與捕蝗方法的認識，很有參考價值。

3. 環境史的研究

隨著人們環保意識的提升，環境史的研究受到較多關注，其中也有與宋代蝗災相關的論述，如鄒逸麟在《黃淮海平原歷史地理》〔註 39〕一書裡，即引用《長編》、《宋史》等文獻資料，說明黃淮海平原在環境變遷的過程中，所遭遇的蝗害問題。此外，甚至有利用史籍中蝗災的記錄，來推算古氣候冷暖的作品出現，如張德二、陳永林在〈由我國歷史飛蝗北界記錄得到的古氣候推斷〉〔註 40〕一文裡，利用古代有關飛蝗活動的記錄，對十二至十八世紀的古氣候，進行研究並加以推論，作者指出在南宋時期，中國東北與中原地區，皆處於氣候溫暖的類型。

不久之後，張全明、王玉德兩位學者在《中華五千年生態文化》〔註 41〕一書裡，則運用北宋神宗熙寧八年（1075）八月之〈除蝗詔〉，來強調統治者對治蝗工作的重視，並介紹北宋結合水利興修所進行的農田改造，即將陸田變爲水田的防蟲措施。較近期，則有程遂營在《唐宋開封生態環境研究》〔註 42〕一書裡，運用《宋史》、《長編》等資料，指出北宋蝗災約有二十次左右，主要發生在黃河中下游地區，並認爲北宋人對蝗蟲的活動，比唐代有更進一步的認識。

以上研究成果顯示，從生態環境的角度去看歷史演變，似乎能得到更踏實的體會。蝗蟲有其生物特性，牠的分布甚至能成爲古代氣候的指標，若由此面向展開思考，宋代蝗災的斷代研究，將提供學界更深入瞭解氣候的變遷。

〔註 39〕 鄒逸麟，《黃淮海平原歷史地理》（合肥：安徽教育出版社，1993 年），頁 87、95。

〔註 40〕 張德二、陳永林，〈由我國歷史飛蝗北界記錄得到的古氣候推斷〉，《第四紀研究》第一期（1998），頁 12～19。

〔註 41〕 張全明、王玉德，《中華五千年生態文化》（武漢：華中師範大學出版社，1999年），頁 1215～1221。

〔註 42〕 程遂營，《唐宋開封生態環境研究》（北京：中國社會科學出版社，2002年），頁 26～27。

三、宋代蝗災的研究成果

宋代是蝗災分布廣且出現頻率高的時期，致使統治者對治蝗頗爲關注，故在蝗災研究上有其重要的地位。可惜長時間以來都被忽略，少有學者願意投入研究，使得宋代蝗災的論述十分缺乏，但仍有學者本著學術精神，不爲風寒進行嘗試，如葉師鴻灑即對宋代蝗災的研究投入心力，她在〈北宋的蟲災與處理政策演變之探索〉〔註43〕一文中，認爲隨著時間、經驗的累積，北宋時期（960〜1127）對蝗蟲的認識也漸漸科學化，亦將蝗蟲視爲蟲災而積極的捕殺，和以往的天災、蝗神認知已有了分別，尤其是北宋政府採用務實的態度，積極進行治蝗的工作，一度將蝗蟲的災害降到最低。這一論說很受到研究者的肯定。〔註44〕

此外，長期投入災害史料整理的史學工作者，對宋代蝗災也進行過相關的論述，他們雖未以宋代爲主體，但仍有提供借鏡之功效，如宋正海等學者，在《中國古代自然災異群發期》第十二章〈宋元時期蝗災多發期和太陽黑子活動〉〔註45〕的內容裡，運用自然科學的理論與研究方法，對《宋史·五行志》和《元史·五行志》等相關材料進行統計，作者認爲，宋元兩代蝗災有著明顯的多發性，與太陽黑子十一年活動週期，有很密切的關係。

近期學者丁建軍、郭志安發表〈宋代依法治蝗論述〉〔註46〕一文，認爲宋代在蝗災防治方面，比前代有了明顯的進步，特別是社會輿論對積極滅蝗的肯定，在依法治蝗方面，表現最爲突出。這是相當值得參考的作品，對宋代蝗災研究具有推進與深化的意義。

四、宋代禳蝗的相關研究

傳統的農業社會裡，生產力普遍不佳，災害的侵襲往往造成百姓重大的損失，輕者農田的收成沒了，重則生命財產都會消失。因此，宋人對大自然

〔註43〕葉鴻灑，〈北宋的蟲災與處理政策演變之探索〉，《淡江史學》第十三期（2002），頁205〜228。

〔註44〕趙艷萍，〈中國歷代蝗災與治蝗研究述評〉，《中國史研究動態》第二期（2005），頁2〜9；趙艷萍、倪根金，〈清代治蝗管理機制研究〉，《中國農史》第二期（2007），頁60〜73。

〔註45〕宋正海，《中國古代自然災異群發期》（合肥：安徽教育出版社，2002年），頁208〜222。

〔註46〕丁建軍、郭志安，〈宋代依法治蝗論述〉，《河北大學學報（哲學社會科學版）》第五期（2005），頁35〜38。

不得不敬畏，他們祈禱天地、求神拜佛，以消災解厄，面對蝗災也是如此，其中以祭祀驅蝗神「劉猛將」〔註47〕最受關注。

　　車錫倫、周正良兩位學者，曾於〈驅蝗神劉猛將的來歷和流變〉〔註48〕一文，對「劉猛將」進行考證，認爲他的原型是南宋抗金名將劉錡；吳滔、周中建兩位學者也在〈劉猛將信仰與吳中稻作文化〉〔註49〕一文，認爲「劉猛將」的祭祀儀式，至少能追溯到南宋。此外，章義和在〈關於中國古代蝗災的巫禳〉〔註50〕一文中，針對古代蝗災的巫禳問題，進行全面性的探討，並指出南宋以後，蝗災巫禳有一個變化，即驅蝗神「劉猛將」的出現。

　　此種驅蝗神「劉猛將」的禳蝗信仰，也引起日本學者的注意，較具代表性的成果有：澤田瑞穗的《中國の民間信仰》〔註51〕一書，對驅蝗神「劉猛將」有專篇的討論，並歸納出其來由有漢代的劉章、宋代的劉錡、劉銳、劉宰（1165～1239）、劉翰（1067～1127）以及元代的劉承忠等六種說法；另外還有濱島敦俊的〈江南劉姓神雜考〉〔註52〕一文，作者認爲與「劉猛將」有關的文獻，最早是明代洪武年間（1368～1398）的《蘇州府志》，梢後正德年間（1506～1521）的《蘇州府志》則明確指出祂是爲宋人劉銳。

　　綜合以上的研究成果，可以發現宋代制定了世界最早的捕蝗法律，在飛蝗史上具有關鍵性的地位，可惜目前並沒有以宋代爲中心，全面去探討蝗蟲與人們之間，相互競爭所衍伸問題的研究，因此本文即想補充這個缺憾，從人義與自然的雙重面向，去探討宋代人們對於蝗蟲的認識，與蝗災對生活所造成的影響。

〔註47〕　即民間信仰中專職驅蝗的神祇，相傳神爲南宋劉錡（1098～1162），理宗景定四年（1263）受朝廷冊封爲「揚威侯天曹猛將之神」，其祭祀活動在明清以後盛行於江南地區。

〔註48〕　車錫倫、周正良，〈驅蝗神劉猛將的來歷和流變〉，收錄《中國民間文化：稻作文化與民間信仰調查》（上海：學林出版社，1992年），頁1～21。

〔註49〕　吳滔、周中建，〈劉猛將信仰與吳中稻作文化〉，《農業考古》，第一期（1998），頁265～269。

〔註50〕　章義和，〈關於中國古代蝗災的巫禳〉，《歷史教學問題》第三期（1996），頁7～11。

〔註51〕　〔日〕澤田瑞穗，《中國の民間信仰》（東京：工作舍，1982年），頁118～136。作者歸納其神有六說，分別爲漢代的劉章、宋代的劉錡、劉銳、劉宰、劉翰以及元代的劉承忠。

〔註52〕　〔日〕濱島敦俊，〈江南劉姓神雜考〉，《待兼山論叢》第二十四號（1990），頁1～18。

第三節　研究方向

蝗災是我國歷史上三大自然災害之一，數千年來爲禍甚劇，使人們飽受痛苦。這也造成歷代的統治者，必須關注蝗災的防治，翻開史籍，蝗害與治蝗的記錄，歷歷在目，其影響社會民生之鉅，可謂不輕。這些豐富的蝗災史料，提供學界有利的研究基礎，但在目前的成果裡，蝗災卻多以「荒政」的角度進行講述，缺乏對時代整體的討論，十分可惜。正如學者劉淦芝所言：

> 飛蝗爲害蟲史，蝗災與吏治，蝗神即蝗與蝦，四者均爲中國特有，
> 世界其他民族少見，可視爲中國文化產物。〔註53〕

中國飛蝗史的特殊性，在此表露無遺，若不進行整體之研究，將埋沒先民的智慧，也使現今蝗災防治少了借鏡的機會。因此，本文的研究範圍，即以中國飛蝗史裡，最具有關鍵地位的宋代作爲討論的主體，以呈現宋人對蝗蟲與蝗災的認識，進而建構蝗災對宋代社會文化的影響。

在論文的內容安排上，除第一章「緒論」、第六章「結論」之外，共分爲四個部份：即第二章「宋代蝗災的分布與影響」、第三章「宋代對蝗蟲的生物認知與來源說」、第四章「宋人對蝗災的認識與防治」、第五章「宋代除蝗的相關法令及信仰活動」。以下依序加以說明。

第二章將以史籍所見的宋代蝗災資料爲基礎，探討宋代蝗災的分布與影響。首先，對宋代的蝗災加以統計，藉以瞭解當時蝗災發生的大致情形。接著說明蝗災過後，對宋代社會的影響，如農業生產停頓、人民流離失所等等問題。

第三章擬以宋人對蝗蟲的觀察爲核心，說明宋代對蝗蟲的認識與來源解釋。首先，論述宋人對蝗蟲生活史的瞭解，可以確認他們已發現蝗蟲須經歷「卵」、「若蟲」與「成蟲」三個階段，並且知道蝗蟲有「越冬卵」的行爲模式。接著，論述化生思想的淵源以及對宋人的影響，進而歸納出當時所謂的「蝗蟲來源」，即「蝗←魚」、「蝗←蝦」和「沴氣」等三種蝗蟲化生理論。

第四章講述宋人對蝗災的認識與防治。首先，討論宋人表述的蝗災生成理論，即有「天災」、「蟲災」兩種性質大異其趣的說法。接著分析在這兩種觀念底下，人們所採用的補救措施，如：掘卵滅蝗法、生物防治法等等。

〔註53〕劉淦芝，〈中國飛蝗史〉，頁 244。

　　第五章則說明宋代除蝗對相關法令與信仰的衝擊。首先，分析在這種環境下，治蝗法令日漸趨於嚴苛以致矯枉過正的現象。接著再從宋代官民的立場，探討捕蝗工作對日常生活所增加的負擔。最後透過宋人對蝗神的祭祀活動，探究宋代蝗災與信仰之間的互動關係。

　　綜而論之，透過這四個部份的討論，可以瞭解蝗災爲宋代社會帶來了飢荒、民亂等災情，使得朝廷制定嚴苛的捕蝗法，以減少蝗蟲的危害。此舉不僅舒緩了蝗災所造成的傷害，也增進了人們對蝗蟲生態的瞭解，甚至提升了治蝗的技術，但頻繁的捕蝗活動，卻讓官吏疲於奔命，造成百姓們額外的勞役負擔，並衍生許多執行上的弊病。這些問題的產生，正彰顯出飛蝗史研究的複雜性，需靠跨領域的研究，它不僅是災荒史的研究，同時也是科學史、社會史、經濟史乃至於環境史等領域研究的課題。

第二章　宋代蝗災的分布與影響

　　官方檔案一旦出現蝗災資料，必然已對農業造成危害，若田問僅出現幾隻蝗蟲，無傷農作物的收成，地方官也就不會上報；但蝗蟲的數量多到遮天蓋日，那可就不是件小事，不只當地收成無望，更嚴重的是蝗災輾轉流佈，使得災區擴大。這可是攸關民生利弊的大事，地方官員勢必要通報災情，以利官府的危機處理。由此可知，藉由史籍上的蝗災資料，建構兩宋時期的蝗災分布，具有參考的價值。因此，本章將先說明宋代的蝗災分布情況，再探討蝗災對當時社會所造成的影響，作為後續研究的開展基礎。

第一節　宋代蝗災的分布情況

　　本節取材《續資治通鑑長編》（以下簡稱《長編》）、《宋史》和《宋會要輯稿》（以下簡稱《宋會要》）等史料，次及宋代文人的文集、筆記，再搜羅宋元以降編修的地方志，歸納製成「宋代蝗災發生記錄年表」〔註1〕（以下簡稱「蝗災年表」），作為下列研究之基礎。首先運用此表所條列之史料，對兩宋時期的蝗災加以統計，得出當時蝗災的發生次數、為害時間以及受災範圍，藉以瞭解宋代蝗災的大致情形。然而兩宋歷時甚久，疆域幅員差異甚大，因此北宋所紀錄的資料，較南宋多出了淮河以北的黃河、海河流域等大片地區，致使兩者不可一併看待，為此本節將北宋與南宋分開討論。

〔註 1〕 將所收集的宋代蝗災發生資料，按時間依序編排而成。詳情可參閱本文之「附
　　　　錄二」。

一、北宋的蝗災分布

從「蝗災年表」的資料來看，北宋蝗災發生的嚴重地區，約略分布在今日的黃河中、下游與淮河中游等地方。其境內蝗蟲輾轉各地為害的情況，於史冊屢見不鮮，如《宋史・五行志》所載眞宗大中祥符九年（1016）的蝗災記錄：

> 九年六月，京畿、京東西、河北路蝗蝻繼生，彌覆郊野，食民田殆盡，入公私廬舍；七月辛亥，過京師，群飛翳空，延至江、淮南，趣河東，及霜寒始斃。〔註2〕

其中可以發現此次的蝗災，最初由開封府附近州縣、京東西路、河北東路與河北西路陸續發生，一個月後經過開封，其後轉往長江北岸的淮南東路、淮南西路，再回返到河東路，才因霜降酷寒而死。或許這次的蝗蝻數量實在過龐大，百姓無能為力，只得聽任老天爺的安排，等待蝗蟲自然的死亡，但這次的蝗災記錄，卻也提供宋代蝗害從擴散到消滅的珍貴例證。

類此蝗蟲肆虐的可怕景象，不僅在北宋經常發生，並且有著嚴重的地域特性，由《宋史》卷六十二的蝗災記錄得知，神宗熙寧年間（1068～1077），河北地區即受到蝗蟲頻繁的侵襲：

> ……五年（1072），河北大蝗。六年（1073）四月，河北諸路蝗。是歲，江寧府飛蝗自江北來。七年（1074）夏，開封府界及河北路蝗。……九年（1076）夏，開封府畿、京東、河北、陝西蝗。〔註3〕

這些記載足以說明河北是北宋蝗災好發的區域之一。此外，北宋蝗災更有連續數年為害的情況發生，如徽宗崇寧年間（1102～1106）的蝗害記錄顯示：

> 崇寧元年（1102）夏，開封府界、京東、河北、淮南等路蝗。二年（1103），諸路蝗，令有司酺祭。三年（1104）、四年（1105），連歲大蝗，其飛蔽日，來自山東及府界，河北尤甚。〔註4〕

可見北宋蝗災生發的頻繁與為害區域之廣。若由上述史實的記載，再參照「蝗災年表」北宋部分的資料來看，北宋蝗災的分布情形，可以下圖表示（圖2-1）：

〔註2〕 〔元〕脫脫，《宋史》（北京：中華書局，1977年），卷六十二〈五行一下〉，頁1356。

〔註3〕 〔元〕脫脫，《宋史》，卷六十二〈五行一下〉，頁1356～1357。

〔註4〕 〔元〕脫脫，《宋史》，卷六十二〈五行一下〉，頁1357。

圖 2-1：北宋蝗災發生頻率分布示意圖 〔註5〕

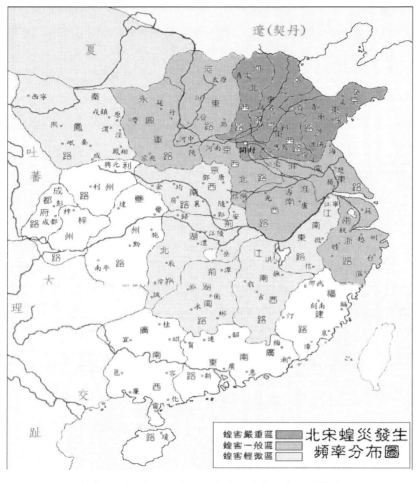

資料來源：據附錄二「蝗災年表」北宋部分資料製作。

由此可見，北宋蝗災嚴重的區域，諸如京東西路的曹、濮、兗、單等州，河北西路的相、磁、邢、洺、趙、深等州，河北東路的大名府、棣、濱、瀛、霸等州，再加上開封府附近州縣。這些地方的蝗蟲若能撲治妥當，則北宋蝗害猖獗的災情，立可緩和下來。

二、南宋的蝗災分布

到了南宋，蝗害不因其疆域縮減而銷聲匿跡，相反的，江浙一帶的蝗害

〔註 5〕 統計以行政區「路」為單位，其原則是以一年中北宋疆域內所發生的蝗災為基礎，不論災情的輕重及影響區域之大小，都作為一次計算。

問題被行政中心的南遷給突顯了出來，使災情得以詳細地紀錄於正史裡面。
茲舉《宋史‧五行志》所載為例：

> 淳熙三年（1176）八月，淮北飛蝗入楚州、盱眙軍界，如風雷者逾
> 時，遇大雨皆死，稼用不害。九年（1182）六月，全椒、歷陽、烏
> 江縣蝗。乙卯，飛蝗過都，遇大雨，墮仁和縣界。七月，淮甸大蝗，
> 真、揚、泰州窖撲蝗五千斛，餘郡或日捕數十車，群飛絕江，墮鎮
> 江府，皆害稼。十年（1183）六月，蝗遺種于淮、浙，害稼。十四
> 年（1187）七月，仁和縣蝗。〔註6〕

以上實例反映南宋時期，蝗蟲在南方江浙一帶，持續為害的情形。若參照本
文附錄二「蝗災年表」南宋部分的記錄來看，其蝗災分布的情形，可以下圖
加以表示（圖 2-2）：

圖 2-2：南宋蝗災發生頻率分布示意圖〔註7〕

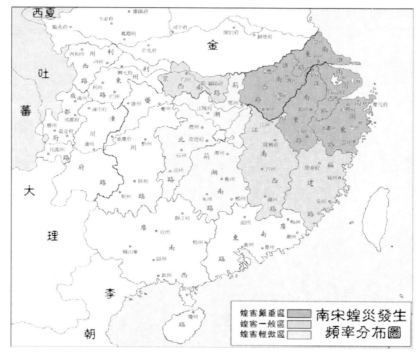

資料來源：據附錄二「蝗災年表」南宋部分資料製作。

〔註 6〕 〔元〕脫脫，《宋史》，〈五行志〉，頁 1357。

〔註 7〕 統計以行政區「路」為單位，其原則是以一年中南宋疆域內所發生的蝗災為
基礎，不論災情的輕重及影響區域之大小，都作為一次計算。

由上圖可明顯感受到，南宋的蝗災分布，具有向南方擴散的趨勢。其中蝗災的嚴重區域，如淮南東路、淮南西路、浙東路、浙西路、江南東路等地，都與南宋政治、經濟中心有密切的地緣關係，呈現越往疆域西南，蝗害越少的情況。

三、兩宋蝗害的災情分析

北宋與南宋合為三百多年的時間，蝗災的生發達百餘次，其發生頻率約三年一次 〔註8〕。蝗蟲具有飛行能力，故地域分布亦因蝗災起始於某處，爾後蝗蟲輾轉各地，致使災區擴大，因此在災情的分析上，格外顯得複雜而不易處理。當然，宋代紀錄蝗災的詳簡，似乎與其政治重心呈現某種雷同之處。大抵來說，北宋關切蝗災的區域以開封府、京東西路、京西北路、河北東路、河北西路為主，四周擴及淮南東路、淮南西路、永興軍路；而南宋重視以浙西路、浙東路、江南東路、淮南東路、淮南西路為範圍的政權核心地帶。顯見宋朝政府對各地蝗災的關注程度，與其距離京師的遠近形成正比。

再以宋代皇帝在位期間發生蝗災的機率來分析，可以下圖來表示（圖2-3）：

圖 2-3：宋代皇帝在位期間遭受蝗災比較圖

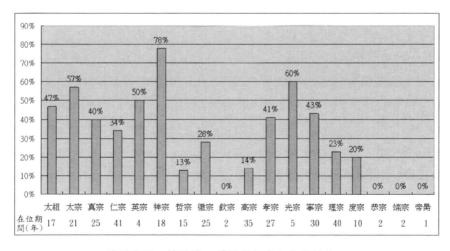

資料來源：據附錄二「蝗災年表」統計製作。

〔註 8〕 據附錄二「蝗災年表」統計，以一年中全國各地所發生的蝗災，不論災情的輕重及影響區域之大小，都作為一次計算。其兩宋合約三百二十年的時間，計有一百三十四個年份有蝗災發生，故蝗災發生頻率約三年一次。

從此圖的比較來看，北宋神宗所遭受的蝗災壓力甚爲巨大，他在位的十八年當中，僅四年沒有蝗害。這種蝗災頻繁發生的背景，也是促成神宗頒布「捕蝗詔」和制定「除蝗法」的重要因素。

　　綜而論之，以量化分析的觀念來思考，宋代的蝗災數據，雖然不是十分完備，但它到底反映了一個趨勢，讓我們更清楚地瞭解宋代蝗災與人們的互動關係。其中最顯著的情形，即是宋代蝗災的頻繁，比起前代有過之而無不及，如學者閻守誠在〈唐代的蝗災〉一文中的研究表示，唐代（618～907）二百八十九年中，有蝗災的年份爲四十二個，頻率約七年發生一次〔註9〕。若與宋代約三年一次的頻率相比，差距甚大，如此看來蝗蟲爲患的情況，顯然日益嚴重。雖然兩宋時期的重點地區不同，但一北一南的分布特性，恰巧將宋代整體蝗災的分布特色，概括顯示出來。

第二節　宋代蝗災對社會的影響

　　蝗害的爆發，經常對農業帶來毀滅性的災難。文獻清楚記載，蝗蟲所到之處，往往造成「野無青草」〔註10〕、「所過一空」〔註11〕的荒涼景象。田地無從收成，必然導致糧價的高漲，災後所衍生的各種社會問題，使民眾在惡性循環中，遭受更鉅大的傷害。他們被迫外出謀求生路，在惡劣的生存環境下，「困弱餓死，強壯爲盜」〔註12〕，對社會秩序有很大的危害。另一方面，災區百姓流離失所，「饑殍凋殘」〔註13〕，「轉死溝壑」〔註14〕的悲慘遭遇，對農業生產而言，無疑是雪上加霜。因爲勞動力是農業最主要的生產要素，

〔註 9〕閻守誠，〈唐代的蝗災〉，《首都師範大學學報（社會科學版）》第二期（2003），頁 12。此外張劍光、鄒國慰，〈唐代的蝗害及其防治〉，《南都學壇》第一期（1997），頁 32：亦對唐代的蝗災次數作了統計，指出有四十個年份發生蝗災，其發生頻率約七年一次。

〔註10〕〔宋〕眞德秀，《西山先生眞文忠公文集》（臺北：臺灣商務印書館，1968 年），卷十五〈奏乞撥平江百萬倉米賑糶福建四州狀〉，頁 22a。

〔註11〕〔清〕徐松，《宋會要》（北京：中華書局，1957 年），〈刑法〉二之一四〇，寧宗開禧八年八月條，頁 6565。

〔註12〕〔宋〕王炎，《雙溪類稿》（臺北：臺灣商務印書館，1983 年），卷二十三〈申宰執撥米賑糶箚子〉，頁 16b。

〔註13〕〔宋〕蘇軾，《東坡全集》（臺北：臺灣商務印書館，1983 年），卷九十九〈祭常山神祝文〉，頁 24a。

〔註14〕〔宋〕李燾，《長編》（北京：中華書局，1995 年），卷一百九十一，仁宗嘉祐五年三月壬子條，頁 4616。李燾（1115～1184），字仁甫，號巽岩，眉州丹稜（今四川丹稜）人，高宗紹興年間（1131～1162）進士。

當災區的人戶流亡時，災後的復甦也就無望，這將導致農田長期荒廢，反成為蝗蟲滋生的沃土，如此惡性循環之下，容易造成更大的動亂。

　　上述這些情況，是蝗災發生以後，從短期、中期乃至於長期所面臨的各種困境。為更清楚說明蝗災對宋代社會的影響，以下將分成「蝗災對農業生產的破壞」、「蝗災引發的糧價暴漲」、「蝗災所衍生的飢荒問題」以及「蝗災對社會秩序的衝擊」等四個面向，依序於下文加以探討：

一、蝗災對農業生產的破壞

　　蝗蟲為害，主要在於啃食青草、摧毀農稼，大地頃刻化為不毛之地，不僅農民整年辛勞瞬間化為烏有，也斷絕了其他生物的食料供應。依其損害植物之類別，可分為「糧食」與「經濟」兩種農業型態的破壞。

　　首先針對糧食作物的損害。宋代主要的糧食作物，大致呈現「南稻北麥」的耕種模式；雖粟在北方仍佔有一席之地，但此三者均屬禾本科植物，都是飛蝗喜食的作物。因此，當蝗災蔓延時，廣大的農業耕地，即成為其肆虐的對象，農業生產之損失不言自喻。據《長編》真宗大中祥符九年（1016）九月庚午條記載：「京畿、京東西、河北路蝗蝻繼生，彌覆郊野，食民田殆盡……」〔註15〕可見其破壞能力，相當驚人。

　　類似情形也見於南宋寧宗嘉定八年（1215）四月，飛蝗於江淮一帶戕害莊稼，造成「食禾苗、山林草木皆盡」殘破的景象〔註16〕。這一波波蝗蟲侵襲的傷害，農民們都需經長時間休養生息，方能回復過來，但由於接續不斷出現蝗災，使整個農業社會元氣大傷，如嘉定九年（1216）五月，蝗蟲為害江淮地區〔註17〕；綿延至次年四月，該地域持續有蝗災紀錄〔註18〕。而這種連歲大蝗的情況，在兩宋時期亦頻繁出現，如下表所示（表2-1）：

表2-1：宋代連續蝗災表（單位：年）

蝗災連續次數	歷　　　經	內　　　　　容	影　響　地　區
6	（960～965）	建隆元年(960)、二年(961)、三年(962)、乾德元年(963)、二年(964)、三年(965)	京東西路、河東路、河北西路

〔註15〕　〔宋〕李燾，《長編》，卷八十八，真宗大中祥符九年九月庚午條，頁 2020。
〔註16〕　〔元〕脫脫，《宋史》，卷六十二〈五行一下〉，頁 1358。
〔註17〕　同上註。
〔註18〕　同上註。

3	（990～992）	淳化元年(990)、二年(991)、三年(992)	京東東路、京東西路、河北東路
4	（1004～1007）	景德元年（1004）、二年（1005）、三年（1006）、四年（1007）	永興軍路、河北東路、京東東路、京東西路、京西北路
3	（1009～1011）	大中祥符二年（1009）、三年（1010）、四年（1011）	河北東路、京畿路、京西北路、京東西路
8	（1070～1077）	熙寧三年（1070）、四年（1071）、五年（1072）、六年（1073）、七年（1074）、八年（1075）、九年（1076）、十年（1077）	兩浙路、京東東路、河北東路、河北西路、江南東路、京畿路、京西北路、淮南東路、淮南西路
3	（1081～1083）	元豐四年(1081)、五年(1082)、六年(1083)	河北東路、河北西路、京畿路、京東東路
4	（1102～1105）	崇寧元年（1102）、二年（1103）、三年（1104）、四年（1105）	京畿路、河北東路、河北西路、京東東路、淮南東路、淮南西路、兩浙路
4	（1162～1165）	紹興三十二年（1162）、隆興元年（1163）、二年（1164）、乾道元年（1165）	兩浙西路、江南東路、淮南西路、京西南路、兩浙東路、兩浙西路、京畿路
3	（1207～1209）	開禧三年（1207）、嘉定元年（1208）、二年（1209）	兩浙西路、江南東路、江南西路、兩浙東路、荊湖北路、荊湖南路、福建路
4	（1214～1217）	嘉定七年（1214）、八年（1215）、九年（1216）、十年（1217）、十一年（1218）	兩浙西路、兩浙東路、江南西路、江南東路、淮南西路、淮南東路

資料來源：參本文附錄二「宋代蝗災發生記錄年表」製作。

若仔細分析這些紀錄的發生地區，可以發現太祖建隆年間（960～963），京東西路即連續三年都有蝗害產生；太宗淳化年間（990～994），該路也連續三年發生大小不同的蝗災；神宗熙寧年間（1068～1077），全國連續八年在不同的地區發生蝗蟲為患。這種蝗災連年所累積的傷害，打擊社會民生既深且鉅。

其次是對經濟作物的傷害。蝗蟲不僅為害主要的糧食作物（粟、麥以及稻），在極度飢餓狀態下，也取食他種植物（桑樹、果樹與牧草），如太祖乾德二年（964）四月，相州發生「蝻蟲食桑」的事件〔註19〕；太宗太平興

───────────────────

〔註19〕 〔元〕脫脫，《宋史》，卷六十二〈五行一下〉，頁1355。

國九年（984）七月，泗州也發生「螟蟲食桑」的情形〔註20〕。這些災情勢必影響該地農戶，衝擊蠶桑業的生產。從當時農民口中所述，能清楚體認蝗蟲對桑樹的破壞；神宗熙寧七年（1074）七月，孔武仲返鄉的途中曾有以下記載：

> 登高而望，見群飛而至者，若煙若瀾，若大軍之塵，自西而東，前後十餘里相屬不絕。野夫奔走相告曰：「蝗至矣。」予曰：「蝗之來如何？」曰：「食我之田，齧我之桑，使我終歲無禍無糧。」
> 〔註21〕

上則問答中得知，蝗蟲不僅為害田禾，同樣齧食桑葉。蝗害桑葉造成百姓生活困難的情形，蘇軾也曾提到：

> ……飛蝗流毒，遺種布野。使其變躍飛騰，則桑柘麥禾，舉罹其災，民其罔有孑遺。〔註22〕

這些記載足以證明蝗災對宋代的蠶桑業，具有直接且嚴重的威脅。但蝗蟲對農業的危害不僅於此，如宋人孫覿所形容「飛蝗蔽野，所過草木蕭然」〔註23〕的情況，蝗蟲經常「彌覆郊野」〔註24〕，造成「山林草木皆盡」〔註25〕的慘狀出現，這對宋代畜牧業的生產，必然造成牧草缺乏的影響。蝗蟲戕害地面植披的範圍相當廣大，直接剝奪了農民牧養草食性動物（牛、馬與羊）的糧草，如仁宗明道二年（1033）七月，京東西、河東、陝西等地，便發生蝗「食草木殆盡」的災情〔註26〕。據學者韓茂莉的研究顯示，河東、陝西等地，是宋代的重要畜產區（見圖2-4）〔註27〕，該地區之牧草既耗損於蝗害，其畜牧業必然受到打擊，無法維持正常的生產。

〔註20〕　〔元〕馬端臨，《文獻通考》（杭州：浙江古籍出版社，1988年），卷三百十四〈物異二十〉，太宗太平興國九年七月條，頁2463。

〔註21〕　〔宋〕孔武仲，《清江三孔集》（臺北：臺灣商務印書館，1983年），卷十七〈蝗說〉，頁10a。

〔註22〕　〔宋〕蘇軾，《東坡全集》，卷九十九〈祭常山祝文五首〉，頁6a。

〔註23〕　〔宋〕孫覿，《鴻慶居士集》（臺北：臺灣商務印書館，1983年），卷三十五〈宋故右中奉大夫致仕贈少師陳公神道碑〉，頁12b。

〔註24〕　〔宋〕李燾，《長編》卷八十八，真宗大中祥符九年六月庚午條，頁2020。

〔註25〕　〔元〕脫脫，《宋史》，卷六十二〈五行一下〉，頁1358。

〔註26〕　〔宋〕李埴，《皇宋十朝綱要》（臺北：文海出版社，1967年），卷五，頁152。

〔註27〕　韓茂莉，《宋代農業地理》（太原：山西古籍出版社，1993年），頁2～6。

圖 2-4：宋代農牧分布圖

資料來源：韓茂莉，《宋代農業地理》，頁6。

這種蝗災損害畜牧生產的情況，也受到眞宗的關注。《宋會要》眞宗天禧元年（1017）八月條記載云：

> 二十七日，帝（眞宗）謂宰臣等曰：「如聞諸處牧地，近緣蝗旱乏草。
> 昨經大雨，皆復生，不妨蓄牧。」……〔註28〕

眞宗曾憂慮牧場乏草妨礙畜牧的經營，故在一場大雨過後，很幸慶青草又萌生出來。由此觀之，蝗災不僅威脅糧食的生產，對養蠶、畜牧等農經生產活動，也都造成一定程度的為害，這足以證明蝗災對農業命脈，具有驚人的破壞力。

二、蝗災引發的糧價暴漲

飛蝗蔽天，所過田禾盡損，在糧產欠收、供需失均的情況下，立即反應

〔註28〕 〔清〕徐松，《宋會要》，〈兵〉二四之一四，眞宗天禧元年八月條，頁7185。

在市場價格上，若再加上有心人的囤積，災區「米價踴貴」〔註29〕之情形，必然出現。

蝗災導致糧價高漲的事件，在宋代以前已屢見不鮮，如唐代於代宗廣德二年（764）的秋天，即因「蝗食田殆盡」，致使「米斗千錢」情況的發生〔註30〕；德宗興元元年（784）十一月，長安地區也因蝗災肆虐，造成「關中米斗千錢」〔註31〕；僖宗光啓二年（886）五月，荊南、襄陽等地，更因蝗災蔓延，導致「米斗錢三千」的驚人價格〔註32〕。這些記載都是蝗害對災區的糧價，立即大幅抬高的事實。至宋代雖有較完善的救荒措施，仍無法避免災後「米價湧貴」〔註33〕的恐慌，如北宋資政殿大學士趙抃，在知越州時（1074～1077），兩浙地區發生嚴重蝗災，致使「米價踴貴」，竟造成百姓「餓死者什五六」的慘劇。〔註34〕

蝗災導致米價高漲的情形，在南宋依然持續發生。高宗建炎三年（1129）六月，高宗在〈罪己詔〉中，曾敘述京東兩路地區，因旱、蝗相繼爲災，導致糧價高漲「斗米萬錢」〔註35〕。紹興三十二年（1162）五月，判建康府張浚，甚至想要利用此方民不聊生的困境招攬人心，補充軍員，他向高宗進言道：

> ……軍籍日益凋寡，補集將士，必資西北之人，能戰忍苦，方爲可仗。臣體訪得東北今歲蝗蟲大作，米價湧貴，中原之人，極艱於食，欲乞朝廷多撥米斛或錢物，付臣措置，招徠吾人，人心既歸，北勢自屈。〔註36〕

〔註29〕〔宋〕李燾，《長編》卷二百八十二，神宗熙寧十年五月癸亥條，頁6906。

〔註30〕〔後晉〕劉昫，《舊唐書》（北京：中華書局，1975年），卷十一〈代宗本記〉，頁276。

〔註31〕〔宋〕司馬光，《資治通鑑》（北京：中華書局，1956年），卷二百三十一〈唐紀四十七〉，頁7448。

〔註32〕〔宋〕歐陽修，《新唐書》（北京：中華書局，1975年），卷三十六〈五行三〉，頁939。

〔註33〕〔宋〕李心傳，《建炎以來繫年要錄》（北京：中華書局，1988年），卷一百九十九，紹興三十二年五月癸亥條，頁3376。

〔註34〕〔宋〕李燾，《長編》卷二百八十二，神宗熙寧十年五月癸亥條，頁6906。

〔註35〕〔宋〕徐夢莘，《三朝北盟會編》（臺北：文海出版社，1962年），卷一百三十〈炎興下帙三十〉，頁2a。

〔註36〕〔宋〕李心傳，《建炎以來繫年要錄》，卷一百九十九，紹興三十二年五月癸亥條，頁3376。

張浚的意見被高宗所採納實施〔註37〕。可見災後高漲的糧價，必然造成百姓的生計困難，宋廷才想藉此機會，削弱金人實力，以招徠北方人心。《宋會要》在寧宗時期亦有以下記事：

> 嘉定元年（1208）四月二十五日，臣僚言：「……遺蝗復生，撲滅難盡，漕渠不通，米價翔踴，人情嗷嗷，幾不聊生。」〔註38〕

可見蝗災過後，日益高漲的糧價，惡化當地的生活條件，威脅百姓的生存基礎，其影響社會民生之鉅，可見一斑。

除了天災肆虐外，人為操弄也是糧價暴漲的重要因素之一。《長編》卷二八二記載，北宋名臣趙抃知越州時（1074～1077），旱、蝗等災相繼肆虐，導致米價高漲而發生飢荒的經濟問題：

> ……兩浙旱蝗，米價踊貴，餓死者什五六。諸州皆牓衢路，立告賞，禁人增米價，抃獨牓衢路，令有米者任增價糶之，于是諸州米商輻輳詣越，米價更賤，民無餓死者。〔註39〕

趙抃當時洞察實情，他瞭解並非無米可賣，而是商人蓄意囤積所致，因此他對糧價採取開放政策，誘使外地米商湧入越州，回穩了糧價，緩解越州百姓無糧可糴的困境。由此可見，當時有心人士預期天災後的缺糧需求，於是囤積米糧，藉以獲取暴利，「富民閉糶」〔註40〕助長了「餓殍盈野」〔註41〕的殘酷景象。

災後亦有因人謀不臧而導致買賣受阻的情況，寧宗時期的臣僚曾建議打通貿易障礙，以通有無，見《宋會要》寧宗嘉定三年（1210）三月條記載：

> 臣僚言：「淮甸旱蝗，江湖中熟，商販不通。乞下諸路監司，嚴戒州縣官通販米之舟，弛下河出界之禁，無得出稅截糶。或巧作名色拘留米舟，許客人經所屬陳訴，監司按劾以聞。」從之。〔註42〕

文中該大臣即向朝廷建言，設法將米穀盛產地區的貨物，順利流通災區，

〔註37〕 同上註。
〔註38〕 〔清〕徐松，《宋會要》，〈瑞異〉三之四六，寧宗嘉定元年四月條，頁2127。
〔註39〕 〔宋〕李燾，《長編》卷二百八十二，神宗熙寧十年五月癸亥條，頁6906。
〔註40〕 〔宋〕程珌，《洺水集》（臺北：臺灣商務印書館，1983年），卷五〈弭盜救荒〉，頁26b。
〔註41〕 〔宋〕徐元杰，《楳埜集》（臺北：臺灣商務印書館，1983年），卷十一〈少傅趙公贊〉，頁8b。
〔註42〕 〔清〕徐松，《宋會要》，〈刑法〉二之一三六，寧宗嘉定三年三月條，頁6563。

可以快速平抑糧價，消弭災情。不久之後，又有臣僚再次建言朝廷應著力
保持糧路供銷之暢通無阻。同上書，嘉定八年（1215）八月條，亦有以下的
記載：

> 臣僚言：「竊見兩浙、江淮等路今歲旱魃爲虐，種不入土者什七八，
> 加之飛蝗肆毒，所過一空，民心嗷嗷，甚可憂也。且州縣之間，正
> 使有無相通，未至艱食。今聞帥臣、守令各私其境，以鄰爲壑，禁
> 遏米斛，並不出本路州縣之界，遂至上戶閉糶，望風翔貴，盜賊間
> 作，流離餓莩不絕于道。遲以旬月，其害有不可勝言者。乞行下並
> 仰通販米斛，舟楫往來不得禁過，經由場務不得收力勝等稅錢，聽
> 民旅從便糶糴，官司不必定其價值。如有違戾，外委監司，內而臺
> 諫覺察彈劾，重寘典憲。」從之。〔註43〕

從上可知，朝廷已深切關注蝗災後缺糧食，致使災區米價「望風翔貴」〔註44〕，
百姓受飢挨苦，乃卜令解除各地糧食運輸的限制，藉以舒緩旱、蝗所帶來的
災情。因此，人地主或糧商的囤積居奇，導致糧食供應失序，也是加劇災情
推波助瀾的力量。

　　災後米價的高漲現象，只是社會民生苦難的開端，當災民儲糧耗盡，又
無力購買高價米糧時，他們只能冒險離開家園，四處尋求生存機會。此種人
口向外「逐熟」〔註45〕現象，意味飢荒範圍愈大，帶來社會的不安愈嚴重。

三、蝗災衍生的飢荒問題

　　民以食爲天，蝗災影響民生最劇烈者，莫過於「飢荒乏食」。誠如近代學
者李伯重所言：

> 在生產力發展水平低下的古代，農業總產量哪怕只是在一年中有
> 10%以上的減產，就會引起大量的人口死亡。〔註46〕

蝗蟲對人身雖無直接傷害，卻因牠們徹底戕害農作，而立即威脅農家百姓的
生存，甚至於他們的生命。

〔註43〕 〔清〕徐松，《宋會要》，〈刑法〉二之一四○，寧宗開禧八年八月條，頁
　　　　 6565。
〔註44〕 同上註。
〔註45〕 係指災區的難民，向豐熟之地流動的行爲。詳情可參張文，《宋朝社會救濟研
　　　　 究》（重慶：西南師範大學出版社，2001 年），頁 146。
〔註46〕 李伯重，〈氣候變化與中國歷史上人口的幾次大起大落〉，《人口研究》，1999
　　　　 年第一期，頁 17。

蝗災導致飢荒的記載，屢見不鮮，如《宋史‧真宗本紀》記載：「是歲（天禧元年，1017），……諸路蝗，民飢。」〔註47〕顯見此次諸路受災地區不少。另從《長編》真宗天禧元年（1017）三月條記載，可補充救荒的相關情形：

> 兩浙提點刑獄合肥鍾離瑾言：「衢、潤二州闕食，官設糜粥，民競赴之，有妨農事。請下轉運司二萬石賑給，家不得過一斛。」從之。
>
> 轉運使張寶亦言：「所部民飢，州設糜粥，外邑地遠，慮廢耕作。已令就給米，人日三合，頗濟窮乏。」上曰：「前轉運司言蝗不為災，皆妄也。」〔註48〕

由此可知這次飢荒，確是蝗災所引起。同年，天雄軍亦有：「時蝗旱，民饑……」之記載〔註49〕。此外，仁宗明道二年（1033），范諷知青州時，也遭遇旱、蝗等災害，以致轄區內飢民湧現〔註50〕；趙抃知越州時（1074～1077），遇上「兩浙旱蝗，米價踊貴，餓死者什五六」〔註51〕的災情。這種蝗災後缺糧的情況，致使災民飢不擇食而發生吃蝗蟲的現象，如《長編》神宗熙寧十年（1077）五月癸亥條載有神宗向盧秉詢問民間食蝗的傳聞：

> 是歲，奏計，上問曰：「如聞滁、和民食蝗以濟，有之乎？」秉對：
> 「有之。民飢甚，死者相枕籍。」上慘然……〔註52〕

可見蝗災所衍生的飢荒匱食，這對社會民生的影響極其慘烈，甚至引發饑民大量餓死的慘劇。

同樣的情況也見於南宋，如孝宗隆興元年（1163）八月，有「京東大蝗，襄、隨尤甚，民為乏食。」的災情；王炎（1137～1218）亦於〈申省論馬料箚子〉說道：「今湖州遭旱蝗之患，百姓絕糧可謂凶矣。」〔註53〕語重心長地指出平民無米可食的窘境；光宗紹熙元年（1190），京鏜知成都府，夔、利兩州發生蝗災飢荒，他緊急採行「發粟三萬石以賑夔之民、五萬石以賑利之民」

〔註47〕〔元〕脫脫，《宋史》，卷八〈真宗本紀〉，頁164。

〔註48〕〔宋〕李燾，《長編》，卷八十九，真宗天禧元年三月丁巳條，頁2050。

〔註49〕〔宋〕李燾，《長編》，卷九十，真宗天禧元年九月癸卯條，頁2079。

〔註50〕〔宋〕李燾，《長編》卷一百十二，仁宗明道二年四月己未條，頁2614。

〔註51〕〔宋〕李燾，《長編》，卷二百八十二，神宗熙寧十年五月癸亥條，頁6906。

〔註52〕〔宋〕李燾，《長編》，卷二百八十二，神宗熙寧十年五月癸亥條，頁6906。

〔註53〕〔宋〕王炎，《雙溪類稿》（臺北：臺灣商務印書館，1983年），卷二十三〈申省論馬料箚子〉，頁13b。王炎（1137～1218），字晦叔，一字晦仲，號雙溪，婺源（今屬江西）人。

〔註 54〕的救荒舉措。這些紀錄雖然簡要，但都是民眾挨餓受苦的寫照。其所衍生的飢荒乏食，不僅造成宋代社會的動盪，還驅使飢民泯滅人性的尊嚴，做出有違倫常「鬻妻」、「賣子」等惡劣行徑，如蘇轍在〈次遲韻對雪〉詩中寫道：「……今年惡蝗旱，流民鬻妻子」〔註 55〕即將百姓迫於無奈，「鬻妻賣子」的悲慘遭遇，歸因於蝗害飢荒。

除此之外，飢餓困頓之痛苦，甚至爆發「食人」的人倫慘劇。張師正（1017～？）在《括異志》即對此發出抨擊：

> 熙寧甲寅、乙卯歲（1074、1075），天下蝗旱，至父子相啖者，眞禽獸之不若也。悲夫！〔註 56〕

顯見蝗災所帶來的害禍，已摧毀人、獸之間的分別。南宋劉宰（1165～1239）在〈通知鎮江倪尚書〉一文中，也提及當時蝗災過後，發生「鬻妻食子」的悲情：

> 則不前旱魃與飛蝗相仍，楮幣與青蚨懸絕，併日一食，斗米千錢，田里之間多賣產以鬻妻，道路之上有析骸而食子……〔註 57〕

從劉宰這段描述，可以想見當時糧食的缺乏，竟迫使饑民出現「食子」的行爲，人性的尊嚴蕩然無存，百姓生活陷入痛苦的深淵，無法自拔。這種「人相噬」的行爲，在程珌（1164～1242）〈弭盜救荒〉一文中，也可以見到：

> 旱暵螟蝗，頻年繼作，瀕江人相噬，而依山之人則煑草根啖之，富民閉糴，饑殍盈野。〔註 58〕

又如杜範（1181～1245）於理宗淳祐元年（1241）十一月所呈之〈經筵已見奏箚〉，對此現象的存在也有所披露：

> 京師去歲，遂有旱蝗之變，以至屍骸遍野，相食成風，今存者皆溝壑之餘也。〔註 59〕

〔註 54〕〔宋〕楊萬里，《誠齋集》（臺北：臺灣商務印書館，1983 年），卷一百二十三〈宋故太保大觀文左丞相魏國公贈太師謚文忠京公墓誌銘〉，頁 27a。

〔註 55〕傅璇琮等編，《全宋詩》（北京：北京大學出版社，1991 年），卷八六七〈次遲韻對雪〉，頁 10095。

〔註 56〕〔宋〕張師正，《括異志》（臺北：臺灣商務印書館，1966 年），卷二〈張職方〉，頁 9b。

〔註 57〕〔宋〕劉宰，《漫塘集》（臺北：臺灣商務印書館，1983 年），卷十五〈通知鎮江倪尚書〉，頁 3b～4a。

〔註 58〕〔宋〕程珌，《洺水集》，卷五〈弭盜救荒〉，頁 26b。

〔註 59〕〔宋〕杜範，《清獻集》（臺北：臺灣商務印書館，1983 年），卷十二〈經筵已

綜上可知，蝗災爲害民生最爲劇烈者，莫過災後的「飢荒」問題。而缺糧所導致流殍滿野、飢饉相踵的悲慘景象，更爲宋代的社會秩序帶來巨大災禍。

四、蝗災對社會秩序的衝擊

蝗災經常引發糧食危機，致使災民挨餓受苦，不願就死者往往鋌而走險，落草爲寇，劫掠維生，如《宋史‧燕肅列傳》即有「京東蝗，年飢盜發」之記載〔註60〕；《長編》卷九十，亦載有眞宗天禧年間（1017～1021），「……時蝗旱，民饑，無賴輩剽刦積聚，戮其爲首者三人於市，攘歛遂息。」的捕盜記錄〔註61〕；南宋寧宗嘉定二年（1209）更有「……諸路旱蝗，揚楚衡郴吉五州、南安軍盜起。」這類盜賊蜂起的暴亂事件〔註62〕。這些都是宋代社會秩序，受到蝗災衝擊的具體例證，造成了社會的動盪與不安。

鑑於上述危機，當代有識之士，也不時提出預警，如張方平（1007～1091）於〈論京東饑饉請行賑救事〉一文中寫到：

> 近者旱蝗，上貽憂軫。京東聞已雨足，然二麥不收，比至秋成，尚
> 隔明月，此路民尤暴悍，輕爲寇劫，不加賑恤必擾鄉閭。〔註63〕

張方平擔憂災後的糧食歉收，將擾亂該地區的治安，因此對朝廷提出賑濟的建議，以防百姓淪爲盜賊，劫掠地方。仁宗慶曆三年（1043）九月，歐陽修亦提出類似的警訊：

> ……京東今歲自秋不雨，至今麥種未得，江淮倫賊（指「王倫」）之
> 後，繼以饑蝗；陝西災旱，道路流亡，日夜不絕。似此等處，將來
> 盜賊必起，……若不早圖，恐難後悔。臣計方今禦盜者不過四事：
> 一曰州郡置兵爲備；二曰選捕盜之官；三曰明賞罰之法；四曰去冗
> 官，用良吏，以撫疲民，使不起爲盜。〔註64〕

歐陽修在文中推斷旱、蝗等災害必定引發盜賊的作亂，因而提出禦盜四事，建言朝廷提早措置，防範於事先。至南宋學者范浚（1102～1150）在〈除盜〉一文中，更爲災後民眾淪爲盜賊，滋擾地方的行徑，有所探索：

見奏箚〉，頁5a。

〔註60〕〔元〕脫脫，《宋史》，卷二百九十八，〈燕肅列傳〉，頁9910。

〔註61〕〔宋〕李燾，《長編》，卷九十，眞宗天禧元年九月癸卯條，頁2079。

〔註62〕〔元〕脫脫，《宋史》，卷三十九〈寧宗本紀〉，頁754。

〔註63〕〔宋〕張方平，《樂全集》（臺北：臺灣商務印書館，1983年），卷二十四〈論京東饑饉請行賑救事〉，頁25a。

〔註64〕〔宋〕李燾，《長編》卷一百四十三，仁宗慶曆三年九月癸巳條，頁3463。

歲適旱蝗，民不賴生脫死自救，攫金奪餉而不知愧，甚則群行爲姦，
依憑狐邱，棲宿兔穴，此其爲盜，蓋迫不得已耳。……固宜綏撫安
集之，而勿窮其誅。〔註65〕

范浚以爲，百姓迫於旱、蝗之害，無以維生，逼不得已才淪爲盜賊，他主張
招撫災民，來恢復社會秩序，是較穩當的良方。

　　北宋名臣司馬光對於人禍天災交相激盪的危機，作過具體的思考。神宗
熙寧十年（1077）四月，司馬光在〈與吳丞相允書〉一文中，即擔憂此種情
況的發生：

　　……河北、京東、淮南蠢起之盜，攻劫城邑，殺掠官吏，官軍已不
　　能制矣。若不幸復有方二三千里之水旱霜蝗，所在如是，其爲憂患，
　　豈可勝諱哉！〔註66〕

司馬光憂心華北三路天災人禍相乘，勢必加劇朝廷所遭遇之困境。其後，司
馬光於元豐八年（1085）七月，也再次提出警告：

　　……河東、陝西、京西盜賊已多，至敢白晝公行，入縣鎮，殺官
　　吏。官軍追討，經歷歲月，終不能制。況三路未至大饑，而盜賊猖
　　熾已如此，萬一遇數千里之蝗旱，而失業飢寒、武藝成就之人，
　　所在蜂起以應之，其爲國家之患，可勝言哉！此非小事，不可以
　　忽。〔註67〕

司馬光認爲旱、蝗災害接踵而來，必加劇盜賊蜂起的亂象，若不乘早撫恤安
置，屆時將一發不可收拾，危及國家的安全。這種居安思危的想法，哲宗元
祐元年（1086），司馬光在〈乞罷保甲招置長名弓手箚子〉中，三度提到防範
事前的建言：

　　……是以數年以來，年不甚饑，而府界三路盜賊縱橫，入縣鎮殺官
　　吏，若遇蟲蝗水旱大饑之歲，將若之何，此不可不爲之先慮也。
〔註68〕

〔註65〕〔宋〕范浚，《香溪集》（臺北：臺灣商務印書館，1983年），卷十〈除盜〉，
　　　　頁12a～b。
〔註66〕〔宋〕司馬光，《傳家集》（臺北：臺灣商務印書館，1983年），卷六十一〈與
　　　　吳丞相允書〉，頁6a～b。
〔註67〕〔元〕脫脫，《宋史》，卷一百九十二，志第一百四十五，〈兵六〉，頁4780～
　　　　4781。
〔註68〕〔宋〕司馬光，《傳家集》，卷五十五〈乞罷保甲招置長名弓手箚子〉，頁5b。

由此或可想像，蝗災對當時社會秩序衝擊之劇烈，足以危及國家之安全，司馬光才會如此憂慮災後盜賊的防治工作。

南宋嘉定九年（1216）五月，寧宗在〈獎諭獄空敕書〉中，曾憂心說道：「比歲旱蝗，近延郊甸，每慮飢寒之民，冒法抵罪，麗于廷尉者眾也。」〔註 69〕他感嘆旱、蝗過後，百姓多困於衣食，鋌而走險。詩人趙蕃（1143～1229）〈閔雨〉一詩中，也描述了流民迫於飢寒淪為盜賊的情形：

青山本無垢，坐受瘴霧侵。……去年蝗為災，千家百不存。流亡不自保，聚掠連諸村。……〔註 70〕

因此蝗災導致民眾流亡，嘯聚為盜，甚至轉變為危害地方的民間變亂，是蝗災對宋代社會秩序，最直接的衝擊。

總的來說，上述痛苦的經歷，雖然對宋代社會造成莫大的傷害，但在此種逆境之下，卻也使得宋朝的有識之士，得以近距離地觀察蝗蟲的生態，並將所得的自然知識，運用在蝗災的防治工作上，有效推動治蝗對策的多元化。這種發展的動力來源，即是宋人對蝗蟲知識的增加，因此為深入瞭解宋代社會在蝗災衝擊下的反應，下一章將先探討宋人所認識的蝗蟲，作為後續相關研究的開端。

〔註 69〕〔清〕徐松，《宋會要》，〈刑法〉四之九二，寧宗嘉定九年五月條，頁 6667。

〔註 70〕〔宋〕趙蕃，《乾道稿》（臺北：臺灣商務印書館，1983 年），卷二〈閔雨〉，頁 26a～b。趙蕃（1143～1229），字昌父，號章泉，原籍鄭州，南渡後僑居信州玉山（今屬江西）。

第三章　宋人對蝗蟲的生物認知與來源說

宋人的生物來源觀念，在缺乏細胞、基因等現代生物學的基礎下，大多仍承襲歷來累積的自然知識。先民藉著生物的外形、特徵與作息型態，進行觀察、聯想與推論，所使用的說明文字多稱為「化」、「生」，故有萬物能夠互相化生的說法，這就是所謂的「化生觀」〔註1〕。將此種觀念投射在蝗蟲身上，便產生了「蝗←魚」、「蝗←蝦」與「沴氣化蝗」等蝗蟲化生說法。所以在探討宋代蝗災的相關問題之前，若能先理解宋人對蝗蟲生活史與來源的認識，將有助於更深入探討蝗蟲與宋人之間的互動關係。因此，本章即先說明宋人對蝗蟲生活史的觀察，接著再歸納當時社會上普遍的蝗蟲來源說，藉以瞭解宋人對蝗蟲的生物知識已到達何種程度。

第一節　宋人的蝗蟲生物認知

「觀察」是古人認識自然的核心，宋人所採行的方法，即是對於蝗蟲的生活作息，進行實際的觀察與詮釋，並運用累積的自然經驗，將觀察得到的

〔註1〕「化生觀」是古人解釋生物變化的基本概念。古人認為生物間是可以相互變化的，主要是因為觀察生物的行態、習性，加上固有的哲學概念，如《易經》：「天地感而萬物化生。」；《禮記》：「腐草為螢。」《莊子》：「程生馬；馬生人。」等等轉化的哲學思維。自然的觀察加上傳統哲學，化生思想就成為古人對生物的基本概念。詳情可參考趙雲鮮，〈化生說與中國傳統生命觀〉，《自然科學史研究》，第四期（1995），頁366～373；朱清海、李思孟，〈中國古代生物循環變化思想初探〉，《自然辯證法通訊》，第六期（2001），頁47～54。

結果加以推論建構，成爲宋代社會普遍的蝗蟲知識。本節即是以宋代社會普遍流傳的蝗蟲認知爲主軸，分爲四個部份予以說明，其一爲蝗蟲的「生命週期」；其二爲蝗蟲的「多產特色」；其三爲蝗蟲的「生活習性」；其四則是蝗蟲的「自然天敵」。茲分別敘述如下：

一、蝗蟲的生命週期

蝗蟲一生需經歷卵、若蟲與成蟲階段〔註2〕。古人很早就發現此一現象，如甲骨文中已經有「蝗」及「螽」的區別〔註3〕；晉代郭璞所注的《爾雅》中，即有「螽，蝗子未有翅」〔註4〕的具體注文，可證明他已知蝗與螽的差別。此外，《晉書・石勒傳》亦記載：

> 河朔大蝗，初穿地而生，二旬則化狀若蠶，七八日而臥，四日蛻而飛，彌亘百草，唯不食三豆及麻，并、冀尤甚。〔註5〕

雖然「二旬則化，狀若蠶，七八日而臥，四日蛻而飛」的敘述尚不太正確，但從中可看出古人對蝗蟲的生命週期，開始有部分的瞭解。

到了宋代，人們似乎有更詳細的觀察，宋初所編撰的《太平廣記》中，就記載曰：「螽斯即蝗屬也。羽翼未成，跳躍而行，其名蝻。」〔註6〕在這裡已有若蟲行爲及羽化的觀察；而北宋郭祥正（1035～1113）在〈長蘆詠蝗〉一文中，更有「入地如錐又生子」的描述〔註7〕，將蝗蟲入地產子的景象，細膩地描寫下來。此外，彭乘在《墨客揮犀》中，也有蝗蟲產子與成長過程的敘述，其文云：

〔註2〕〔日〕道家信道，《華北の飛蝗》（北京：華北產業科學研究所華北農事試驗場，1943 年），華北產業科學研究所調查報告第十四號，頁 16～21；R.F Chapman, *The Insects* (Cambridge : Cambridge University Press, 1998), p. 378。兩者均有蝗蟲生活史（卵、若蟲、成蟲）之詳細說明。

〔註3〕夏凱齡等編著，《中國動物志》昆蟲綱第四卷（北京：科學出版社，1994 年），頁 12～13。

〔註4〕〔晉〕郭璞，《爾雅》（臺北：世界書局，1953 年），爾雅九〈釋蟲十五〉，頁 19。

〔註5〕〔唐〕房玄齡，《晉書》（北京：中華書局，1974 年），第一百四〈石勒傳〉，頁 2726～2728。

〔註6〕〔宋〕李昉，《太平廣記》（臺北：新興書局，1968 年），卷第四百七十四〈昆蟲七〉，頁 52a。

〔註7〕〔宋〕郭祥正，《青山續集》（臺北：臺灣商務印書館，1983 年），卷四〈長蘆詠蝗〉，頁 5a。郭祥正，字攻父，自號謝公山人，又號漳南浪士，太平州當塗（今安徽當塗）人，仁宗慶曆年間（1041～1048）進士。

> 蝗一生九十九子。皆聯綴而下，入地常深寸許，至春暖始生。初生
> 如蠶，五日而能躍，十日而能飛。〔註8〕

文中指出蝗蟲產卵入地約一吋多，越過冬季後孵化；其剛出生時，如桑蠶一般，五日後能跳躍，十日後則能飛天。雖然不是很正確，但蝗蟲一生（卵、若蟲、成蟲）的過程，幾乎都已有完整的記錄。再者，南宋羅大經的《鶴林玉露》，更描述了蝗蟲的繁殖行為以及蝗卵的詳細形狀：

> 蝗纔飛下即交合，數日，產子如麥門冬之狀，日以長大。又數日，
> 其中出如黑蟻者八十一枚，即鑽入地中。《詩》註謂螽斯一產八十一
> 子者，即蝗之類也。其子入地，至來年禾秀時乃出，旋生翅羽。

〔註9〕

文中述說蝗蟲的繁殖情形（圖 3-1），蝗蟲所產下卵的形式（圖 3-2），更觀察到蝗蟲卵、若蟲之形貌，若與《宋史·五行一下》所記載：「和州蝗生卵，如稻粒而細。」〔註10〕兩種形容蝗卵的型態比較（圖 3-3、圖 3-4），可證明宋人確實已掌握蝗卵的生物型態。

　　從上述資料顯示，我們可以充分的瞭解，宋人對於蝗蟲幼蟲的生命形態，已經有一個完整世代的觀察。

圖 3-1：蝗蟲交合情況　　　　圖 3-2：蝗蟲產卵入地常深寸許情況

〔註8〕　〔宋〕彭乘，《墨客揮犀》（臺北：藝文印書館，1965 年），卷之五，頁 1b。彭乘（985～1049），字利建，華陽（今四川成都）人，於仁宗朝（1023～1063）曾任翰林學士。

〔註9〕　〔宋〕羅大經，《鶴林玉露》（臺北：藝文印書館，1965 年），卷之三，頁 3a～4b。羅大經（1196～1242）字景綸，號儒林，又號鶴林，廬陵（今江西吉安）人，理宗寶慶二年（1226）進士。

〔註10〕　〔元〕脫脫，《宋史》，卷六十二〈五行一下〉，頁 1356。

圖 3-3：剛產下之蝗卵形態　　　　圖 3-4：蝗卵顏色會漸漸轉深

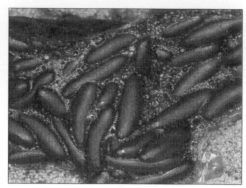

資料來源：陳美玲，《蝗蟲》（臺北：親親文化事業有限公司，2001 年），頁 13～15。

二、蝗蟲的多產特色

　　蝗蟲擁有驚人的繁衍能力，只要自然條件配合得當，在很短的時間內，就能形成數量可觀的蝗群，當牠們起飛覓食，那蔽天蓋日的恐怖景象，就深深烙印在人們的腦海裡。蝗蟲這種「多產」的生物特色，很早就被古人觀察到，例如《詩經・周南》中就有：

> 螽斯羽，詵詵兮！宜爾子孫，振振兮！螽斯羽，薨薨兮！宜爾子孫，
>
> 繩繩兮！螽斯羽，揖揖兮！宜爾子孫，蟄蟄兮！〔註11〕

的記錄。先民觀察到蝗蟲的多產特性，因而用來比喻希望子孫也能夠生生不息。這種比喻在宋代也被引用，例如：南宋名臣朱熹（1130～1200），在《詩集傳》中即以：「一生九十九子」〔註12〕為其注文，更在其後補注：「后妃不妒忌而子孫眾多，故眾妾以螽斯群處和集而子孫眾多比之，言其有德而宜有是福也。」〔註13〕這一段話，以作為后妃們相處時的借鏡。

　　再從其他資料來看，北宋學者彭乘的《墨客揮犀》有「蝗一生九十九子」〔註14〕的說法；陸佃在《埤雅》裡更指出：「螽斯蟲（蝗）之不妒忌，一母百

〔註11〕　〔宋〕朱熹注，《詩經》（上海：上海古籍出版社，1987 年），卷一〈周南〉，頁 3。朱熹（1130～1200），字元晦，後改字仲晦，號晦庵，祖籍徽州婺源（今江西婺源），生於南劍州尤溪（今福建尤溪），高宗紹興十八年（1148）進士，累官寶文閣待制，後世尊稱朱子。

〔註12〕　〔宋〕朱熹，《詩集傳》（臺北：臺灣商務印書館，1981 年），卷一，頁 9。

〔註13〕　〔宋〕朱熹，《詩集傳》，卷一，頁 9。

〔註14〕　〔宋〕彭乘，《墨客揮犀》，卷之五，頁 1b。

子者也。」〔註15〕蘇轍（1039～1112）亦在《詩集傳》書裡提到「（蝗）一生八十一子」〔註16〕，他們都認為蝗蟲具有多產的特色。此外，蝗蟲多子的觀念，在南宋也廣為流傳，如范處義在其《詩補傳》卷一中云：「蝗類，一母百子，或云一生八十一子。」〔註17〕嚴粲的《詩輯》也記載著「今俗言蝗一百子」〔註18〕；洪咨夔（1176～1236）《平齋文集》卷二〈有感〉，更有「一蝗東方來，孕子九十九。」〔註19〕的說法。這些敘述都顯示出蝗蟲的多產、繁衍快速，對於當代人們而言，應屬認知上的共識。

三、蝗蟲的生活習性

宋人對蝗蟲生活習性之認知，可分為三個項目加以說明。第一，為蝗蟲的驅光性；第二，為蝗蟲的行為模式；第三，則是蝗蟲的食性介紹。詳細說明如下：

（一）蝗蟲的趨光性

《詩經・北山》有云：「田祖有神，秉畀炎火。」〔註20〕即是古人利用蝗蟲的趨光性，來消滅蝗蟲的最早紀錄。唐代姚崇也運用此古法滅蝗，見於《新唐書・姚崇列傳》的記載云：「請夜設火，坎其旁，且焚且瘞，蝗乃可盡。」〔註21〕則利用其趨光的特性，增加滅蝗措施的功效。時代演進到宋朝，宋人

〔註15〕　〔宋〕陸佃，《埤雅》（臺北：藝文印書館，1967年），卷十〈釋蟲〉，頁245。文中之「螽斯蟲」並非只現今昆蟲學的分類之「螽斯」，而是古代蝗的另一種名稱，詳情可參見趙友培〈釋螽與蝗〉，《中國語文》第五十三卷第三期，1983年9月，頁8～18；或遊修齡，〈中國蝗災歷史和治蝗觀〉，《華南農業大學學報（社會科學版）》第二期（2003），頁94～100。

〔註16〕　〔宋〕蘇轍，《詩集傳》（臺北：臺灣商務印書館，1976年），卷一〈樛木三章章四句〉，頁11a。蘇轍（1039～1112），字子由，號潁濱遺老，眉州眉山（今四川眉山）人，仁宗嘉佑二年（1057）進士，曾任尚書右丞、門下侍郎。

〔註17〕　〔宋〕范處義，《詩補傳》（臺北：臺灣商務印書館，1983年），卷一，頁22b。范處義，號逸齋，浚州（今河南濬縣）人，南宋紹興年間（1131～1162）進士，累官殿中侍御史。

〔註18〕　〔宋〕嚴粲，《詩輯》（臺北：臺灣商務印書館，1977年），卷一〈樛木三章章四句〉，頁26a。嚴粲（1248前後在世），字坦叔，一字明卿，又稱華谷先生，邵武（今福建邵武）人。

〔註19〕　〔宋〕洪咨夔，《平齋文集》（臺北：臺灣商務印書館，1981年），卷二〈有感〉，頁7a。洪咨夔（1176～1236），字舜俞，號平齋，於潛（今屬浙江臨安縣）人，寧宗嘉泰二年（1202）進士。

〔註20〕　〔宋〕朱熹注，《詩經》，卷五〈北山〉，頁107。

〔註21〕　〔宋〕歐陽修，《新唐書》，卷一百二十四〈姚崇列傳〉，頁4384。

段昌武在其《毛詩集解》中亦引用此歷史事件，對詩句加以說明並作為例
證，其文曰：「姚崇遣使捕蝗，引此為證，夜中設火，火邊掘坑，且焚且瘞。」
〔註22〕南宋呂祖謙在《呂氏家塾讀詩記》卷二十二中，也認同此作法並加以
襲用〔註23〕。由此可以想見這種利用蝗蟲夜晚趨光的特性，來捕殺蝗蟲的方
法，是宋代知識份子的一般常識。此外《宋史·魏王廷美列傳》亦記載：

> 飛蝗入境，吏民請坎瘞火焚之，德彝曰：「上天降災，守臣之罪也。」
> 乃責躬引咎，齋戒致禱，既而蝗自殪。〔註24〕

其中之「請坎瘞火焚之」，可以了解宋代百姓也已慣用這種前代傳下來的滅蝗
方法，雖然當時並不了解蝗蟲趨火的原因，但從上述學者的記錄中可以發現，
宋人已知曉蝗蟲趨火的行為。

（二）蝗蟲的行為模式

北宋彭乘的《墨客揮犀》卷五記載：「（蝗）入地常深寸許，至春暖始生。」
〔註25〕南宋羅大經之《鶴林玉露》卷三亦記有：「（蝗）其子入地，至來年禾
秀時乃出。」〔註26〕的現象。這都說明蝗蟲越冬卵的行為模式，已被宋人觀
察到並加以記錄，其中「至春暖始生」、「至來年禾秀時乃出」的敘述，更指
出當時已能估算蝗蟲孵化出土的時間，是在來年春夏之際。

另一方面，藉由南宋董煟《救荒活民書》中所收錄之捕蝗法，我們可以
從中觀察時人對蝗蟲生態的瞭解程度，該文提到「蝗最難死，初生如蟻之時」
〔註27〕意指蝗蟲在初生的時候像螞蟻般微小（圖3-5）。稍微成長，「俟有跳躍
而上者」〔註28〕，將蝗蟲若蟲的跳躍行為明文記載於文書。不僅如此，書中
尚有「蝗在麥苗禾稼深草中者，每日侵晨盡聚草梢食露，體重不能飛躍。」

〔註22〕〔宋〕段昌武，《毛詩集解》（臺北：臺灣商務，1983年），卷二十一，頁11。
段昌武（1150年前後在世），字子武，盧陵（今江西吉水縣）人，著有《毛詩
集解》一書。

〔註23〕〔宋〕呂祖謙，《呂氏家塾讀詩記》（臺北：新文豐出版公司，1984年），卷二
十二，頁35。呂祖謙（1137～1181），字伯恭，婺州金華（今浙江金華）人，
世稱東萊先生。

〔註24〕〔元〕脫脫，《宋史》，卷二百四十四〈魏王廷美列傳〉，頁8673。

〔註25〕〔宋〕彭乘，《墨客揮犀》，卷之五，頁1b。

〔註26〕〔宋〕羅大經，《鶴林玉露》，卷之三，頁4b。

〔註27〕〔宋〕董煟，《救荒活民書》（臺北：藝文印書館，1965年），捨遺〈捕蝗法〉，
頁5b。董煟（？～1217），字季興，饒州德興（今江西德興）人，光宗紹熙四
年（1193）進士，曾知瑞安縣，撰有《救荒活民書》、《求賢變俗書》等著作。

〔註28〕〔宋〕董煟，《救荒活民書》，捨遺〈捕蝗法〉，頁6a。

〔註 29〕之論述，說明蝗蟲在清晨時候的作息情況，乃是聚集在草葉的尖端吃露水，因此該時段的蝗蟲體重最重，無法飛舞、跳躍。若就現在昆蟲學的研究而言，應是蝗蟲受趨光性的影響，早晨會聚在草叢高處，且清晨較冷且濕氣重，蝗蟲因低溫和羽翅受潮，故無法靈活的運用翅膀，進行長距離的移動，可見董煟的說法相當符合蝗蟲行為，只差瞭解真正的原因而已。

圖 3-5：蝗蟲初生時型態

資料來源：陳天玲，《蝗蟲》，頁 16。

　　從上述宋人的記載中，可以歸納出宋代對蝗蟲生活習性，已有相當程度的自然知識。他們已知蝗卵越過多天後，會在土中孵化；初生時，如螞蟻般微小；漸漸成長茁壯後，其移動方法採用跳躍式，當蝗蟲羽翼長成後，即可飛天；當落地後有交合的繁殖行為，並將卵產於土中約一寸多深。這些蝗蟲行為模式的描述，與現代昆蟲學的觀察比較，相當接近，顯示宋人的觀察非常詳細，大體未違背今日昆蟲學家的基本認識，是中國古代科技值得驕傲的地方。

（三）蝗蟲的食性

　　在中國史籍的描述裡，蝗蟲不僅危害農作物（食苗、害稼），災情嚴重時，連「草木葉皆盡」〔註30〕、「牛馬毛鬣皆盡」〔註31〕的情形都會發生。蝗蟲的覓食習慣，宋人留下了許多的記錄，如北宋李昉《太平御覽‧百穀部》篇即

〔註29〕　同註 27。
〔註30〕　〔宋〕歐陽修，《新唐書》，卷三十六〈五行三〉，頁 939。
〔註31〕　〔唐〕房玄齡，《晉書》，卷二十九〈五行下〉，頁 881。

有「蝗虫不食麻節也」﹝註32﹞的注文；另外《宋史‧五行志》中，也有「諸路蝗食苗（小麥、粟及稻）」、「飛蝗越淮而南，江、淮郡蝗食禾苗，山林草木皆盡。」﹝註33﹞之描述。這些記載都能說明宋人對蝗蟲食性的觀察，是非常多元並有相當歷史經驗的累積。

因此蝗蟲具有雜食的特性，對宋代的百姓而言並不陌生，且人們更察覺到牠對不同的植物有好惡的分別，如《宋史‧范正辭列傳》所記載：

> 歲旱蝗，他穀皆不立，民以蝗不食菽，猶可藝，而患無種，諷行縣至鄒平，發官廩貸民。﹝註34﹞

可見當時的百姓認為，傳統的糧食作物，會遭受蝗害而不能存活，只有「菽」不為蝗蟲所害。「菽」即是豆類總稱，換句話說，宋代的民眾認為，蝗蟲喜食粟、麥等作物，比較不喜歡啃食豆類﹝註35﹞，故改種豆類等糧食作物，可避免蝗害。此外，南宋董煟在《救荒活民書》卷二〈捕蝗〉篇裡，也有類似的觀念，他說道：

> 吳遵路（？～1043）知蝗不食豆苗，且慮其遺種為患，故廣收豌豆，教民種食。﹝註36﹞

如此看來，董煟知曉蝗蟲不食豆苗的現象，故透過北宋吳遵路「種豆避蝗」的事件，來強調種植豆類作物以避免蝗害的重要性。但在宋人也觀察到一旦災情況嚴重時，這些蝗蟲不喜食的植物將無法倖免，如寧宗開禧三年（1207）即有「……大蝗群飛蔽天，浙西豆粟皆既于蝗」﹝註37﹞之記載。

由上述可知，宋人在長時間的觀察裡，已發現蝗蟲的食性有好惡之分，基本上是以草木雜食為主。雖然仍有「食豬」、「食人」的事件流傳﹝註38﹞，

﹝註32﹞ 〔宋〕李昉，《太平御覽》（臺北：新興書局，1959年），卷八百四十一〈百穀部五〉，頁7a。

﹝註33﹞ 〔元〕脫脫，《宋史》，卷六十二〈五行志〉，頁1358。

﹝註34﹞ 〔元〕脫脫，《宋史》，卷三百四〈范正辭列傳〉，頁10061。

﹝註35﹞ 據日本學者道家信道的研究顯示，飛蝗對農作物有不同的喜好，較喜食粟、麥以及水稻，其次才為豆類、麻類的作物，在極度飢餓的情況下，連同類的屍體也會啃食，故宋人所述蝗不喜食豆類的說法，是有所根據的。詳情可參閱〔日〕道家信道，《華北の飛蝗》，頁22～23。

﹝註36﹞ 〔宋〕董煟，《救荒活民書》，卷二〈捕蝗〉，頁17b。

﹝註37﹞ 〔元〕脫脫，《宋史》，卷六十二〈五行志〉，頁1358。

﹝註38﹞ 〔宋〕周密，《癸辛雜識》（臺北：藝文印書館，1965年），別集下〈武城蝗〉，頁6a。其文曰：「晉天福（936～941）中，蝗食豬。平原一小兒為蝗所食，吮血，惟餘空皮裹骨耳。」周密（1232～1308），字公瑾，號草窗，又號四水

但在一般情況下，已經清楚蝗蟲並不是所有植物都吃，有一種嗜好上的分別，較不喜歡豆類、麻類之植物，而偏愛小麥、水稻等的農作物，但在食物缺乏時，會變得無所不吃，因此是一種雜食性生物。

四、蝗蟲的自然天敵

　　自然界有其自我調節的能力。蝗蟲多產的特色，多半是因為「食物鏈」〔註 39〕的制衡關係，所以當我們除去氣候或溫度的限制因素外，蝗蟲尚有鳥類、蛙類、蜂類、真菌感染或寄生蠅等等的天敵〔註 40〕，自然界對蝗蟲的抑制方法還是很多，這可反映在蝗蟲為何需要「多產」的特性，來保障族群的存續。但宋人所觀察到的蝗蟲天敵是那些呢？以下根據史料所曾顯示的部份加以說明：

（一）鳥　類

　　生物間的弱肉強食，在古人的觀察中，應當是極為容易出現的事情。在古代文獻中，時常會出現一些「鳥食蝗」的故事，如《太平廣記》卷二九二所引《列異傳》的記載：

> 漢中有鬼神欒侯，常在承塵上，喜食鮓菜，能知吉凶。甘露（B.C. 53 ～50）中，大蝗起，所經處，禾稼輒盡。太守遣使告欒侯，祀以鮓菜，侯謂吏曰：「蝗蟲小事，輒當除之。」言訖，翕然飛出，吏髣髴其狀類鳩，聲如水鳥。吏還，具白太守，即果有眾鳥億萬，來食蝗蟲，須臾皆盡。〔註 41〕

從上述這則記載中，可以發現鳥能食蝗對古人而言並不陌生，五代時亦出現因鸜鵒能食蝗蟲而禁捕的例子，事見《舊五代史・隱帝本紀》的記載：「開封府言，陽武、雍丘、襄邑三縣，蝗為鸜鵒聚食，詔禁捕鸜鵒。」〔註 42〕由此

潛夫、弁洋老人、華不注山人，祖籍濟南（今山東），為宋代著名詞人。

〔註 39〕　食物鏈（food chain）係指生物群落間，為了維持生命的存續，都必須從外界攝取食物，若將其生物的消費對象做一分類，可得高級消費者、次級消費者及生產者等等，這種相互攝食的生物關係，即形成的各種生物之間的消費鏈索稱之為「食物鏈」。

〔註 40〕　〔日〕道家信道，《華北の飛蝗》，頁 36～38。

〔註 41〕　〔宋〕李昉，《太平廣記》，卷二百九十二〈神二〉，頁 47b；引〔魏〕曹丕《列異傳》之記載。

〔註 42〕　〔宋〕薛居正，《舊五代史》（北京：中華書局，1976 年），卷一百一〈隱帝本紀〉，頁 1349。

可知鳥類食蝗，在宋以前已被用來抑制蝗變，可謂是歷史知識的累積。

　　宋代記錄鳥類捕食蝗蟲的情景，不止一次出現在史籍中，宋人歐陽修所編撰的史書中，就有幾則「鳥食蝗」的記事，如《新唐書・五行三》載有唐玄宗開元二十五年（734）「貝州蝗，有白鳥數千萬，群飛食之，一夕而盡，禾稼不傷。」的事蹟〔註43〕。此外，《新五代史・馮行襲傳》裡，也有「行襲為人嚴酷少恩，而所至輒天幸，境旱有蝗，則飛鳥食之」的記載出現。再者，宋初李昉等人所編撰之《太平廣記》也記載鳥食蝗的故事云：「有鳥如鸛，百萬為群，拾蝗一日而盡。」〔註44〕這些流傳已久的事蹟，佐助筆者推論宋人的社會裡，人們對於鳥類能食蝗蟲，應當不是一件稀奇陌生的事情。

　　這種「鳥食蝗」自然現象，在宋代也一再出現，如《宋史・太宗本紀》有：「（太平興國）七年（982）四月，北陽縣蝗，飛鳥數萬食之盡。」〔註45〕飛鳥食蝗的記載；另外，宋代學者李燾（1115～1184）在其《續資治通鑑長編》（以下簡稱《長編》）神宗熙寧七年（1074）六月癸亥條，即載有「鳥食蝗」的記錄：「是月，開封府界提點司言，咸平縣有鸜鵒食蝗蝻。」〔註46〕甚至還有鳥類捕食蝗蟲而使蝗災平息的事蹟，被宋人所歌頌、記錄，如劉敞（1019～1068）在其文集《公是集》的詩作裡，有稱讚鳥食蝗的詩句云：

> 廣州奇禽鴻鵠羣，勁羽長翼飛蔽雲。……今年飛蝗起東國，所過田
> 疇畏蠶食。神假之手天誘衷，此鳥乃能去螟賊。數十百千如合圍，
> 　搜原剔藪無子遺。……〔註47〕

就如同劉敞所寫一般，此種「鳥食蝗」的自然現象，多被附上神秘的色彩，並歸功於神靈的幫忙，但鳥能捕殺蝗蟲的知識，將深深印在時人的腦海裡。由此看來，在宋人的觀察裡，鳥類應是能夠捕食蝗蟲的生物之一。

（二）蛙　類

　　蛙類是田間經常出現的動物，但宋人已發覺到蛙類能食蝗蟲的特性，進

〔註43〕　〔宋〕歐陽修，《新唐書》，卷三十六〈五行三〉，頁939。
〔註44〕　〔宋〕李昉，《太平廣記》，第四百七十四〈昆蟲二〉，頁3906。
〔註45〕　〔元〕脫脫，《宋史》，卷四〈太宗本紀〉，頁67。
〔註46〕　〔宋〕李燾，卷二百五十四，神宗熙寧七年六月癸亥條，頁6227。
〔註47〕　〔宋〕劉敞，《公是集》（臺北：臺灣商務印書館，1983年），卷十八〈襄信新蔡雨令言飛蝗所過有大鳥如鸛數千為羣啄食皆盡幕府從事往按視如言因作短歌記其實〉，頁7a～b。劉敞（1019～1068），字原父，世稱公是先生，臨江新喻（今江西新余）人，仁宗慶曆六年（公元1046年）進士。

而下令禁止捕食青蛙，轉變成一種互助合作的生活型態〔註 48〕。如宋人車若水（1208～1275）在《腳氣集》中，即明確記載禁止捕蛙的原因，他明白指出：「朝廷禁捕蛙，以其能食蝗也。」〔註 49〕可證蛙類受官方保護的原因，是因為牠能捕食蝗蟲，而蛙類的角色在宋人眼中，應該就是蝗蟲的剋星。

　　再者南宋前期彭乘的《墨客揮犀》中也記載：「浙人喜食蛙，（北宋）沈文通在錢塘日切禁之。」〔註 50〕此外，南宋後期的趙葵（1186～1266）在《行營雜錄》中亦記載：「馬裕齋知處州，禁民捕蛙。」〔註 51〕這些禁捕蛙的紀錄，雖然沒有說明官員禁捕蛙的原因，但與車若水《腳氣集》中因蛙能食蝗而禁捕的記錄對照，極可能有相類似的考量。不管這些禁捕蛙類事件的原因為何，就車若水所述已說明宋代有保護蛙類藉以治蝗的舉措。

　　宋人利用「蛙能食蝗」的自然知識，預防蝗害的發生，是相當的正確且先進的觀念。據現今昆蟲學者對蛙類食性的研究，顯示蝗蟲是其重要的食物來源，如耿寶榮、蔡明章在〈虎紋蛙（Rana tigerina rugulosa）的食性與繁殖習性的研究〉一文中，曾對棲息於稻田的虎紋蛙食性進行調查，其食物來源之一即為蝗蟲〔註 52〕；此外，鄒佩貞等人在〈沼水蛙繁殖習性與食性的初步研究〉一文裡，對採樣的沼水蛙進行剖胃檢查，其結果顯示蝗蟲佔其食物近三成的比例〔註 53〕。故宋代能有保護蛙類以剋蝗的想法出現，是值得給予肯定、讚揚，對其時代發展也有進步的意義。

（三）寄生蟲類

　　蝗蟲「抱草而死」一詞有很多層的涵義：一來有可能是蝗蟲壽終正寢的

〔註48〕　此現象類似現今生物學所謂互利共生（*mutuaiism*）的生活型態，係指對物種雙方都有幫助的共同生活。在此處，則藉以表示人類保護蛙類不受捕食，而蛙類替人類捕食田間的害蟲，保障農作物的收成，如此互助的現象，應屬此種生活型態。

〔註49〕　〔宋〕車若水，《腳氣集》（臺北：藝文印書館，1965 年），〈卷上〉，頁 27a。車若水（1208～1275），字清臣，自號玉峰山民，台州黃巖（今浙江台州）人，撰有《腳氣集》、《宇宙略記》及《玉峰冗稿》等。

〔註50〕　〔宋〕彭乘，《墨客揮犀》，卷之六，頁 7a～b。

〔註51〕　〔宋〕趙葵，《行營雜錄》（臺北：藝文印書館，1966 年），頁 16b。趙葵（1186～1266），字南仲，號信庵，衡山（今湖南衡陽）人，官至兩淮宣撫使。

〔註52〕　耿寶榮、蔡明章，〈虎紋蛙（Rana tigerina rugulosa）的食性與繁殖習性的研究〉，《福建師範大學學報（自然科學版）》第三期（1994），頁 93。

〔註53〕　鄒佩貞等，〈沼水蛙繁殖習性與食性的初步研究〉，《動物學雜誌》第二期（2003），頁 66。

自然死亡型態；二來則有可能是蝗蟲受到「抱草瘟（Empusa grylli Fr.）」〔註54〕等真菌傳染病的影響；此外亦有可能是被「寄生蟲」所感染，甚或可能是氣候遽降而凍死的樣貌。如下表所示（表3-1）：

表3-1：宋代蝗蟲「抱草死」之紀錄〔註55〕

時　　間		記　　　載	出　　處
太宗	淳化三年（992）七月	蝗、蛾抱草自死。	《宋史・五行一下》
	至道二年（996）七月	許、宿、齊三州蝗抱草死。	《宋史・太宗本紀》
真宗	景德四年（1007）九月	陳州宛邱、鄆州東阿須城等縣，蝗不害稼，抱草死。	《長編》卷六十六
	大中祥符九年（1016）七月	開封府言祥符縣赤岡村，蝗附草而死者數里，擷其草來上。	《長編》卷八十七
		又相州言安陽縣，有蝗抱草而死者，約十餘里。	
		開封府祥符縣，蝗附草死者數里。	《宋史・真宗本紀》
	天禧元年（1017）六月	陝西、江、淮路並言部內蝗蝻抱草木死及大風吹入海。	《長編》卷九十
		知蘇州梅詢言飛蝗入境，悉於叢薄間抱枝幹僵死，又羣飛投太湖。	
		江、淮大風，多吹蝗入江海，或抱草木僵死。	《宋史・五行一下》
	天禧元年（1017）七月	知永興軍寇準言部內民稼蝗傷之後，莖葉再茂，蝗多抱草死。	《長編》卷九十
哲宗	元符元年（1098）八月	高郵軍蝗抱草死。	《宋史・五行一下》

許多狀況，都可能造成以上蝗蟲集體死亡的原因，但這也證明「抱草而死」一詞，確有其複雜的含意。若排除不確定的文獻記載，以較明顯的紀錄來看，仍可知宋人已觀察到蝗蟲受到寄生的現象，如北宋人李士衡（959～1032）曾親眼目睹小蟲食蝗的現象，而向朝廷奏報，事見《長編》真宗大中祥符九年（1016）六月條之記載：

　　　李士衡言：「……又蝗飛空中，有身首斷而殞者，有自潰其腹，有小

〔註54〕 夏凱齡等編著，《中國動物志》昆蟲綱第四卷，頁154～157。
〔註55〕 本表參《長編》、《宋史》等文獻製成。

> 蟲食之者，斯乃妖不勝德，而示茲異也。」〔註56〕

觀察這段文字的描述，飛蝗殞落而體內「有小蟲食之者」，很明顯是蝗蟲受到寄生蟲感染，因而病發死亡。南宋寧宗慶元二年（1196）七月，也有一則蟲食蝗記錄，其詳細程度使我們可以瞭解此次蝗蟲「抱草死」的內情，據《高郵州志》卷十二〈雜類志〉所載：

> 是夏，旱。飛蝗起自凌塘，俄遍四野，繼皆抱草死。每一蝗，有一蛆，食其腦。〔註57〕

由此例看來，造成蝗蟲「抱草死」的原因，很明顯就是牠體內的寄生蟲病發作。蝗蟲因此大規模死亡的景象，引起詩人陳造（1133～1203）的注意，並賦詩恭賀當時的郡守陳伯固曰：

> 使君手有垂雲帚，虐魃妖螟掃不餘。十頃飛蝗戴蛆死，已濡銀筆為
> 君書。是夏，凌塘飛蝗十頃許忽至，人方憂懼，繼皆抱草死，一蛆食其腦。〔註58〕

詩中不僅反應陳造歡喜的情緒，更將蝗蟲病發死亡的景象，扼要地描寫出來。如此看來，蝗蟲許多「抱草而死」的紀錄，很可能是被簡化敘述，以致蝗蟲的死因，現今難以細究，但蝗蟲集體快速死亡的現象，應該在當代有所流傳，將增加人們對蝗蟲「抱草死」的瞭解。

　　出上述資料我們可以推論，宋人李士衡所觀察到的現象，與《高郵州志》之記載，應是蝗蟲體內寄生蟲病所造成的死亡現象，因此宋人確已觀察到此種蝗蟲感染寄生蟲而病發的情形，並且留下若干紀錄。

　　綜而論之，宋人對於蝗蟲的「生命週期」、「多產特色」、「生活習性」以及「生物天敵」等等知識，已經有廣泛的瞭解。這其中的原因之一，應在於唐末以來逐漸興起「注重自然」的風氣，加強了宋代對自然研究的興趣，促使宋人重視觀察生活週遭的自然環境〔註59〕。這種近似科學方法的觀察，使

〔註56〕〔宋〕李燾，《長編》，卷八十七，真宗大中祥符九年六月甲申條，頁1995。

〔註57〕〔清〕楊宜崙修撰，《高郵州志》（臺北：成文出版社，1970年），卷之十二〈雜類志〉，頁4a。

〔註58〕〔宋〕陳造，《江湖長翁集》（臺北：臺灣商務印書館，1983年），卷二十〈喜雨口號呈陳守伯固十二首〉，頁6a～b。陳造（1133～1203），字唐卿，高郵（今江蘇高郵）人，孝宗淳熙二年（1175）進士。

〔註59〕有關此一問題，可參閱葉鴻灑，〈北宋儒家的自然觀〉，《國際宋史研討會論文選集》（保定：河北大學出版社，1992年），頁216～234。文中論述，自唐末以來逐漸興起一種自由化較注重自然研究的風氣，這種崇尚自然而多元化的學風，對於宋代科技的進步，有其正面的貢獻。另外，樂愛國，《儒家文化與

宋人對於蝗蟲的「生命週期」，有一個完整世代的認知；即蝗蟲是經由越冬卵，後孵化爲若蟲，再長翅成爲飛蝗，此外，也觀察到蝗蟲交合和土中產卵的繁殖過程。在蝗蟲「生活習性」方面的瞭解，則有驅光的特性、若蟲是跳躍而行、在清晨時行動較遲緩、對食物似乎有挑食的偏好等等。宋人的觀察非常詳細，以現代昆蟲學的角度來看，已經是相當正確的觀察紀錄，也是當時（十至十二世紀）世界上最詳盡的蝗蟲生物知識。

第二節　宋人的蝗蟲來源說

宋人的化生思想，對蝗蟲的來源說法，具有關鍵性的影響地位。因此，在說明宋代蝗蟲來源說之前，若能夠先瞭解古代「化生觀」的流傳，以及對宋代社會的影響，將有助於理解宋人對蝗蟲生成的詮釋。所以在本節的內容上，首先將探求宋人「蝗化」思想的淵源；接著說明在宋代的社會裡，主要流傳的蝗蟲生成說內容，藉以瞭解宋代「蝗化」思想的本質與意義。

一、宋代以前化生思想的流傳

古代的自然思維裡，會透過不同生物之間的彼此聯想，來解釋生物的何去何從。至於他們聯想的關鍵鏈結，可以是生物的「外形特徵」，如西晉張華《博物志》中所記：「吳王江行，食鱠有餘，棄于中流，化爲魚。今魚中有名『吳王鱠餘』者，……猶有鱠形。」〔註60〕的說法；也可以是生物的「生活環境」，如南朝梁任昉《述異記》中所載：「淮水中黃雀至秋化爲蛤，春復爲黃雀……」〔註61〕之觀念；更可以是「天人感應」、「陰陽五行」等傳統思想的影響〔註62〕。但看在現代人的眼裡，這些缺乏科學根據的聯想，似乎是天

中國古代科技》（北京：中華書局，2002年），頁149～228，亦指出宋代科技對自然已經開始探討其深層規律的東西，如沈括研究自然不僅於表象，更想要探求背後深層的意義。兩者似乎對宋代科技發展有類似的觀點。

〔註60〕〔晉〕張華，《博物志》（臺北：藝文印書館，1966年），卷三〈異魚〉，頁3b。

〔註61〕〔南朝梁〕任昉，《述異記》，卷上，頁6b。

〔註62〕關於「陰陽」、「五行」等思想的流傳與影響，可參〔英〕李約瑟（Joseph Needham）原著，陳立夫主譯，《中華科學文明史》（臺北：臺灣商務印書館，1980年），頁384～461；鄺芷人，《陰陽五行及其體系》（臺北：文津出版社，1992年），頁33～57。這種思想對萬物之間相生化的影響，可參朱青海、黃玉芳，〈論中國古代生物循環變化思想〉，《華中農業大學學報(社會科學版)》（武漢：華中農業大學），第一期（2001），頁45～48。

馬行空，不過，在古人對自然界有限的知識裡，卻認定這些想法是「事實」，主要原因是先民們在歷史經驗的限制下，逐漸產生了一些獨特想法，相信生物之間的形象可以互相轉化，這就是前述所提及的「化生觀」。

　　然而「化生觀」的發展，究竟是如何進行的呢？我們從文獻的記載中，可以瞭解這種「化生觀」的發展脈絡。如《禮記‧月令》篇中就有「鷹化為鳩」〔註63〕、「田鼠化為駕」〔註64〕及「腐草為螢」〔註65〕之類的記載，這說明在古代中國人的認知中，對生物與生物之間，或者是植物與動物之間，很早就有可以互相轉化的概念；再者《莊子‧逍遙遊》篇中也有關於化生現象的描述：

　　　　北冥有魚，其名為鯤。鯤之大，不知其幾千里也。化而為鳥，其名

　　　　為鵬。鵬之背，不知其幾千里也。〔註66〕

若抽離哲學性的思考，魚類能夠轉化為鳥類，物種之間似乎可以打破界線產生變化；而在《莊子‧至樂》篇中則更詳細地記載：「烏足之根為蠐螬，其葉為蝴蝶。蝴蝶胥也化而為蟲，……鴝掇千日為鳥」〔註67〕儼然形成一種具有邏輯性的推理；另一方面《列子‧天瑞》篇甚至將此說擴大解釋之曰：

　　　　烏足之根為蠐螬，其葉為蝴蝶；蝴蝶胥也化而為蟲，……化而為

　　　　鳥；……燕之為蛤也；田鼠之為鶉也；朽瓜之為魚也；……魚卵之

　　　　為蟲。〔註68〕

這一連數十種生物間的相互演化，印證了先秦時期人民在與自然的互動中，把自然界的各種生物形象加以歸納，並進而推論、建構出生物間相互化生的觀念，藉以說明萬物的來源與消失，是有其因果變易的理論架構；這個觀念從漢代劉安《淮南子‧天文訓》中的「燕雀立冬化為蛤」〔註69〕；到南朝梁任昉《述異記》裡「麥化為飛蛾」〔註70〕的說法；再到唐代段成式《酉陽雜

〔註63〕 姜義華注譯，《禮記讀本》（臺北：三民書局，1997年），第六〈月令〉，頁231。
〔註64〕 姜義華注譯，《禮記讀本》，第六〈月令〉，頁235～236。
〔註65〕 姜義華注譯，《禮記讀本》，第六〈月令〉，頁247。
〔註66〕 〔清〕郭慶藩，《莊子集釋》（臺北：國家出版社，1982年），卷一上〈逍遙游〉，頁2。
〔註67〕 〔清〕郭慶藩，《莊子集釋》，卷六下〈至樂〉，頁625。
〔註68〕 楊伯峻，《列子集釋》（臺北：明倫出版社，1970年），卷一〈天瑞〉，頁8～11。
〔註69〕 〔漢〕劉安，《淮南子》（臺北：臺灣中華書局，1965年），卷三，頁2。
〔註70〕 〔南朝梁〕任昉，《述異記》（臺北：藝文印書館，1968年），卷下，頁4b。

俎》所載：「以盆覆寒食飯於暗室地上，入夏悉化爲蜘蛛。」〔註71〕的見聞記錄，都可看到「化生觀」的影響。由此可見「化生觀」自上古至唐代一直被人們所流傳，相當程度地影響後人的科學思維。

二、宋人的化生思想

宋代很明顯承襲了這種化生思想，如學者寇宗奭在《本草衍義》記載：「西川有蟬花，乃是蟬在殼中，不出而化爲花。」〔註72〕的說法；莊綽在《雞肋編》中也紀錄了：「稻米飯在地，經宿皆化爲螺。」〔註73〕以及「褚中藥化爲蠅數萬飛去」〔註74〕的化生論述。這種生物互相「轉化」的觀念，在南宋洪邁（1123～1202）的《夷堅志》中，指證的很清楚：

> 廣之清遠、韶之翁源、英之眞陽，三邑苦鼠害。雖魚鳥蛇皆化爲鼠，數十成群，禾稼爲之一空。貞陽報恩寺耕夫獲一鼠，臆猶蛇紋。漁父有夜設網，旦得數百鱗者，取而視之，悉成鼠矣。〔註75〕

洪邁所記錄的「化鼠」傳聞，顯然在當時相當流行，後人並將它修入正史之中，如《宋史‧五行三》即載有此說：

> 紹興十六年（1146），清遠、翁源、眞陽三縣鼠食稼，千萬爲羣。時廣東久旱，凡羽鱗皆化爲鼠。有獲鼠於田者，腹猶蛇文，漁者夜設網，旦視皆鼠。自夏徂秋，爲患數月方息，歲爲饑，近鼠妖也。

同樣的化生觀念，在羅願（1136～1184）《爾雅翼》中仍可見到，其文曰：「螢，夜飛之蟲，腹下有火，腐草及爛竹根所化。」〔註76〕以上紀錄都可以作爲佐

〔註71〕　〔唐〕段成式，《酉陽雜俎》（臺北：藝文印書館，1965年），卷十七，頁6a。

〔註72〕　〔宋〕寇宗奭，《本草衍義》（臺北：藝文印書館，1968年），卷十七，頁5a。寇宗奭，華州下邽（今陝西渭南北）人，曾任澧洲（今湖南澧縣）縣吏，撰有《本草衍義》三卷。

〔註73〕　〔宋〕莊綽，《雞肋編》（北京：中華書局，1997年），頁35。莊綽，字季裕，泉州惠安（今福建惠安）人，官至朝奉郎，撰有《雞肋編》、《本草節要》等。

〔註74〕　〔宋〕莊綽，《雞肋編》，頁35。

〔註75〕　〔宋〕洪邁，《夷堅志》（臺北：明文書局，1994年），甲志卷四〈鼠災〉，頁30。洪邁（1123～1202），字景廬，饒州鄱陽（今江西波陽縣）人，號容齋，晚號野處老人。而此類似記錄也見於〔元〕脫脫，《宋史》，卷〈五行三〉，頁1432。內容爲：「紹興十六年，清遠、翁源、眞陽三縣鼠食稼，千萬爲羣。時廣東久旱，凡羽鱗皆化爲鼠。有獲鼠於田者，腹猶蛇文，漁者夜設網，旦視皆鼠。自夏徂秋，爲患數月方息，歲爲饑，近鼠妖也。」

〔註76〕　〔宋〕羅願，《爾雅翼》（臺北：藝文印書館，1965年），卷二十七〈釋蟲〉，頁1b。羅願（1136～1184），字端良，號存齋，徽州歙縣（今安徽歙縣）人，

證，用來證明宋代的知識份子，仍舊延續傳統對生物的看法，並應用此觀點來詮釋萬物之間的變化。

　　這種生物間相互轉化的記述，如北宋張師正（1017～？）《倦遊雜錄》所載：「海魚之異者，黃魚化爲鸚鵡；泡魚大者如斗，身有刺，化爲豪豬；沙魚之斑者，化爲鹿。」〔註77〕的見聞記錄；或是趙令時（1061～1134）《侯鯖錄》中所記載「人化爲蛇」的故事云：

> 近歲，林棣縣虞候張坦，暴酷嗜利，卒死，瘞城外。月餘，夜夜叫
> 呼，村人報其家謂復生。妻、子輩開掘視之，身化巨蛇，頭尚人也。……
> 數月後，頭亦蛇矣，漸不能人言。《太平廣記》中載人化爲虎多矣，
> 未見生化爲蛇也。〔註78〕

可見這種觀念在宋代社會已廣泛流傳。再看當代其他文人作品中，也具有這類生物間相互化生的思維模式，例如：宋人託名蘇軾所撰之《物類相感志》中有「麥得濕氣則爲蛾」的說法〔註79〕、兩宋之際的江少虞在《事實類苑》裡有「白蟻蔽空，而飛入水，蛻脫化爲蝦。」〔註80〕的紀錄、南宋王應麟（1223～1296）在《困學紀聞》中也有「鷹化爲鳩，陰爲陽所化。爵化爲蛤，陽爲陰所化」〔註81〕的記載。由此我們可以瞭解，生物間的相生相化，在宋代並不是特殊的說法，很有可能是一個普遍的思考模式。換句話說，宋代知識份

孝宗乾道二年（1166）年進士，官至鄂州知事。

〔註77〕　〔宋〕張師正，《倦游雜錄》（上海：上海古籍出版社，1993年），〈嶺南嗜好〉，
　　　　頁7～8。張師正（1017～？），字不疑，邢州龍岡（今河北邢臺）人，官至英
　　　　州刺使，撰有《括異志》、《倦游雜錄》等。

〔註78〕　〔宋〕趙令時，《侯鯖錄》（北京：中華書局，2002年），頁173～174。趙令
　　　　時（1061～1134），字德麟，燕懿王德昭玄孫，曾仕洪州觀察使，遷寧遠軍承
　　　　宣使，襲封安定郡王。

〔註79〕　〔宋〕蘇軾，《物類相感志》（臺北：藝文印書館，1965年），頁1。蘇軾（1036
　　　　～1101），字子瞻，眉州眉山（今四川眉山）人，號東坡居士，仁宗嘉祐二年
　　　　（1057）進士。另一說法爲宋代贊寧和尚（919～1001）所編撰，俗姓高，德
　　　　清（今浙江德清縣）人，此說獲得較多學者認同。然筆者採用之版本《寶顏
　　　　堂秘笈》題爲蘇軾，故註明之。

〔註80〕　〔宋〕江少虞，《事實類苑》（臺北：臺灣商務印書館，1983年），卷六十二〈蟻
　　　　鮓〉，頁5a。江少虞，字虞仲，衢州常山（今浙江常山）人，徽宗政和八年（1118）
　　　　進士，歷任建、饒、吉等州之知州。

〔註81〕　〔宋〕王應麟，《困學紀聞》（臺北：臺灣商務印書館，1966年），卷五，頁
　　　　9b。王應麟（1223～1296），字伯厚，開封浚儀（今河南開封）人，號深寧居
　　　　士，理宗淳祐年間（1241～1252）進士，累官至禮部尚書兼給事中。

子對於生物間的關係，無法脫離「化生觀」的思想範疇，這可爲當代所接受的「物種轉化論」，這一觀念深刻影響宋人對蝗蟲來源的認知。

在「化生觀」的範疇內，蝗蟲爲何能跟魚、蝦產生聯想呢？又怎樣將這些聯想，作一番知識性詮釋，來解說「蝗蟲」的來源？又怎樣說明蝗蟲的生態呢？宋人蝗蟲化生說法的產生，應該是「化生觀」中「以形類形」〔註82〕之因素所造成的現象。在農業社會裡，相當重視「形象」的觀察，例如由文字的書寫來看，漢字絕大多數是將物體的形象，以線條的方式加以簡化而成爲字；而文字是文化的靈魂，連文字都受「形象」的影響，那麼昆蟲的來由同樣會受到此種發展的影響。這種生物相化的觀念，從宋人曾敏行（1118～1175）在《獨醒雜志》中所記載的事例來觀察，最爲扼要且清楚：

> 兒時捕魚，溪中嘗獲一鱖而尾有二足，細視之則老蟇也，由是知老
> 蟇亦能變而爲魚。今思老蟇與鱖魚之形亦相肖，世常言蛇化爲龍，
> 不知亦有化蟇者，《經》云：「雀化爲蛤」，而不知蟇或變爲魚也。
> 〔註83〕

文中以「老蟇」〔註84〕與「鱖魚」外型相像，再引用社會間流傳之「蛇化爲龍」、「雀化爲蛤」的說法，來佐證自己所說的「蟇化爲魚」是正確的推論，這就是應用「以形類形」聯想的典型例子。「化生觀」的流傳，就是循著這種模式慢慢地擴大、加強，以致涵蓋萬物之間的關係，所以在此我們可以推論，「化生」的概念可能就是形成「蝗←魚」、「蝗←蝦」以及「沴氣化蝗」等蝗化說法，產生聯想的關鍵因素。

三、宋人的蝗蟲來源說

蝗蟲突然間大量繁衍，以至於形成災害的過程，引起古代知識份子的關注，他們藉由長期對蝗蟲生態的觀察，思索蝗蟲究竟是從何而來？又從何而去？但由於對大自然的瞭解有限，再加上傳統化生思想的影響，這種體會與觀察的結果，歷經千年的時間，漸漸形成「蝗←魚」、「蝗←蝦」與「沴氣化

〔註82〕 趙雲鮮，〈化生說與中國傳統生命觀〉，頁369～370。文中認爲古人從生物外形的特徵，推論其來由，即爲何物所化生而成。

〔註83〕 〔宋〕曾敏行，《獨醒雜志》（臺北：藝文印書館，1966年），卷十，頁5b。曾敏行（1118～1175），字達臣，吉州吉水（今江西吉安）人，號獨醒道人，因病不仕，以布衣治學。

〔註84〕 古人對「蟾蜍」的稱呼之一，在此意同「蝦蟆」。其「蟇」同於「蟆」字。

蝗」等相互轉化的觀念。以下詳細說明之：

（一）「蝗←魚」化生的觀念

　　蝗蟲與魚之間，在形體上是完全相異的物種，其生態作息更是截然不同，蝗蟲在陸地，而魚卻在水中，這兩種生物本來沒有關聯，卻因爲先秦典籍的《列子》中有一「魚卵之爲蟲」〔註85〕的說法，成爲「魚化爲蟲」的依據，這種說法對後世有很大的影響，如漢代劉珍等人所編撰的《東觀漢記》就有「蝗蟲飛入海，化爲魚蝦」〔註86〕的紀錄，至南朝梁代的任昉在其《述異記》文中亦有「江中魚化爲蝗」〔註87〕的說法，這些例子都可隱約看到古籍的影響。其中，最明顯即爲《新唐書·五行三》中所記載：

> 武德六年（623），夏州蝗。蝗之殘民，若無功而祿者然，皆貪撓之所生。先儒以爲人主失禮煩苛則旱，魚螺變爲蟲蝗，故以屬魚孽。
> 〔註88〕

文中「魚螺變爲蟲蝗」一語，即是依據古代文獻中既有之紀錄，來闡述蝗蟲的出來。引經據典或運用古書記載，來強化蝗、魚互化觀念的做法，影響了宋人對蝗蟲的認識，如北宋陸佃（1042～1102）在《埤雅》中即明確記載道：

> 或曰蝗即魚卵所化。《列子》曰：「魚卵之爲蟲」，蓋謂是也。俗云：「春魚遺子如粟，埋於泥中，明年水及故岸，則皆化而爲魚；如遇旱乾，水縮不及岸，則其子久閣，爲日所暴，乃生飛蝗。」〔註89〕

文中把《列子》記載的「魚卵之爲蟲」擴充解說，再配合當時流傳的民間說法，進而形成蝗魚互化的觀點。北宋人陸佃根據已知經典的記載，加上自身經驗的補充，建構邏輯式的推論，使得「蝗」、「魚」化生的觀念更加言之鑿鑿，易取信於人。另一方面，詩人晁補之（1053～1110）在〈跋遮曲〉詩中，

〔註85〕　楊伯峻，《列子集釋》，卷一〈天瑞〉，頁11。

〔註86〕　〔後漢〕劉珍，《東觀漢記》（臺北：大西洋圖書公司，1968年），卷十二，頁99。

〔註87〕　〔南朝梁〕任昉，《述異記》，卷上，頁9。

〔註88〕　〔宋〕歐陽修，《新唐書》（北京：中華書局，1975年），卷三十六〈五行三〉，頁938。歐陽修（1007～1072），字永叔，吉州吉水（今江西吉安）人，號醉翁、六一居士，仁宗天聖八年（1030）進士。

〔註89〕　〔宋〕陸佃，《埤雅》，卷十一〈釋蟲〉，頁272。陸佃（1042～1102），字農師，越州山陰（今浙江紹興）人，號陶山，神宗熙寧三年（1070）甲科，補國子監直講。

出現「前年大旱河草黃，草中魚子化飛蝗」〔註 90〕的情境描述，顯見作者也認同「魚子化蝗」的說法。

　　從北宋陸佃《埤雅》中論述：「或曰蝗即魚卵所化」〔註 91〕，到南宋潘自牧《記纂淵海》中「有蝗化為魚蝦」〔註 92〕的敘述，再到謝維新《古今合璧事類備要》有關「蝗是魚子在水中化為之」〔註 93〕的記錄，以及祝穆《事文類聚》中「蝗是魚子在水中化為之」〔註 94〕的記載，乃至孔傳續撰《白孔六帖》卷八十一〈蟲蝗〉裡「或言魚子變，近之矣！」〔註 95〕的言論，都可看出「蝗←魚」化生說法，已廣為宋代士人所接受。接著我們再從明代方以智《物理小識》書中，引述宋代李石（1108～？）之言謂：「《續博物志》曰：『蝗蝻之子亦變而魚，魚子亦變而蝝蝗也。』」〔註 96〕以及明人李蘇撰寫《見物》敘述〈蟲物論〉云：「旱涸則魚、蝦子化蝗，故多魚兆豐年。」〔註 97〕等證據，可以瞭解蝗、魚互化的觀念，應已普遍流傳於兩宋社會，並且影響後世知識份子的思維。

（二）「蝗←蝦」化生的觀念

　　除了上述「蝗←魚」的化生觀念外，從資料中又見到宋人有另一種「蝗

〔註90〕　〔宋〕晁補之，《雞肋集》（臺北：世界書局，1986 年），卷十〈跋遮曲〉，頁 3a。晁補之（1053～1110），字無咎，濟州鉅野（今山東鉅野）人，號歸來子，神宗元豐二年（1079）進士，官至校書郎、禮部郎中。

〔註91〕　〔宋〕陸佃，《埤雅》，卷十一〈釋蟲〉，頁 272。

〔註92〕　〔宋〕潘自牧，《記纂淵海》（臺北：新興書局，1972 年），卷五，頁 32。潘自牧，字牧之，婺州金華（今浙江金華）人，寧宗慶元二年（1196）進士，曾任常山縣令。

〔註93〕　〔宋〕謝維新，《古今合璧事類備要》（臺北：新興書局，1971 年），卷二十，頁 11b。謝維新，字去咎，建安（今福建建甌）人，理宗寶祐年間（1253～1258）編成《古今合璧事類備要》。

〔註94〕　〔宋〕祝穆，《古今事文類聚》前集（京都：中文出版社，1982 年），卷之五〈天道部〉，頁 21a。祝穆，字和甫，初名丙，建寧崇安（今福建崇安）人，幼孤，與弟癸同從朱熹受業，撰有《方輿勝覽》、《古今事文類聚》等。

〔註95〕　〔宋〕孔傳，《白孔六帖》（臺北：新興書局，1976 年），卷第八十一〈蟲蝗〉，頁 26b。孔傳，字世文，曲阜（山東曲阜）人，孔子四十七代孫，官至中散大夫。

〔註96〕　〔明〕方以智，《物理小識》（臺北：臺灣商務印書館，1983 年），頁 26a。雖然多方尋求現存〔宋〕李石的《續博物志》一書，仍無法獲得此說之依據，但方以智所說必有所本，且本文在此處僅作為明代「蝗魚互化」流傳之例，故加以引用。

〔註97〕　〔明〕李蘇，《見物》（臺北：藝文印書館，1967 年），第五卷〈蟲物論〉，頁 9。

←蝦」的化生說法。蝗蝦互化的推論模式，理論上較蝗魚互化的概念更來得直接、簡單。原因就在於蝗與蝦在形象上都有殼、有足，只差在水裡跟陸地的分別而已，這比起蝗、魚互化還要透過蝗子、魚卵這個中介聯想，更爲簡潔有力、不假思索。如前述所引之《東觀漢記》中已提及：

> 馬援爲武陵太守，郡邊有蝗蟲，穀價貴。援奏罰鹽官，賑貧羸，薄賦稅。蝗蟲飛入海，化爲魚蝦。〔註98〕

文中指出此一奇特「蝗化爲蝦」的現象，曾經在歷史上發生過。可見「蝗←蝦」互化的觀念，是很早就存在古人的觀念裡，並流傳至宋代，如學者彭乘（985～1049）在所撰寫的《墨客揮犀》一書，即出現「蝗化爲蝦」的記載：

> 蝗爲人掩捕，飛起蔽天或墜陂湖間，多化爲魚蝦。有漁人於湖側置網，蝗墜壓網至沒，漁輒有喜色，明日舉網得蝦數斗。〔註99〕

彭乘是知識份子，在當時也有其社會地位，同樣受傳統觀念的影響，可以證明當時人們的蝗蟲來源觀，亦有一說是由蝦所化生而來，不然他不會有「蝗墜壓網至沒，漁輒有喜色，明日舉網得蝦數斗」的記述。

從李昉（925～996）《太平御覽》中之〈蝦門〉引用：「蝗蟲飛入海，化爲魚蝦。」〔註100〕的記錄。到彭乘《墨客揮犀》舉證蝗墜入湖水之中，多化生爲蝦的事例〔註101〕。再到祝穆的《事文類聚》中：「蝗化爲蝦」〔註102〕的言論。在在顯示宋人社會裡，蝗是爲蝦所化生的說法，很可能是普遍的觀念，而這觀念持續到明代中葉以後，仍舊爲士人所採信不疑，如徐光啓曾大力論證「蝗」是爲「蝦」所化生而來〔註103〕。從此例可以瞭解徐光啓會如此論證

〔註98〕〔後漢〕劉珍，《東觀漢記》，卷十二，頁99。

〔註99〕〔宋〕彭乘，《墨客揮犀》，卷之五，頁1b。

〔註100〕〔宋〕李昉，《太平御覽》，卷九百四十三〈鱗介部十五〉，頁5a。李昉（925～996），字明遠，深州饒陽（今河北饒陽）人，五代後漢乾祐年間（948～950）進士，歷仕後漢、後周兩朝，入宋代以後，累官至右僕射、中書侍郎平章事。

〔註101〕〔宋〕彭乘，《墨客揮犀》，卷之五，頁1b。

〔註102〕〔宋〕祝穆，《古今事文類聚》後集，卷之三十四〈鱗蟲部〉，頁6a。

〔註103〕〔明〕徐光啓，《徐光啓集》（臺北：明文書局，1986年），卷五〈屯田疏稿〉，頁246。文中記載：「或言是魚子所化，而臣獨斷以爲蝦子，何也？凡倮蟲、介蟲與羽蟲則能變相，如螟蛉爲果蠃，蛞蝓爲蟬，水蛆爲蚊，是也，若鱗蟲能變爲異類，未之聞矣。此一證也。爾雅翼言蝦善遊而好躍，蝻亦好躍。此二證也。物雖相變，大都蛻殼即成，故多相肖。若蝗之形酷類蝦，其首、其身、其紋脈肉味，其子之形味，無非蝦者。此三證也。又蠶變爲蛾，蛾之子

「蝗蟲爲蝦所化生」，可以想見在當時社會上，應有「蝗←蝦」、「蝗←魚」兩種蝗化說法的並存，而這些觀念的淵源至少可以追溯到宋代。

（三）「沴氣化蝗」的觀念

古代中國人曾相信蝗蟲是殺戾之氣的化身，正所謂「干戈之後，必有螟蝗」〔註104〕，即是此種觀念下的經驗歸納。蝗蟲爲「沴氣」所化生，也是蝗蟲來源的另一種說法，這種觀念起源很早，例如東漢班固在《漢書·五行志》裡，即將蝗蟲和大規模用兵，連結起來而產生推理的因果關係〔註105〕。此種「沴氣化蝗」的觀念，雖然模糊地蘊含在文字間，但這種蝗蟲天災說，在漢代似乎很盛行，才致使王充在《論衡》闢設〈商蟲篇〉專章來討論這種觀念〔註106〕。唐代姚崇在執行捕蝗命令時，也碰到這類天災說法的對抗〔註107〕。到了白居易的捕蝗詩，出現詩句云：「興元兵後傷陰陽，和氣蠱蠹化爲蝗」〔註108〕，這可視爲「沴氣化蝗」的進一步詮釋。到了宋初，「沴氣化蝗」的觀念開始具體，例如《太平廣記》云：「蝗之爲孽也，蓋沴氣所生。」〔註109〕即明白指出蝗蟲是沴氣所產生的；南宋高宗建炎年間（1127～1130），殿中侍御史張守在所上〈起捕飛蝗劄子〉中指出：

臣訪聞京西、京東，飛蝗爲災，上至京師，下及淮甸，……，蓋以

復爲蠶。《太平御覽》言：『豐年則蝗變爲蝦。』，知蝦之亦變爲蝗也。此四證也。」其中關於《太平御覽》之記載，於今本《太平御覽》卻無法獲得證實，但以徐光啓的學識與經歷，理應有所根據，此處引用徐說僅作爲「蝗蝦互化」在明代流傳的事例。「蝗蝦互化」的論述，是否爲徐光啓所撰寫，學界目前有所爭議，詳情可參倪根金、趙艷萍，〈徐光啓〈除蝗疏〉「蝗蝦互變」思想眞僞考〉，《中西文化會通第一人──徐光啓學術研討會論文集》（上海：上海古籍出版社，2006年），頁119～126；本文力證上述蝗是蝦所化生的主張是徐光啓之言論。由此觀之，徐光啓的鮮明主張，代表明代仍有「蝗－魚」、「蝗－蝦」等，兩種以上的蝗蟲來由說法存在。

〔註104〕 〔清〕徐松，《宋會要》，〈職官〉七八之五八～六○，頁4204～4205。
〔註105〕 〔漢〕班固，《漢書》（北京：中華書局，1962年），卷二十七〈五行志〉，頁1392～1436。
〔註106〕 〔漢〕王充，《論衡》（臺北：藝文印書館，1967年），卷十六〈商蟲篇〉，頁10a～14a。王充強力批判這種蝗蟲天災論，他認爲蝗蟲是屬於自然運行的一部份，不是因人事變化所造成。
〔註107〕 〔宋〕歐陽修，《新唐書》，卷一百二十四〈姚崇列傳〉，頁4384。文中記載當時汴州刺史倪若水上言：「除天災者當以德，昔劉聰除蝗不克而害愈甚。」即此類說法的支持者。
〔註108〕 〔唐〕白居易，《白香山詩集》（臺北：世界書局，1965年），卷三，頁33。
〔註109〕 〔宋〕李昉，《太平廣記》，卷第四百七十四〈昆蟲七〉，頁52a。

軍旅之後，必有凶年，言其殺傷之怨，薄陰陽之和也。〔註110〕

其文字間也有這類思想的存在。張守所説「蓋以軍旅之後，必有凶年」，此句「軍旅之後」意味著「飛蝗爲災」所造成的「凶年」，理所當然就是兵災所引發的「天譴」。〔註111〕

此種蝗災爲「沴氣」所引發的觀念，在胡銓（1102～1180）〈御試策一道〉文中也被提及，他説道：「……是知旱蝗之患，實兵戈怨毒之餘所由作也。」〔註112〕可見胡銓以爲蝗災是「兵戈餘毒」所引起。時代稍後的名臣黃榦（1152～1221）亦有類似的指控：

> 自姦臣擅權，竊弄兵柄，騷動南北之生靈，使之肝腦塗地，不知其
> 幾千萬，遂使怨毒之氣上干陰陽，旱蝗相因……〔註113〕

黃榦認定「旱蝗相因」乃是干戈過後，「怨毒之氣」破壞陰陽和氣所導致。再者，寧宗嘉定元年（1208）四月，也有大臣向寧宗奏道：

> 臣竊聞民自天民，天固恤之。……況兵革之後，死於非命者不可勝
> 計，積骸枕野，饑民相食，怨氣充塞，豈不上干陰陽之和，故自去
> 歲以來，蝗蝻爲災……〔註114〕

可見該位大臣同樣認爲「蝗蝻爲災」的原因，是「兵革之後」死傷過重以致陰陽失調所召。這種軍士死屍怨氣所化生的觀念，也見於詩人徐照（？～1211）〈蝗飛高〉一詩中，其文曰：

> 戰士屍上蟲，蟲老生翅翼。目怒體甲硬，豈非怨氣激。櫛櫛北方來，
> 橫遮遍天黑……〔註115〕

〔註110〕〔明〕黃淮，《歷代名臣奏議》（臺北：臺灣學生書局，1964年），卷三百五，頁16。

〔註111〕天譴即上天給予的災難警告。漢代以來，「天人感應」説極爲普遍；由董仲舒、班固及蔡邕等人，把蝗蟲成災的原因，歸咎於上天示警，是「皇帝失德」、「倫常失序」所造成的結果，而此處張守之意，是在説明蝗災的發生，應是戾氣太重、陰陽失和的惡政所致。

〔註112〕〔宋〕胡銓，《澹菴文集》（臺北：臺灣商務印書館，1983年），卷一〈御試策一道〉，頁24a。胡銓（1102～1180）字邦衡，號澹庵，吉州廬陵（今江西吉安）人，高宗建炎二年（1128）進士。

〔註113〕〔宋〕黃榦，《勉齋集》（臺北：臺灣商務印書館，1983年），卷二十五〈擬應詔封事〉，頁4a。黃榦（1152～1221），字直卿，號勉齋，福州閩縣（今福建福州）人，師從南宋大儒朱熹，後爲其女婿。

〔註114〕〔清〕徐松，《宋會要》，〈瑞異〉二之二七，寧宗嘉定元年四月條，頁2095。

〔註115〕〔宋〕徐照《芳蘭軒集》（臺北：臺灣商務印書館，1983年），頁1b。徐照（？

徐照藉蝗蟲的兇猛形象，推定牠們是由戰死士兵所化生。如此看來，這種蝗災的發生，與戰爭、死亡將士的聯想，對宋代知識份子而言，非但不陌生且流傳甚廣，其中羅大經（1196～1242）在《鶴林玉露》一書裡，描述的最爲生動，他說道：

> 蝗災每見于大兵之後，或言戰死之士冤魂所化。雖未必然，但余曩在湖北，見捕蝗者雖群呼聚喊，蝗不爲動。至鳴擊金鼓，則聳然而聽，若成行列。則謂殺傷沴氣之所化，理或然也。〔註116〕

羅大經舉其親身的見聞，相信蝗蟲也有可能是士兵冤魂所化生。這種想法到了明代，仍然具有影響力，如明人徐光啓即批駁此說謂「蓋妄信流傳謂戾氣所化，是以疑神疑鬼，甘受戕害……」〔註117〕，這表示到了明代，都還有人深信蝗蟲爲「沴氣」所化生，可佐證此說應歷經北宋、南宋而傳至明代。

從上述各種跡象來看，不管是「冤魂」或「殺傷之怨」，都與蝗蟲的生成有間接關係。因爲上位者貪暴、失德，導致人間產生沴氣，上天聚集這一沴氣，化爲蝗蟲來警示爲政者。這種蝗蟲是沴氣所化生的觀念，在宋人社會裡也很流行，是兩宋時期蝗蟲來源的主要說法之一。

總的來說，蝗蟲在宋人的眼中，十分相信牠是由魚或蝦所化生而來。筆者以爲，這和「以形類形」的化生思想，是有密切的關係。人們藉由觀察，了解蝗蟲是由卵中孵化，而蝗蟲孵化的地點，多爲因乾旱而露出的池塘、水田及河岸荒地，且掘土觀察，發現「如麥門冬之狀」〔註118〕，或「如稻粒而細」〔註119〕的蝗卵，形狀和魚卵類似，自然而然的被當作魚卵看待，魚子因爲缺水加上烈日曝曬，則化生爲蝗蟲飛向天際，「蝗←魚」化生觀乃漸形成；另方面，人們觀察蝗蟲孵化地點的四周環境，發現在那池塘、水田及河岸荒地裡，就屬「蝦」最像蝗蟲的型態（圖3-6），其形體、觸鬚頗類似沒有翅膀的蝗蟲，而蝗蟲的出現時機，多半是池塘、水田及河岸等地區發生乾旱時，蝦的棲息水域消失，被認定是轉化爲蝗蟲飛到陸地上，故形成「蝗←蝦」相互化生的思想。蝗蟲是由魚或蝦所化生而來的觀念，流傳了許久，再加上「天

　　～1211），字道暉，永嘉（今浙江溫州）人，自號山民，與徐璣、翁卷、趙師秀等人，稱爲「永嘉四靈」。
〔註116〕　〔宋〕羅大經，《鶴林玉露》，卷之三，頁4a。
〔註117〕　〔明〕徐光啓，《徐光啓集》，卷五〈屯田疏稿〉，頁248。
〔註118〕　〔宋〕羅大經，《鶴林玉露》，卷之三，頁3b。
〔註119〕　〔元〕脫脫，《宋史》，卷六十二〈五行一下〉，頁1356。

人感應」、「陰陽五行」等思想影響下所產生的「沴氣化蝗」一說，三者遂構
成宋代「蝗蟲來源」的主要看法。

圖 3-6：蝗、蝦外型比較圖

資料來源：圖片（蝗）張永仁，《昆蟲圖鑑》（臺北：遠流出版事業股份有限公司，1998 年），
　　　　　頁 44；圖片（蝦）引自行政院農委會漁業署漁業資訊服務網中之「魚類圖鑑」
　　　　　（http://www.fa.gov.tw/）。

第四章 宋人對蝗災的認識與防治

　　前章所歸納的蝗蟲生物知識，是宋人觀察蝗蟲作息所得的成果。但蝗蟲大量繁衍，以致於釀成災害時，宋人卻不一定歸咎於自然災變，基於傳統觀念的影響，人們亦將大蝗災視爲上天的懲罰，採取不同的因應對策。這些思考與回應，依其性質可分爲「蟲災」與「天災」兩種面向。因此當蝗災發生以後，前者即將蝗災視爲自然現象，乃動員群眾加以撲殺；而持後一觀點者，則視爲上天的懲罰，要大修人事，方能消弭災禍。這兩種態度對宋代的蝗災防治措置，都產生很大的影響，故本章將先探求宋人所表述的蝗災成因，再歸納他們在不同觀念下使用的治蝗方法，進而分析這些措施在當代的歷史意義。

第一節　宋人的蝗災觀

　　蝗災波及的層面相當廣，上至皇帝官吏，下至黎民百姓，都能感受到牠的威脅。如此廣泛的影響，使得宋人對於蝗災的感受，隨著身分地位與生活環境的差異，有不盡相同的解釋。換言之，皇帝與執政官員等人士，鮮少能觀察到蝗蟲成長的過程，就算有機會看見蝗蟲，大多只能見到蔽天的飛蝗，無法進一步去了解牠，但地方士人卻能從農民身上吸收自然知識，或曾實際參與撲殺蝗蟲的行動，他們對蝗災有不同的觀察與體驗。所以當蝗蟲大量繁衍，以致於變成災害時，便出現「天災」、「蟲災」兩種不同的詮釋。一者是以皇帝、官員等統制階層爲主的天災思想；再者是以地方知識份子爲主的蟲害思想。有趣的是部分士人同時持有這兩種觀念，卻不發生衝突，可見其形成有特殊的歷史背景。

一、天災觀念下的成災原因

　　飛蝗蔽天的可怕景象，不僅造成農民的恐懼，也給當權者無比的震驚。他們畏懼這股自然力量，極力找尋蝗蟲危害的原因，便形成數種招致蝗災的說法，例如：皇帝未布恩德、政策失當，或官吏施政貪酷等因，都會導致蝗災發生。在這些引發蝗災的原因裡，以「天人感應」的觀念最爲普遍，這一現象值得深入討論。

　　宋代的統治階層，多認同漢代董仲舒以來的「天人感應」學說，在這個思想的影響下，他們認爲蝗蟲爲患，不僅是一種災害，還與政治現實息息相關。因此，當蝗災發生之後，小到日常生活的行爲舉止，大至國家政策的良窳得失，都可被引作是「天象示警」的表徵，從而形成蝗災「天譴」的說法。這種觀念在宋代君臣的詔令奏議裡，屢被用來規勸皇帝或執政大臣們，希望藉政治的革新，來消弭上天的懲罰。若將引發天譴的來由加以區分，可有「皇帝致蝗說」，以及「官吏致蝗說」二種類別：

（一）「皇帝」致蝗說

　　造成上天譴責的原因，最爲核心者莫過於皇帝，他們既然被人們尊稱爲「天子」，也就被視爲天命之所繫。對人民來說，皇帝們的個人德行與施政優劣，勢必牽動上天對人世的觀感，研判是「好」還是「惡」，再給予人間各種自然環境上的變異。雖然此說在今日看來十分迷信，但在傳統社會裡，皇帝行爲的善惡與自然災害之間，具有因果關係的觀念，頗爲普遍，而史書載錄宋代皇帝「失德」而致蝗的例證也相當多，《長編》太宗淳化二年（991）三月己已條記載：

> 上以歲旱蝗，手詔呂蒙正等曰：「元元何罪！天譴如是，蓋朕不德之所致也。卿等當於文德殿前築一臺，朕將暴露其上，三日不雨，卿等共焚朕以答天譴。」蒙正等皇恐謝罪，匿詔書。翌日而雨，蝗盡死。〔註1〕

由這段文字可以清楚看到，宋太宗將天旱、蝗災視爲天譴，並將蝗災原因歸咎於自己德性修養不足，爲回應老天爺的譴責，有意採取自我懲罰的舉動，

〔註1〕　〔宋〕李燾，《長編》，卷三十二，太宗淳化二年三月己已條，頁713。類似的記載，又見於〔元〕佚名，《宋史全文》（臺北：臺灣商務印書館，1983年），卷四，頁4a；〔清〕徐松，《宋會要》，〈禮〉一八之三，太宗淳化二年三月三十日條，頁734。

藉以消弭蝗災。雖然這份詔書被呂蒙正等隱匿未發，蝗災也在隔天消除了，卻顯示出皇帝失德，被認為是致蝗的原因之一。又如真宗天禧元年（1017）九月，擔任給事中、參知政事的李迪，直接向真宗指出：

> 陛下東封時，敕所過無伐木除道，即驛舍或州治為行宮，才令加塗墍而已。及幸汾、亳，土木之役，過往時百倍。今旱蝗之災，殆天意所以儆陛下也。〔註2〕

李迪舉出真宗在東封與北幸汾、亳的兩次出巡，首次保護自然不擾民，此次卻大興土木，遠較前次耗費人力、物力超過百倍，因此今年發生的旱災、蝗災，就是上天對皇帝的警告。真宗回應說：「卿之言然，一二臣誤朕為此。」〔註3〕這反映真宗也不反駁發生災害的原因，是他出巡時的排場過於奢華，干犯天怒，致上天降災示警。

到了南宋紹興三十二年（1162）六月時，接連發生洪水與飛蝗等災變，當時擔任右正言的袁孚，也向高宗進言說道：

> 此二者同出於一月之內，天其或者仁愛陛下之深，警戒陛下之切，欲陛下修德以應之乎？〔註4〕

袁孚將洪水與飛蝗連番為害，歸因於上天的示警，希望高宗修德以回應天意，來消災解禍。此外，寧宗開禧三年（1207）七月，寧宗的詔書也顯露同樣的說法：

> 朕德弗類，致天之災。比者郡邑間被大水，加以飛蝗為孽，永惟咎證，震悼于衷。〔註5〕

寧宗在詔文中承認水患、蝗災為害，是由於他私德有虧，導致天降災禍。至理宗嘉熙四年（1240）七月，理宗亦因當時飛蝗為害嚴重，下詔要求官員檢討時政缺失，其文曰：

> 今夏六月恒陽，飛蝗為孽，朕德未修，民瘼尤甚，中外臣僚其直言闕失毋隱。〔註6〕

可見理宗把蝗災滋生，歸咎於自己德性欠修，未體恤民間困苦，因此要求大

〔註2〕〔宋〕李燾，《長編》，卷九十，真宗天禧元年九月癸卯條，頁2078～2079。
〔註3〕〔宋〕李燾，《長編》，卷九十，真宗天禧元年九月癸卯條，頁2079。
〔註4〕〔元〕佚名，《宋史全文》，卷三，頁26a。
〔註5〕〔元〕佚名，《宋史全文》，卷三，頁42a。又見於〔清〕徐松，《宋會要》，〈端異〉三之二四，寧宗開禧三年七月條，頁2116。
〔註6〕〔元〕脫脫，《宋史》，卷四十二〈理宗本紀〉，頁820。

臣直言缺失。以上各項記載，顯現宋代皇帝們不論是否出至於眞心，或是僅作表面功夫，也都接受若本身「不德」、「德未修」等缺失，是招致蝗災發生的想法。這個觀念雖非宋代特有，但體察宋代歷任皇帝戒愼恐懼的表態，企圖以各種作爲，來消弭蝗災，這足以顯示在朝人士咸認同蝗災「天譴」的觀念，也就是蝗災是由上位者「失德」所引發來的。

除了皇帝德性外，他頒行的各項政務，諸如賦稅過重、勞役過度等弊病時，也被視爲皇帝違反仁政，必導致蝗災的發生。如仁宗慶曆五年（1045）正月，起居舍人田況（1003～1061）之言，即其例證：

> 比來災咎頻仍，蝗潦繼作，……然觀當世之弊，驗致災之由，其實役斂重而民愁，和氣傷而沴作。……昔董仲舒、劉向謂《春秋》所書蟲（蝗）螟之災，皆政貪賦重之所致。今陝西、河東、河北三路民玩弊，人共知之，臣不復言矣。〔註7〕

田況認定朝廷勞役、賦稅太重，人民陷入愁苦，這股怨愁的積鬱，傷害了天地和善之氣，所以才招致災害，並舉西漢學者董仲舒、劉向解釋《春秋》的「天譴觀」，佐證此說之可信。不久之後，類似的說法，又出現在君臣的言談間，如至和二年（1055）四月，知諫院的范鎭（1007～1087）也說秉政貪婪，必然招感蝗害的爆發，其言曰：

> ……又聞許、汝、鄭等處，蝗蝻復生，亦由貪政之所感也。天意以爲貪政之取民，猶蝗蝻之食苗，故頻年生蝗蝻以覺悟陛下也。《春秋》書「秋，初履畝；冬，蝝生。」說者以爲緣履畝而生，此所謂貪政之感也。〔註8〕

他聽聞汴京附近蝗災復起，隨即進諫說政治不清，貪斂於民，與蝗蟲吃麥苗之禍害百姓無異，並謂天意乃藉連年頻發的蝗災來示警。

皇帝失政招感蝗災的想法，不僅宣諸朝臣言論，宋人李季在《乾象通鑑》一書裡，引用了西漢時人京房提出的看法說：「人君曲法害民，賦斂不已，下民不親人君，人君不睦九族，故天雨蟲。」〔註9〕又引用三國時陳卓的言論云：

〔註7〕 〔宋〕李燾，《長編》，卷一百五十四，仁宗慶曆五年正月丙戌條，頁3742～3743。

〔註8〕 〔宋〕李燾，《長編》，卷一百七十九，仁宗至和二年四月乙卯條，頁4332。

〔註9〕 〔宋〕李季，《乾象通鑑》（《續修四庫全書》，上海：上海古籍出版社，1997年，第一〇五〇冊），卷一，頁227。李季，河間府（今河北河間）人，曾爲將仕郎。

「人君虐政酷民，不親宗族，厥祅雨螽。」〔註10〕凡此，均在說明「天雨螽」的原因，也顯示若皇帝未施恩澤、秉政貪暴，必將導致蝗災發生的觀念，廣受宋代執政階層所採信，而成為當時蝗蟲生災的原因之一。

（二）「官吏」致蝗說

除了皇帝的人品、施政關係到蝗災的生成外，一般施政官員們的不法行徑，也能招致蝗災。如北宋太宗端拱元年（988）二月，太宗即以水、旱、蝗等災害叢生，歸咎宰相李昉執政不當，將其罷黜貶官〔註11〕。真宗大中祥符九年（1016）七月，蝗災持續惡化，時人咸認為這次災害，是許多官員放縱子弟專橫貪求所引起的〔註12〕，因此真宗頒詔書告誡官吏曰：

> 朕勤遵治化，用致洽和。而近以螟蝗傷於稼穡，考前書之所記，由
> 部吏之侵漁。屬者郡縣之官，昌法不檢，子弟之輩，怙勢肆求。民
> 實怨嗟，氣用堙鬱，俯從輕典，恐長弊風。〔註13〕

詔文強調官員不法，放縱子弟憑靠父祖的官勢作威作福，民間充滿怨恨，累積出一股壓抑的惡氣，才導致蟲害。南宋寧宗嘉定二年（1209），校書郎真德秀曾向寧宗進言：「暴風、雨雹、熒惑、螟蝗之變，皆贓吏所致。」〔註14〕也強調蝗蟲等災變，皆因官吏貪贓所招引。南宋溫革在《分門瑣碎錄》一書，引傳言將致災原因，分成兩類：

> 古傳：「蝗食苗，由吏貪殘所召；身黑頭赤者，武官蝗；頭黑身赤者，
> 文官蝗。」〔註15〕

他說若蝗蟲身體是黑色、頭部是紅色者，應該是武官所引起的蝗災，又若頭部黑色、身體紅色者，則屬文官所引發，都是由於文武官員的貪殘所感召。雖然溫革並未交代此說來自何處，但早在漢代王充《論衡》的內容裡已提到：

> 謂蟲食穀者，部吏所致也。貪則侵漁，身黑頭赤，則謂武官；頭黑

〔註10〕　〔宋〕李季，《乾象通鑑》，卷一，頁227。

〔註11〕　〔元〕佚名，《宋史全文》，卷三，頁46a。其文曰：「會連旱蝗，太宗以水旱失度、陰陽乖戾咎在宰相，遂罷為右僕射。」

〔註12〕　〔宋〕李燾，《長編》，卷八十七，真宗大中祥符九年七月癸亥條，頁2001。

〔註13〕　同上註。

〔註14〕　〔元〕脫脫，，《宋史》，卷四百三十七，〈真德秀列傳〉，頁12958。

〔註15〕　〔宋〕溫革，《分門瑣碎錄》（《續修四庫全書》，上海：上海古籍出版社，1997年，第九七五冊），頁69。溫革，字叔皮，泉州惠安（今福建惠安）人，徽宗政和五年（1115）進士，曾任秘書郎、福建轉運使。

　　　　身赤，則謂文官。使加罰於蟲所象類之吏，則蟲滅息，不復見矣。
　　〔註16〕

由此可知，這一說法由來已久，流傳甚廣。此外，唐代段成式的《酉陽雜俎》〔註17〕和北宋李昉之《太平廣記》〔註18〕，也都承襲此一說法，所以至南宋溫革將此說寫入書中，顯示當時仍然流行依據蝗蟲外貌的顏色，來判斷是何種官吏敗德所致。因此，官吏「貪酷」，在宋代也被視為蝗災發生的原因之一。

　　從宋代皇帝的言論，到大臣的說法，再比對宋人著作的內容，這些記錄都清楚的告訴我們，宋人有將蝗災視為天譴的現象，而上天降災的原因，則是皇帝「失德」，或官員「貪酷」所致。宋代對自然知識雖已有很大的進步，但以當時的有限認識去詮釋，似乎很難避免「天人感應」思想的左右，尤其在皇權高漲的情況下，「上天」是可能抑制皇權的力量之一，所以將政治失當，建構成為蝗災發生的原因，既可以敦促當權者有所反省，又合乎傳統的思維模式，所以蝗災係屬「天譴」的說法，成為宋代主要的「蝗災觀」之一。

二、蟲災觀念下的成災原因

　　自然知識的進步，加上親身在田野的觀察所得，也使部份士人能突破傳統的枷鎖，提出不同的看法，如蘇軾、蘇轍、孔武仲及陸游等人。他們吸收民間的說法，加上自身經驗的累積，也形成另一種相對客觀的蝗災思想，主要即「久旱致蝗」與「雪少致蝗」兩說。這兩種自然現象的思考，也藉由士大夫的影響，傳達廟堂之上，形成君臣間的對話內容。

（一）「久旱」致蝗說

　　蝗蟲孵化成長的速度，與氣溫有密切關係，就現今昆蟲學的研究顯示：溫度越高，蝗蟲發育的速度越快，如蝗卵在相同溫度，較乾土壤中的蝗卵，

〔註16〕　〔漢〕王充，《論衡》（臺灣：藝文印書館，1967年），卷十六，〈商蟲〉，頁10a。

〔註17〕　〔唐〕段成式，《酉陽雜俎》，卷十七〈法通〉，頁236。記載有云：「舊言蟲食穀者，部吏所致，侵漁百姓，則蟲食穀。蟲身黑頭赤，武官也；頭黑身赤，儒吏也。」顯見此說流傳久遠。

〔註18〕　〔宋〕李昉，《太平廣記》，卷四百七十七，〈昆蟲五〉，頁3926。相關內容為：「舊言蟲食穀者，部吏所致，侵漁百姓，則蟲食穀。蟲身黑頭赤，武官也；頭黑身赤，儒吏也。」（出自《酉陽雜俎》）

孵化速度比較快〔註19〕。因此在氣溫較高的夏季，若久旱不雨非常容易引發蝗災的發生，而這種旱災、蝗災循環發生的現象，在宋人長期的觀察下，形成「蝗旱相資」〔註20〕、「蟲螟因旱乃生」〔註21〕等等經驗談，累積這些經驗加以歸納，即產生「久旱」能致蝗的說法。

「久旱致蝗」的說法，是因農民對天候的變化感受敏銳，根據多次久旱後併發的蝗災經驗，漸漸產生「久旱」會導致「蝗災」的聯結想法，這個觀念影響了居住地方上的士人。這些士大夫也有實際觀察捕蝗行動的機會，如蘇軾就是一個典型的例子，他在〈上韓丞相論災傷手實書〉中說道：

> 自入境，見民以蒿蔓裹蝗蟲而瘞之道左，累累相望者二百餘里。捕殺之數，聞於官者幾三萬斛。……軾近在錢塘，見飛蝗自西北來，聲亂浙江之濤，上翳日月，下掩草木，遇其所落，彌望蕭然。〔註22〕

文中描述蘇軾進入蝗災區域，見到百姓捕捉蝗蟲並在道路左邊挖溝掩埋，綿延有兩百多里，又提到他在錢塘地區，親眼目睹飛蝗遷移、落地後的為害情形。可見蘇軾確實經歷過多次的蝗災，從實地的觀察與體驗，使他自農民身上獲得許多蝗災知識，如他在〈次韻章傳道喜雨〉詩中，寫道「從來蝗旱必相資，此事吾聞老農語。」〔註23〕顯見蘇軾贊同農民的說法，認為蝗災與旱災是一種相伴而生的災害。再從詩的題目與內文來分析，此詩是在久旱之後所作，從這個面向加以思考，蘇軾應持有「久旱致蝗」的觀念。另外，北宋孔武仲（1042～1097）在〈蝗說〉一文，也引鄉村野夫「久旱致蝗」的說法道：「夫暝蠓之屬，隨陽而動，得雨而止……」〔註24〕可見鄉間百姓以為蝗蟲之類的害蟲，在天旱時為災，若降雨則蟲不能為害。

以上兩則資料，前者是蘇軾在熙寧八年（1075）所作〔註25〕，後者為孔武仲在熙寧七年（1074）時與農夫的對話〔註26〕，兩件事情的時間接近，且

〔註19〕 郭郛、陳永林、盧寶廉，《中國飛蝗生物學》，頁421。

〔註20〕 〔宋〕蘇軾，《東坡全集》，卷七〈次韻章傳道喜雨〉，頁1b。

〔註21〕 〔宋〕李燾，《長編》，卷三十三，太宗淳化三年庚申條，頁737。

〔註22〕 〔宋〕蘇軾，《東坡全集》，卷七十三〈上韓丞相論災傷手實書〉，頁1a～b。

〔註23〕 〔宋〕蘇軾，《東坡全集》，卷七〈次韻章傳道喜雨〉，頁1b。

〔註24〕 〔宋〕孔武仲，《清江三孔集》，卷十七，頁10a。孔武仲（1042～1097），字常父，臨江新喻（今江西新喻）人，曾任禮部侍郎。

〔註25〕 傅璇琮等編，《全宋詩》，卷七九六，頁9210。記載該卷之作品，其著作時間約為宋神宗熙寧八年。

〔註26〕 〔宋〕孔武仲，《清江三孔集》，卷十七，頁10a。文中敘述發生時間為「熙

農民們都有相類似的說法，可見當時應有不少百姓已有這種看法。這些觀念經由各級官員，也傳達至朝廷。如北宋淳化三年（992）飛蝗過京師時，太宗與臣僚的一段對話：

> 上謂宰相曰：「朕素不識此蟲，群飛而過，其勢甚盛，必恐害及田稼，朕憂心如擣。亟遣人馳詣所集處視之，卿等何策可去？」僉對曰：「蟲螟因旱乃生，頻雨則不能飛，為災與否，亦繫歲時……。」是夕，大雨，蝗盡殪。〔註27〕

太宗對群飛而過的蝗蟲感到憂心，並詢問宰相有何對策；此時宰相認為蝗蟲、螟蟲是由旱災所引發，若天降雨水則不能飛翔。即將「久旱」致蝗一說，清楚呈現於廟堂之上。這則記載隨後又記錄此蝗群因大雨而盡損，似乎印證了「蟲螟因旱乃生，頻雨則不能飛」一語。因此朝廷一遇久旱不雨，即下令捕滅蝗蝻，以免致災，神宗元豐二年（1079）二月，神宗即因缺雨而下的詔書警告，其文曰：

> 諸路方春闕雨，慮生蝗蝻害田，其令河北、陝西、京東西等路監司，常戒州縣撲滅，毋致滋生。〔註28〕

詔文指出當年各地都有缺雨的現象，因此神宗擔憂滋生蝗蝻，為害農作，即命令河北、陝西及京東西等路地方長吏，督導州縣官吏撲滅蝗蟲，以免牠們危害地方。元豐三年（1080）四月，神宗又因久旱不雨而下詔曰：「西北諸路久旱，慮蝻蟲漸生。其令轉運司督州縣撲滅，毋致滋長。」〔註29〕由此可見，神宗也接受久旱不雨是引發蝗災因素的說法。

從北宋蘇軾在〈祭常山山神祝文〉中，請求山神大降甘霖，以解除旱象兼滅蝗災來幫助州民豐收的作法〔註30〕；到南宋陸游（1125～1210）在〈開

寧甲寅秋七月」，應為神宗熙寧七年（1074）七月，孔武仲與農夫之對話記錄。

〔註27〕〔宋〕李燾，《長編》，卷三十三，太宗淳化三年庚申條，頁737。雖然宰相仍有：「聖心焦勞，憂及黎庶，固當感通天地。」之類的言論，但這說法的主要訴求，是慰藉皇帝的憂民之心，且希望感動神明降雨，使因旱災能夠消除，因此不失「蟲螟因旱乃生」的涵義。

〔註28〕〔宋〕李燾，《長編》，卷二百九十六，神宗元豐二年二月庚申條，頁7213。

〔註29〕〔宋〕李燾，《長編》，卷三百三，神宗元豐三年四月庚戌條，頁7383。

〔註30〕〔宋〕蘇軾，《蘇軾文集》（北京：中華書局，1986年），卷六十二〈祭常山山神祝文〉，頁1932～1933。祝文中提到：「乃者有謁乎神，即退之三日，時雨周洽，去城百里而近，蝗獨不生。……然而一雨之後，彌月不繼。百里之外，螽生如初。」可見蘇軾認為前一次的祈雨應驗，使方圓百里內的蝗蟲未能滋

歲連日大雪〉詩中描述「去年久旱綿千里，犁不入土蝗蟲稠」〔註31〕的詩句。都可以證明在宋人觀念當中，「久旱」的天氣型態，與「蝗蟲爲患」具有因果相連的關係。

（二）「雪少」致蝗說

宋人認爲適量的降雪具有豐年之兆〔註32〕，但如果冬天無雪或降雪不足，非但影響來午的農作收成，更有引發蝗蟲爲災的隱憂。這就是「雪少致蝗」的經驗法則。反之，若降雪充足，則可以抑制來年蝗蟲的活動與繁殖。這一觀念表現在南宋袁燮（1144～1224）〈人雪與俞少卿二首〉的詩中：

> 由來臘雪兆年豐，新歲還應與臘同。可喜三陽纔應律，便看六出驟漫空。緘藏蟄獸安林下，約束遺蝗入地中。……〔註33〕

袁燮認爲「臘雪」是豐年之兆，蝗蟲將受大雪的抑制，無法鑽出地面。此外，

〔註31〕　生：但自從那次降雨之後，卻連續一個月沒有下雨，致使方圓百里之地，蝗蟲幼子又開始滋生。明顯透露他所持有「久旱」致蝗的觀念，即降雨能使蝗蟲無法生成，而久旱不雨將導致蝗蟲滋生的現象。

〔註31〕　傅璇琮等編，《全宋詩》，卷二二三三，陸游〈開歲連日大雪〉，頁 25654。

〔註32〕　在宋代君臣的認知裡，若冬季或初春時，上天能降一場大雪，是具有豐年的象徵意義，如北宋天禧元年（1017）冬天時，降了一場大雪，當時宋真宗即向宰相說道：「雪固豐稔之兆，第民力未充，慮失播種。」（《宋史》，卷八，〈眞宗本紀〉，頁 163）雖然當時真宗所憂應的是民力不充裕，恐怕將影響播種的時間，但文中清楚指出此次降雪，是豐收的象徵；南宋景定元年（1260）的冬天，降了一場大雪，宋理宗向宰相賈似道（1213～1275）說：「此番積雪盈尺，臘前再白，可爲豐年之兆。」（《宋史全文》，卷三十六，頁 29a）明確指此次降雪約有一尺之深，是爲來年豐收的徵兆。皇帝如此認爲，士大夫也不例外，如北宋蘇軾在〈春帖子詞〉即出現：「天教瑞雪報豐年。」（《東坡全集》，卷一百十五〈春帖子詞〉，頁 1b）；郭印也在〈次韻當可觀雪〉中寫道：「天將瑞雪灑乾坤，……。人說豐年猶細事，……。」（《全宋詩》，卷一六七三，郭印〈次韻當可觀雪〉，頁 18738）這兩首詩中，都有濃厚「瑞雪兆豐年」的涵義。此外《宋史》也記載，南宋鄭清之（1176～1251）在重病期間，仍然掛念老天尚未降雪的故事：「退朝感寒疾，危甚，猶以未得雪爲憂。俄大雪，起曰：『百官賀雪，上必甚喜。』命掬雪床前觀之。」（《宋史》，卷四百一十四〈鄭清之〉，頁 12422）當時擔任左丞相職務的鄭清之，退朝以後感染了風寒，病況相當嚴重，但仍爲沒有降雪而發愁；一會兒降下大雪，他高興的起身說道：「百官賀雪，上必甚喜。」立刻叫人捧雪到床頭觀看。可見雪對他而言，是祥瑞之兆，且「百官賀雪」之句，足以推知宋代君臣咸信冬雪乃豐年之兆。

〔註33〕　〔宋〕袁燮，《絜齋集》（臺北：臺灣商務印書館，1983 年），卷二十四〈大雪與俞少卿二首〉，頁 2b。

南宋學者羅大經在《鶴林玉露》一書裡也提到：

> （蝗蟲）其子入地，……若臘雪凝凍，則入地愈深，或不能出。俗
> 傳「雪深一尺，則蝗入地一丈。」東坡〈雪〉詩云：「遺蝗入地應千
> 尺」是也。〔註34〕

羅大經以爲，臘月降雪致使地表凝結，蝗蟲將會入地更深，因而無法鑽出地表。他更引述民間流傳的說法，謂「積雪厚達一尺的高度，那麼蝗蟲就會深入地底一丈」，表示降雪充足，幼蟲將入地更深，並引證蘇軾〈雪後書北臺壁二首其二〉詩中，「遺蝗入地應千尺」〔註35〕這一句話，來佐證自己的說法。雖然在今日看來，這個說法不無紕漏，但對宋人而言，卻已經體認到氣溫與幼蝗有相當對應關係。相反一面，如北宋王令〈原蝗〉詩句則云：

> ……去年冬溫臘雪少，土脈不凍無冰澌。春氣蒸炊出地面，戢戢密
> 若在釜麋。……〔註36〕

王令以爲暖冬降雪量少，地面迄未結冰，導致次年開春時，蝗蟲大量鑽出地面，也就是說冬天雪少，是引發蝗蟲大量繁殖的原因。由這些記載可以了解，宋人已認識嚴寒的氣候對蝗蟲有抑制作用，反之則會使牠們更爲活躍，冬季若能夠降下幾場大雪，將使得蝗蝻入地更深，而無法鑽出地面爲災。

因此，宋人以降雪的多寡，來推論來年是否有蝗災，若瑞雪充足，將使蝗蟲無法爲害。從陸游對「雪」的詠歎，可以明顯感受蝗蟲與冰雪之間，產生相剋關係，他在〈十二月十日暮小雪即止〉一詩中寫道：

> 夜來一雪苦匆匆，千里濃雲忽掃空。換得月明良不惡，未須過計慮
> 蝗蟲。〔註37〕

顯見夜晚一場大雪的功能，使得陸游不用再去憂慮蝗災了。可見他深信厚重的降雪是蝗蝻之剋星，這和羅大經的說法，實有異曲同工之妙。由此觀之，不難理解陸游在寒冷的日子裡，爲何仍苦中作樂，創作〈苦寒〉詩來寄託希望：

〔註34〕 〔宋〕羅大經，《鶴林玉露》，卷之三，頁 3a～4b。
〔註35〕 傅璇琮等編，《全宋詩》，卷七九五，蘇軾〈雪後書北臺壁二首其二〉，頁 9208。
〔註36〕 傅璇琮等編，《全宋詩》，卷六九二，王令〈原蝗〉，頁 8079。
〔註37〕 傅璇琮等編，《全宋詩》，卷二二三三，陸游〈十二月十日暮小雪即止二首〉，頁 25648。

凍硯時能出苦吟，濁醪亦復慰孤斟。誰知冰雪凝嚴侯，自是乾坤愛
育心。癘鬼盡驅人意樂，遺蝗一洗麥根深。……〔註38〕

陸游在詩文中強調嚴寒氣候與冰雪，是老天爺的恩賜，疫病、鬼魅必被驅逐，
飛蝗的遺子也將被一掃而空。這種「雪多無蝗」的認知，又見於他名為〈雪
作〉的詩中：

今年冬暖異常時，造物收功乃爾奇。平野忽看吹雪片，清池俄復結
冰澌。飛蝗掃地無遺種，瑞麥連雲有兩岐……〔註39〕

詩中提到當年冬天雖異常溫暖，但大片野地上突然覆蓋一層雪，而水池也都
結冰時，陸游慶幸飛蝗所遺留的蝗卵，將在冰雪之下消失無蹤，而來年豐收
的盛況，也映入眼簾。只要一見連日大雪，他便為農民高興而作〈開歲連日
大雪〉一詩云：

開歲大雪如飛鷗，轉盼已見平簷溝。……從來春雪不耐久，臥聽點
滴無時休。去年久旱綿千里，犁不入土蝗蟲稠。今年冬春足膏澤，
天意似欲滋農疇……〔註40〕

詩句中透露陸游對開春以來，大雪連連，感到無比的欣慰，並認為將使蝗蟲
消聲匿跡，農民們可以過個好年。

　　從北宋的蘇軾、王令，再到南宋羅大經、陸游，藉由他們留下的經驗法
則，可以推知在宋人的觀念裡，降雪量能左右蝗害的輕重，而積雪若達一尺
深，蝗災機率相對銳減。但又要如何得知降雪的厚度呢？地面上的雪要累積
多少，才符合豐年的意涵？對此宋代也有一套測量降雪的方法，南宋秦九韶
《數書九章》載錄，「峻積驗雪」與「竹器驗雪」兩種測量方法。書中的「峻
積驗雪」法，是將一塊木板斜依在牆邊，再測量板上的雪厚，可折算成平地
的積雪深度〔註41〕；另一種「竹器驗雪」法，則是檢測竹筒內的雪深，換算
成平地之積雪厚度〔註42〕。這些方法的運用，顯示宋人對降雪量檢測的重視，
且能形成實證的觀測法，可知降雪量對宋人具有特殊意義。雖然運用積雪的
厚度，來研判蝗害的發生率，並無十足的科學憑據，但持續低溫對蝗卵具有

〔註38〕傅璇琮等編，《全宋詩》，卷二一六九，陸游〈苦寒〉，頁 24601。

〔註39〕傅璇琮等編，《全宋詩》，卷二二二七，陸游〈雪作〉，頁 25562。

〔註40〕傅璇琮等編，《全宋詩》，卷二二三三，陸游〈開歲連日大雪〉，頁 25654。

〔註41〕〔宋〕秦九韶，《數書九章》（臺北：藝文印書館，1967 年），卷四〈峻積驗
雪〉，頁 16a～17a。

〔註42〕〔宋〕秦九韶，《數書九章》，卷四〈竹器驗雪〉，頁 17a～21b。

一定的殺傷力〔註 43〕，這將嚴重抑制蝗蟲數量的成長，宋人長期觀察了這種現象，無怪乎他們會將降雪與蟲害直接聯結起來，構成預測蝗災形成與否的現象之一。

從上述「久旱致蝗」與「雪少致蝗」兩種觀念，可瞭解宋人將蝗災的生成，視爲天候異常下的產物，若降雨、降雪充足，則必然抑制蝗蟲的滋生，雖然這兩種說法還未十分正確，但他們思考的模式，已有較務實的自然觀察，而「久旱致蝗」與「雪少致蝗」的經驗談，也確實具有相當經驗科學的歸納依據，這正是宋人在自然知識的探索中，所展現的時代特色。

綜而論之，宋人所表述的「蝗災觀」，具有兩種不同的面向。首先在天災變異的傳統觀念下，宋人將蝗災的生起，當作是一種「天象示警」，而引發上天降災的關鍵，是因在位者爲政嚴重失當所引起；第二則將蝗災視爲蟲災，因其繁衍過多而齧食農業作物，這與氣候異常有必然的關係。這兩種不同性質的思考，影響宋人在蝗災發生後，所採取的應變措施，但它們之間卻沒有引發觀念上的衝突，反而出現高度的相容性，致使宋人同時發展兩套救災辦法，故形成既捕殺又祭禱的有趣現象。

第二節 宋人的治蝗方法

宋人將蝗災視爲「天譴」，是上天所降下的責罰，另方面卻也認爲是天候異常所造成。這兩種思考模式，對災後的處理方式，產生很大的影響。每當蝗災發生以後，宋人一方面主張修德弭蝗，以迎和氣；另一方面卻對蝗蟲展開大規模的撲殺。這兩種不同面向的治蝗措施，即是本節想要探討的內容。

一、天災觀念下的治蝗措施

宋人相信蝗災是上帝所降下的災禍，受到「天人感應」思想的影響，祈求上天、修德自省、清吏治等方式，就成爲災後首要施行的對策。這些禳災的舉措，可分爲「設醮祝禱」、「自省勤政」兩個項目，予以說明：

〔註 43〕 夏凱齡等編著，《中國動物志──昆蟲綱》（北京：科學出版社，1998 年），第十卷〈蝗總科〉，頁 22。就現今昆蟲學的研究顯示：在平均溫度－10℃以下地方超過二十天，或－15℃以下的地區超過五天，飛蝗的蝗卵均不能安全越冬。

（一）設醮祝禱禳蝗法

大自然的瞬息萬變，人們多存著敬畏之心，相對於蝗災而言，也存在著一種「天命主義」的概念；這就是學者鄧雲特所強調的「禳弭論」〔註44〕。宋代處理蝗災的辦法，也脫離不了這種觀念的導引，例如：太祖乾德元年（963）六月，發生「澶（今河南濮陽）、濮（今山東鄄城）、曹（今山東菏澤）、絳（今山西新絳）等州言有飛蝗在野」的情形，朝廷即「各命其長吏祭以牢醴」藉以消弭災害，其「後皆言蝗不為災」。〔註45〕

真宗大中祥符九年（1016）六月，京城地區發生蝗災，朝廷也採取「命輔臣詣玉清昭應宮、景靈宮、會靈觀建道場以禱之」的弭災辦法〔註46〕。同年七月，「飛蝗過京城」震撼了真宗，他親自前往「玉清昭應宮、開寶寺、靈感塔焚香祈禱……」請求上蒼弭平災禍〔註47〕；數日之後，更因蝗災持續蔓延，「遣官祀九宮貴神」，祈求祂停息災害〔註48〕。類似的祭祀活動，徽宗崇寧二年（1103）也曾舉行，據《宋史·五行一下》記載：「……諸路蝗，令有司醮祭。」〔註49〕顯見當時朝廷為消弭蝗災，仍採取「醮祭」等宗教儀式，藉以祈求「神靈」解除災禍。

這種「祭禱」的弭蝗方式，到了南宋運用得更為頻繁，如高宗紹興三十二年（1162）：「……蝗入京城。八月，山東大蝗。癸丑，頒祭醮禮式。」〔註50〕孝宗淳熙二年（1175）五月：「……其有遺蝗復生去處，州縣舉行醮祭。」〔註51〕寧宗嘉定八年（1215）四月：「……飛蝗入畿縣。己亥，祭醮，令郡有

〔註44〕 鄧雲特，《中國救荒史》（臺北：臺灣商務印書館，1987年），頁199～204。

〔註45〕 〔宋〕李燾，《長編》，卷四，太祖乾德元年六月己亥條，頁95。

〔註46〕 〔宋〕李燾，《長編》，卷八十七，真宗大中祥符九年六月癸巳條，頁1996。

〔註47〕 〔宋〕李燾，《長編》，卷八十七，真宗大中祥符九年七月辛亥條，頁1998。

〔註48〕 〔宋〕李燾，《長編》，卷八十七，真宗大中祥符九年七月癸亥條。宋人將「九宮貴神」視為職掌風雨、水旱、兵革、飢饉以及災害之神，其詳細情況，可參《宋史》，卷一百三〈禮六〉，頁2506～2510。而此事件的後續發展，請參見〔清〕徐松，《宋會要》，〈禮〉十九之三～四，真宗淳化二年三月條，頁754；有詳細的記載。

〔註49〕 〔元〕脫脫，《宋史》，卷六十二〈五行一下〉，頁1357。朝廷為何採取「醮祭」的宗教儀式，可參見〔清〕徐松，《宋會要》，〈瑞異〉三之四二，頁2125。其文記載：「……二十三日，臣僚言：『乞行醮祭，以弭蝗災。』詔太常寺檢舉。」可見此弭災方法，應被朝廷上下所信任。

〔註50〕 〔元〕脫脫，《宋史》，卷六十二〈五行一下〉，頁1357。

〔註51〕 〔清〕徐松，《宋會要》，〈職官〉七八之五六，孝宗淳熙二年五月條，頁4203。

蝗者如式以祭。」〔註52〕等等記錄，詳情如下表所示（表4-1）：

表4-1：南宋蝗災的祭祀記錄〔註53〕

時　　間			記　　載	出　　處
高宗	建炎二年（1128）	八月	……京師、淮甸大蝗。八月庚午，令長吏修醮祭。	《宋史・五行一下》
	紹興三十二年（1162）	八月	……蝗入京城。八月，山東大蝗。癸丑，頒祭醮禮式。	《宋史・五行一下》
孝宗	淳熙元年（1174）	二月	飛蝗大作，朕日夕憂懼，雖宮中連日祈禱，尚乃如故……	《宋會要・職官七八》
		六月	禮部、太常寺狀：「……爲飛蝗爲災，合修祭醮，……伏乞朝廷速賜指揮施行。」詔從之。	《宋會要・職官七八》
		七月	七月二十五日詔：「屬者蝗蝻爲菑，……已於宮中齋戒致禱，今再擇二十七日設醮保禳。不敢歸之時數，未知所以銷弭之方。……仍令有司復修醮祭，及行下監司、守、令，凡飛蝗所到處去，並須精加祈禱，不得徒爲文具。」	《宋會要・職官七八》
	淳熙二年（1175）	五月	都省箚子：「奉御筆：『…其有遺蝗復生去處，州縣舉行醮祭，…』」。	《宋會要・職官七八》
寧宗	嘉定元年（1208）	六月	……乙酉，以蝗禱于天地、社稷。	《宋史・寧宗本紀》
		六月	江、浙大蝗。六月乙酉，有事于圜丘、方澤，且祭醮。	《宋史・五行一下》
		七月	七月又醮，頒醮式于郡縣。	《宋史・五行一下》
	嘉定二年（1209）	五月	丁酉，令諸郡修醮祀。	《宋史・五行一下》
	嘉定八年（1215）	四月	……飛蝗入畿縣。己亥，祭醮，令郡有蝗者如式以祭。	《宋史・五行一下》
		六月	以飛蝗入臨安界，詔差官祭告。又詔兩浙、淮東西路州縣，遇有蝗入境，守臣祭告醮神。	《宋史・禮五》
		八月	……蝗，禱于霍山。	《宋史・禮五》

〔註52〕〔元〕脫脫，《宋史》，卷六十二〈五行一下〉，頁1358。

〔註53〕本表參《長編》、《宋史》等文獻。其中「醮神」的相關情形，請參見《宋史》，卷一百三〈禮六〉，頁2523；宋人「醮祭」的情形，則參考〔清〕徐松，《宋會要》，〈禮〉十八之三九～四十，高宗紹興三十二年八月條，頁752。

| 寧宗 | 嘉定九年（1216） | 五月 | ……浙東蝗。丁巳，令郡國醮祭。 | 《宋史・五行一下》 |
| | | 六月 | ……蝗，禱群祀。 | 《宋史・禮五》 |

其中尤以孝宗淳熙元年（1174）五月的記錄，最具代表性。起初「宮中連日祈禱」〔註54〕，卻沒有蝗災減輕的跡象，因此到六月以後，孝宗即下令展開對「醮神」的祭祀：

> 禮部、太常寺狀：「準尚書省箚子節文，為飛蝗為災，合修祭醮，奉聖旨令禮部、太常寺日下申尚書省。數內所有飛蝗飛入他郡者，亦乞令戶部證開禧三年例禮行下州縣，依小祀儀式用酒醮，差守令說（應為「設」）位祭告行禮施行。伏乞朝廷速賜指揮施行。」詔從之。〔註55〕

但孝宗的憂慮並無法獲得紓解，他為確保「弭災」儀式能發揮應有的功效，更於七月二十五日，再次下詔曰：

> 屬者蝗蝻為蔕，朕輒忩焦勞，省躬憂懼，減膳忘寢，未嘗頃刻自安。今秋以來，雖屢得雨，未盡蕩滌，紛飛蔽空，尚慮有傷禾稼，尤深震惕。已於宮中齋戒致禱，今再擇二十七日設醮保禳。……仍令有司復修醮祭，及行下監司、守、令，凡飛蝗所到處去，並須精加祈禱，不得徒為文具。〔註56〕

由此或可想像蝗災對孝宗所造成的壓力，也間接證實此種「設醮祝禱禳蝗法」，在弭災措施中具有重要的地位。如此看來，宋人除積極捕蝗之外，仍舊維持傳統「天象示警」觀念下的祭醮神、禱天地的老方式。

（二）勤政自省弭蝗法

宋代的統治階層認為，透過個人的反省，或對當時的政治弊病進行改革，也能禳除禍害，平息天怒。這種消弭蝗災的方式，主要表現在帝王的懺悔自責，還有朝廷勤修內政的努力。

1. 修德反省以弭蝗災

蝗災是上天給予的譴告，受命於天的皇帝，必須負起弭災的責任。當蝗

〔註54〕〔清〕徐松，《宋會要》，〈職官〉七八之五三～五四，孝淳熙元年五月條，頁4202。

〔註55〕〔清〕徐松，《宋會要》，〈職官〉七八之五四～五五，孝淳熙元年六月條，頁4202～4203。

〔註56〕〔清〕徐松，《宋會要》，〈職官〉七八之五五，孝淳熙元年八月條，頁4203。

災發生後，他們向上天表示懺悔、改過，並祈求上天消除災害。這些舉措的內容，諸如「避正殿」、「減常膳」、「減尊號」以及「抑奢侈」等，都是災後自省禳災的具體對策。

據《宋會要》仁宗明道二年（1033）七月條記載，仁宗即因蝗、旱相繼為災，而有下詔減尊號之舉，其文曰：

> 比年以來，蝗旱作沴，群國交奏，日月相仍，豈朕德之不明，將天時之適爾？夙夜循省，咎實在予。嚮緣大禮之成，勉徇群公之請，增予以睿聖之號，加予以文武之稱。內惟菲涼，非所堪克。其去「睿聖文武」四字，仍擇日告于天地宗廟。〔註57〕

可見仁宗認為「減尊號」的反省措施，將有助於天災的消弭。到了南宋依舊如此，《宋會要》孝宗隆興元年（1163）八月條記載，當時飛蝗等天災盛行，孝宗因此下詔說道：

> 比日飛蝗益多，又聞諸路州縣風水為災，螟螣害稼，咎證周測，朕甚懼焉。朕自今月十八日避正殿，減常膳，側身修行，以祈消弭。
> 〔註58〕

顯然孝宗認為「避正殿」、「減常膳」的反省方式，是可以向上天表達懺悔，以禳除災禍。過幾天後，起居郎胡銓即向孝宗奏曰：「陛下憂災，避殿減膳，蝗蟲頓息，天理去人不遠。」〔註59〕雖有諂媚孝宗的嫌疑，但孝宗回答說：「朕逐日禱天，蝗蟲逐減，安可不至誠？」〔註60〕由此可確定孝宗相信此種「修德反省」的舉措，能夠感動上天，消弭蝗災。此外，寧宗甚至因飛蝗為禍而下詔「罪己」，據《續資治通鑑》卷一百五十八記載：

> （寧宗開禧三年七月，1207）大旱，飛蝗蔽天，食浙西豆粟皆盡。
> 乙酉，下詔罪己，命郡邑賑卹之。〔註61〕

從文中可以了解，寧宗對浙西飛蝗為害感到憂慮，因此下詔罪己，希望能平息「天怒」，藉以免除百姓所受的痛苦。這種自省行為，也見於寧宗嘉定元年

〔註57〕〔清〕徐松，《宋會要》，〈禮〉四九之三，仁宗明道二年七月條，頁1490。

〔註58〕〔清〕徐松，《宋會要》，〈食貨〉五九之三八，孝宗隆興元年八月條，頁5857；同樣的記載於〔元〕佚名，《宋史全文》，卷二十四上，頁19a。其文曰：「比日飛蝗益多，又聞諸路州縣風水為災。朕避正殿，減常膳……」。

〔註59〕〔元〕佚名，《宋史全文》，卷二十四上，頁19a～b。

〔註60〕〔元〕佚名，《宋史全文》，卷二十四上，頁19b。

〔註61〕〔清〕畢沅，《續資治通鑑》（北京：中華書局，1957年），卷一百五十八，寧宗開禧三年七月丙寅條，頁4266。

（1208）五月，當時蝗蟲再度爲患，寧宗即「以飛蝗爲災」，下令「減常膳」來回應上天的譴告，藉以自責息災。〔註62〕

　　上述記載，顯現宋代帝王在蝗災發生後，具有修德反省以弭蝗災的舉措。這種自修弭災法的根源，即是前述「皇帝致蝗」觀念的影響。君王若有虧職守，上天將降禍於人間，皇帝作爲天之子，理應回應上帝的告誡，故「避正殿」、「減常膳」、「減尊號」等舉措，都是向上天表達自己懺悔、改過，祈求天帝消弭災害的方式之一。

2. 勤修內政以弭蝗災

　　宋代部分君臣認爲，蝗害是政事失當所引發的「天譴」，爲消除致災原因，他們在政治上作出許多努力，希望感動上天，消弭災禍。如《長編》真宗大中祥符九年（1016）七月癸亥條記載，真宗曾因蝗蟲爲患，而下詔曰：

> 朕勤遵治化，用致治和。而近以螟蝝傷於稼穡，考前書之所記，由部吏之侵漁。屬者郡縣之官，昌法不檢，子弟之羣，怙勢肆求。民實怨嗟，氣用埋鬱，俯從輕典，恐長弊風。自今士大夫各務敦修，更思教晶，姑從保家之美，勿貽敗類之羞，苟撥顯尤，難從木減。仍令所在官司，謹察視之。〔註63〕

顯見真宗認爲蝗災的產生，是由官吏不稱職，其子弟恣橫所導致，故下詔告誡，以消除致蝗的原因。

　　此外，諸如「出宮女」、「求直言」及「錄囚」等傳統的弭災方式〔註64〕，也都曾被朝廷採用於蝗災的禳除。如徽宗崇寧三年（1104），各地都有蝗害的災情傳出，徽宗即採用「出宮女六十二人」的方式，施以恩德，藉以消災〔註65〕；南宋高宗建炎二年（1129）七月，則因旱蝗相繼，而有「詔監司、郡守條上闕政」之舉〔註66〕；理宗淳祐元年（1241）六月，亦有「以旱、

〔註62〕〔元〕脫脫，《宋史》，卷三十九〈寧宗本紀〉，頁750。其文曰：「乙丑，以飛蝗爲災，減常膳。」

〔註63〕〔宋〕李燾，《長編》，卷八十七，真宗大中祥符九年七月癸亥條，頁2001。

〔註64〕災時「求直言」、「出宮女」或「錄囚」等，都是漢代以來朝廷遇災的弭災措施之一。如漢文帝漢恒帝延熹元年（158）時，即因天旱而有「出宮女」以禳災之舉；詳情可參〔南朝宋〕范曄，《後漢書》（北京：中華書局點校本，1965年），卷六十六〈陳王列傳〉，頁2161。

〔註65〕〔元〕脫脫，《宋史》，卷十九〈徽宗本紀〉，頁371。

〔註66〕〔元〕脫脫，《宋史》，卷二十五〈高宗本紀〉，頁457。

蝗，錄行在繫囚」的記錄〔註 67〕。這些政治上的努力，在宋代都被認為具有
禳蝗的功效。

　　這種運用政治舉措以消弭蝗災的思考，從北宋仁宗慶曆四年（1044）六
月，諫官余靖之言論，可清楚地瞭解，其文曰：

> 臣等伏觀陛下以災變屢見，飛蝗為孽，責躬引過，祈於天地、宗廟、
> 社稷，不令殃及萬方。臣等伏念災異之來，實由人事，政治闕失，感
> 動天地。故古之人君，或遇災異，則避正殿，撤常膳，深自刻責，思
> 所以致之及改治之理，以至冊免三公者有之，詔求直言者有之，此
> 皆消災異、召和氣之道也。……臣等伏見數年以來，天戒屢至，朝
> 廷雖有驚懼之意，然因循舊弊，未甚改更，所以今日災變頻數，蓋
> 天意必欲朝廷大修人事，以救其患，乃可變危為安也。〔註68〕

文中余靖指出蝗蟲等災異的由來，是政治缺失所引發，若想要禳除災禍，就
必須大修人事，才可以轉危為安。這種「勤修內政以弭蝗災」的思維模式，
透過余靖的這段話，可清楚獲得理解。

二、蟲災觀念下的治蝗措施

　　宋初李昉奉勅編撰的《太平御覽》一書中，曾引《呂氏春秋》之言曰：「蝗
螟者，農夫得而殺之，奚故？為其害稼也。」〔註 69〕持蟲災觀念的宋人也同
樣對蝗蟲深惡痛絕，急欲將其捕殺殆盡而後快，從而發展出多種捕蝗方法，
以下分項說明之：

（一）鳴金驅趕法

　　蒼蠅接近我們的食物時，你我都會下意識的揮手驅趕，蝗蟲也不例外，
當牠成群啃食農民的血汗時，農民們的第一個反應多半是「驅趕」，快速逐離
農人辛勤耕作的田地。累積了若干經驗，人們漸漸瞭解製造較大的聲響，遠
勝於揮手叫喊的效果，「鳴金驅趕」的驅蝗方法就因應而生。

　　《長編》記載真宗大中祥符九年（1016）七月，「河東轉運使言潞州致祭，
蝗悉飛出境，鄰州或祭或驅，皆漸殞散。」〔註 70〕「驅」的方式極可能就是

〔註67〕　〔清〕畢沅，《續資治通鑑》，卷一百七十，理宗淳祐元年六月條，頁 4633。
〔註68〕　〔宋〕李燾，《長編》，卷一百五十，仁宗慶曆四年六月戊午條，頁 3655～
　　　　　3656。
〔註69〕　〔宋〕李昉，《太平御覽》，卷八百二十二〈資產部二〉，頁 4a。
〔註70〕　〔宋〕李燾，《長編》，真宗大中祥符九年七月庚戌條，卷八十七，頁 1998。

此一方法。此外，同書仁宗景祐元年（1034）三月辛酉條亦記載：

　　開封府判官謝絳言：「蝗亘田野，坌入郭郭，跳擲官寺，井堰皆滿，

　　而使者數出，府縣監捕驅逐，蹂踐田舍，民不聊生。」〔註71〕

其中「府縣監捕驅逐」一語，理應包含「驅趕」的行為。這種單純的驅蝗方法，極易造成糾紛，如何薳所撰《春渚紀聞》一書，即載有米芾（1051～1107）所寫的〈雍邱驅蝗詩〉，諷刺鄰縣官司怪罪他的驅蝗行動云：

　　蝗虫元是空飛物，天遣來為百姓災。本縣若還驅得去，貴司卻請打

　　回來。〔註72〕

詩中米芾雖然運用調侃的語氣，表述蝗蟲並不是隨人的指揮來飛行落腳的。但在鄰縣官員的經驗裡，此種「鳴金驅趕」的方式，經常使蝗群受驚而飛到他處，而將責任推到米芾的身上。

　　上述紀錄顯示，驅趕蝗蟲到別的地方，或導引至方便捕捉的地方，都有可能運用「鳴金驅趕」的方法，達到逐走蝗蟲的效果。此種驅蝗方式，南宋羅大經《鶴林玉露》中所紀錄之情形來看最為清楚：

　　但余曩在湖北，見捕蝗者雖群呼聚喊，蝗不為動。至鳴擊金鼓，則

　　聳然而聽，若成行列。〔註73〕

從羅大經親見湖北的捕蝗者即採用此種「鳴金驅蝗法」，將蝗蟲驅趕到指定的地點。由此可知，這種敲鑼打鼓以驅趕蝗蟲的方法，應為宋人所經常採用。

（二）捕蝗易錢法

　　「捕蝗易錢法」對百姓來說，是最有利也最直接的辦法。官府用錢（粟）購買民眾所捕捉的蝗蟲，早在漢代就有施行的紀錄，例如《漢書‧平帝本紀》記載平帝元始二年（2 A.D.）的蝗災處裡情形：

　　郡國大旱，蝗，青州尤甚，民流亡。⋯⋯遣使者捕蝗，民捕蝗詣吏，

　　以石受錢。〔註74〕

另在《漢書‧王莽傳》也有類似的捕蝗記錄：

〔註71〕〔宋〕李燾，《長編》，仁宗景祐元年三月辛酉條，卷一百十四，頁2670。
〔註72〕〔宋〕何薳，《春渚紀聞》（臺北：藝文印書館，1965年），卷二〈雍邱驅蝗詩〉，頁18b～19a。何薳（1077～1145），字子楚，一字子遠，號韓青老農，浦城（今福建浦城）人。晚年居富陽縣（今浙江富陽）的韓青谷，著有《春渚紀聞》一書。
〔註73〕〔宋〕羅大經，《鶴林玉露》，卷之三，頁4a。
〔註74〕〔漢〕班固，《漢書》，卷十二〈平帝本紀〉，頁353。

夏，蝗從東方來，蜚蔽天，至長安，入未央宮，緣殿閣。莽發吏民設購賞捕擊。〔註75〕

由上述記載可知，官方派遣捕蝗專員到災區，設置定點，招攬民眾以蝗蟲換取金錢（粟）之行為，在漢代已經出現。到了宋朝，這種「捕蝗易錢法」非常盛行，《長編》神宗熙寧八年（1075）八月癸巳條云：

有蝗處委縣令佐親部夫打撲。如地里廣闊，分差通判、職官、監司提舉。仍募人得蝻五升或蝗一斗，給細色穀一升；蝗種一升，給麤色穀二升。給價錢者，依中等實直。〔註76〕

這道詔令已將蝗與粟的兌換比例清楚條列。類似的紀錄也見於《宋會要》哲宗元符元年（1098）十一月條之記載：

許募人捕取，當官交納。每蟲子一升，官細色穀斗二升。蝻蟲五升或飛蝗一斗，各給一升。蝻蝗子多易得處各減半給。如給麤色，並依倉例細折，或給中等實直價錢。〔註77〕

這種以錢糧易蝗的方式，在南宋仍持續使用，據《宋史‧五行一下》記載，寧宗嘉定年間（1208～1224），即有數次以粟易蝗的記錄：

八年四月，飛蝗越淮而南，江、淮郡蝗，食禾苗、山林草木皆盡。乙卯，飛蝗入畿縣。……自夏徂秋，諸道捕蝗者以千百石計，飢民競捕，官出粟易之。九年五月，浙東蝗。……是歲，荐饑，官以粟易蝗者千百斛。〔註78〕

宋人「捕蝗」的過程，可參考《救荒活民書》所收錄〈捕蝗法〉中的描述：

蝗在麥苗禾稼深草中者，每日侵晨，盡聚草梢食露，體重，不能飛跃。宜用畚箕栲栳之類，左右抄掠，傾入布袋。〔註79〕

上文的內容顯示出，宋人瞭解蝗蟲的生活習性，且使用有效器具進行捕捉，再把所捕獲的蝗蟲傾入布袋封存。但董煟並沒有交代由誰來做後續的處理（如水煮、燒毀或埋瘞），但若配合「捕蝗易錢法」，傳知農家將封存好的布袋，

〔註75〕 〔漢〕班固，《漢書》，卷九十九下〈王莽傳六十九下〉，頁4176。
〔註76〕 〔宋〕李燾，《長編》，卷二百六十七，神宗熙寧八年八月癸巳條，頁6543～6544。
〔註77〕 〔清〕徐松，《宋會要》，〈瑞異〉三之四二，哲宗元符元年十一月條，頁2125。
〔註78〕 〔元〕脫脫，《宋史》，卷六十二〈五行一下〉，頁1358。
〔註79〕 〔宋〕董煟，《救荒活民書》，捨遺〈捕蝗法〉，頁5b。

運到官府換錢，再由官方統一處理，這眞是一氣呵成的好辦法。因此，本著有利可圖和滅蝗減災的雙重誘因下，民戶當然會盡力捕蝗，使蝗災的影響降到最低。這種雙贏的捕蝗方法，也是宋代所常用的治蝗措施。

（三）坎瘞火焚法

這種方法的原始型態，可以上溯到遠古，如《詩經‧北山》記載：「田祖有神，秉畀炎火。」〔註 80〕即是利用火焰，來消滅蝗蟲。更明確的記載是在漢代王充在《論衡》中的說法：

> 蝗蟲時至，或飛或集，所集之地，穀草枯索。吏卒部民，壍道作埳，榜驅內於壍埳，把蝗積聚以千斛數。正攻蝗之身，蝗猶不止。〔註 81〕

由「壍道作埳」的敘述可知，掘溝（或掘坑）捕蝗的行爲，在漢代就已經被人們使用。唐代的姚崇進而將此法加以改良，如：「請夜設火，坎其旁，且焚且瘞，蝗乃可盡。」〔註 82〕即運用夜間蝗蟲向火堆集中的現象，將所聚集的蝗蟲加以火焚坑埋，是爲一種進步的滅蝗手法。

這種捕蝗方法流傳到了宋代，由於捕蝗經驗與自然知識的累積，宋人運用人爲加工方式，變成更有效率的「坎瘞火焚法」，以符合時代的需求。官府將捕獲的蝗蝻集中，運用「焚瘞」並行的滅蝗方法，徹底撲殺蝗蟲，一勞永逸解決蝗蟲撲殺不完全的問題。蘇頌在〈錢起居神道碑〉中，即留下了此種滅蝗型態的例證：

> 是時（慶曆七年，1047），江、淮歲歉，丹陽復苦蝗孽，公募民捕掘蝗子，以常平粟計升斗易之，焚瘞殆盡。〔註 83〕

可見墓主錢彥遠在知潤州時，曾使用「焚瘞」的方式，將民眾所捕獲之蝗蟲幼蟲（蝻、卵）加以撲殺。詩人章甫（1045～1106）在〈分蝗食〉一詩中，也提到此種「焚瘞」並行的滅蝗方式：

> 田園政爾無多子，連歲旱荒飢欲死。今年何幸風雨時，豈意蝗蟲乃如此。麥秋飛從淮北過，遺子滿野何其多。撲滅焚瘞能幾何，羽翼

〔註 80〕　〔宋〕朱熹注，《詩經》，卷五〈北山〉，頁 107。
〔註 81〕　〔漢〕王充，《論衡》，卷十五〈順鼓篇〉，頁 17a。
〔註 82〕　〔宋〕歐陽修，《新唐書》，卷一百二十四〈姚崇列傳〉，頁 4384。
〔註 83〕　〔宋〕蘇頌，《蘇魏公文集》（臺北：臺灣商務印書館，1983 年），卷五十二〈錢起居神道碑〉，頁 14b。

已長如飛蛾。……〔註84〕

雖然章甫在詩中感嘆蝗蟲捕殺不盡，但卻也證明「焚瘞」並行的滅蝗方法，經常被人們使用。南宋名臣朱熹亦在〈發蝗蟲赴尚書省狀〉中提及「焚瘞」並用的滅蝗方法：

> 其地頭村人皆稱「蝗蟲夜食稻」，熹即今前去看視，一而監督官吏打撲焚瘞，尋別具奏聞須至申聞者。〔註85〕

從朱熹督捕蝗蟲的過程來看，可以瞭解由官方監督的捕蝗作業，勢必有著一定程度的組織與動員，這不僅加速捕蝗技術的發展，更使得捕蝗知識能普遍的在民間流傳。再從孝宗淳熙九年「臨安府蝗，詔守臣亟加焚瘞」〔註86〕的事蹟來觀察，顯然此法早已受到朝廷的採信，並下令地方施行。

以上紀錄雖然過於簡略，但都有「火焚」和「埋瘞」並行的涵義在裡面，而且官方主導意味相當濃厚，可證宋代官民對此種捕蝗方式並不陌生，但這種捕蝗方法，在當時實際運用的情形是如何呢？董煟在《救荒活民書》中幫我們留下了一些細節的紀錄：

> 蝗有在光地者。宜掘坑於前，長闊為佳，兩傍用板及門扇接連八字鋪擺。卻集眾用木枝發喊趕逐入坑。又於對坑用掃帚十數把，俟有跳跃而上者復掃下。覆以干草，發火焚之。然其下終是不死，須以土壓之，過一宿乃可。^{一法，先燃火於坑，然後趕入。}〔註87〕

可見宋代所改良而成的「坎瘞火焚法」，是一種綜合型態的捕蝗方法；其中不僅包含「溝捕」和「埋瘞」的基礎，更融入了「火焚」的捕殺特色，如此雙重保險的設計，對去除蝗蟲埋瘞後復出的機率，確實能大幅度減少，應為當代最有效率的蝗蟲捕殺措施。

（四）掘卵滅蝗法

掘蝗卵來防止蝗災的發生，在宋代也經常採用。此法早在五代時期（907～960）就已被採用，例如《舊五代史・梁書・太祖本紀》記載：

> 令下諸州，去年有蝗蟲下子處，蓋前冬無雪，至今春亢陽，致為災

〔註84〕 〔宋〕章甫，《自鳴集》（臺北：臺灣商務印書館，1983年），卷三〈分蝗食〉，頁3b～4a。

〔註85〕 〔宋〕朱熹，《晦庵集》（臺北：臺灣商務印書館，1983年），卷二十一〈發蝗蟲赴尚書省狀〉，頁12b。

〔註86〕 〔元〕脫脫，《宋史》，卷三十五〈孝宗本紀〉，頁678。

〔註87〕 〔宋〕董煟，《救荒活民書》，拾遺〈捕蝗法〉，頁6b。

沴，實傷隴畝。必慮今秋重困稼穡，自知多在荒陂榛蕪之內，所在
長吏各須分配地界，精加翦撲，以絕根本。〔註88〕

這種掘卵滅蝗的方式，是人們長期與自然相處，藉由觀察蝗蟲的生態，所領
悟到的滅蝗方法。宋人則更具體確認蝗子（卵）的存在，並巧妙地運用於滅
蝗的過程中，這誠然是一種進步的作為，也就是從蝗災的「治療」轉成「預
防」的階段。因此在歷史上，將「掘卵滅蝗法」具體化的最明確時代，不可
否認就是兩宋時期，如下表所示（表4-2）：

表4-2：宋代掘蝗卵之記錄〔註89〕

時　　　間		記　　　載	出　　　處
仁宗	景祐元年（1034）正月	去歲飛蝗所至遺種，恐春夏滋長。其令民掘蝗子，每一升給菽米五斗。	《長編》卷一百十四
		詔募民掘蝗種，給菽米。	《宋史·仁宗本紀》
	康定元年（1040）十二月	詔天下諸縣，凡撅飛蝗遺子一升者，官給以米荳三升。	《長編》卷一百二十九
神宗	熙寧七年（1074）十月	詔賜淮南路常平米二萬石下淮南西路提舉司，易饑民所撅蝗種。	《長編》卷二百五十七
		以常平米於淮南西路易饑民所掘蝗種，又振河北東路流民。	《宋史·神宗本紀》
	熙寧十年（1077）二月	時雨稍愆，令開封府界泊諸路監司分察州縣，檢舉除殄蝗蟲種子法施行，無使滋生。	《長編》卷二百八十一
孝宗	淳熙十年（1077）正月	命州縣掘蝗。	《宋史·孝宗本紀》

從上表所列，我們可以看出，募民掘蝗種對宋人而言，是很普遍的捕蝗方法。
再者，我們再從董煟《救荒活民書》所收錄的〈淳熙敕〉中亦可以瞭解「掘
卵滅蝗法」，也廣為政府和社會所接受：

諸官私荒田^{牧地}。經飛蝗住落處。令佐應差募人取掘蟲子，而取不盡，
因致次年生發者，杖一百。〔註90〕

諸蝗蟲生發飛落及遺子，而撲掘不盡，致再生長者，地主者保各杖

〔註88〕〔宋〕薛居正，《舊五代史》，梁書卷四〈太祖本紀四〉，頁61。
〔註89〕本表參《長編》、《宋史》等文獻，僅列出較具代表性的記載。
〔註90〕〔宋〕董煟，《救荒活民書》，捨遺〈除蝗條令〉，頁4b。

一百。〔註91〕

由此，我們不僅可以理解，更可以確認募民掘蝗種的捕蝗方法，對宋人而言不只是使用，甚至還化成法條作爲社會的規範。筆者以爲從上述文獻加以分析，我們可以很明顯的感受到「預防」的概念，且更能瞭解宋代的「掘卵滅蝗法」，不僅僅是有「利」可圖，其背後更有「罰」的鞭策，如此賞罰兼施的捕蝗法，才能有效減緩來年的蝗患發生的機率，確保農作物的收成。

（五）生物防治法

如本文第三章所述，宋人發覺到蛙能食蝗的特性，進而下令禁止捕食青蛙，這從宋人車若水《腳氣集》中記載：「朝廷禁捕蛙，以其能食蝗也」〔註92〕一句，可以明確瞭解宋代禁止捕蛙的原因。

然而我們從中可以發現，由官方下令禁捕來保護蛙類，藉以舒緩蝗蟲所帶來的壓力，似乎有一種「生物防治」的概念。宋人想運用自然界「相生相剋」的哲學思維，來增加治蝗措施上的力量，可說是合理推想，而這種聯合其他生物一起減低蝗蟲危害的行爲，比較宋人的其他捕蝗方法，應是較先進的治蝗思想。

（六）環境防治法

相對於耗費人力、物力的捕蝗滅卵之舉，改變環境的措施，也是防止蝗災擴散的方法之一。近人朱恩林在其主編《中國東亞飛蝗發生與治理》一書中，即指出改變蝗蟲繁殖區的植被結構、調整耕作及栽培方式，還有保護、利用蝗蟲的天敵，都能達到壓制蝗害的目的〔註93〕。筆者將宋人所採行的方法歸納爲以下兩項：

1. 種植麻豆類等作物

古人對於蝗蟲的食性，有一定的認知，其中以蝗蟲不喜食麻類、豆類植物的思想，流傳最廣，起源也相當的早，例如《晉書・石勒傳》曾記載：「（蝗）彌亘百草，唯不食三豆及麻。」〔註94〕文句明言蝗蟲不食三豆及麻等類作物。

〔註91〕 同上註。
〔註92〕 〔宋〕車若水，《腳氣集》，〈卷上〉，頁27a。
〔註93〕 朱恩林編，《中國東亞飛蝗發生與治理》，頁34。此外周曉鐘，〈我國飛蝗災害的成因及防治〉，《生物學教學》第四期（2003），頁29～30。
〔註94〕 〔唐〕房玄齡，《晉書》，第一百四〈石勒傳〉，頁2726～2728。

宋人理應也承襲此種觀點，例如《宋史·范正辭列傳》中記載：

> 歲旱蝗，他穀皆不立，民以蝗不食菽，猶可藝，而患無種，諷行縣
> 至鄒平，發官廩貸民。〔註95〕

「菽」為豆類總稱，百姓以為其他作物都會被蝗蟲所啃食，只有種植豆類作物才能避免收穫無成，這應可以推論蝗蟲不食豆類的認知，通行北宋社會各階層；另方面，南宋董煟《救荒活民書》中也記載：「吳遵路（？～1043）知蝗不食豆苗」〔註96〕明確紀錄了北宋吳遵路所觀察到的現象，他認為蝗蟲是不吃豆苗的，也就是說蝗蟲不吃豆類等糧食作物。因此，董煟認為若能夠學習前人之法，多種植豆類作物，應能減少蝗災爆發時的損失，比較宋代的其他捕蝗避蝗措施，這也是一項不錯的方法。

2. 變旱田為水田

宋代有些學者發現，旱田的蟲災機率，遠遠超過水田，應此提出根本性的解決辦法，例如人宗至道元年（995）正月，陳堯叟、梁鼎之言論：

> 度支判官陳堯叟、梁鼎上言：「……傅子曰：『（陸田）命縣於天，人
> 力雖修，苟水旱之不時，則一年之功棄矣。水田之制由人力，人力
> 苟修，則地利可盡也。』且蟲災之害又少十陸，水田既修，其利兼
> 倍，與陸田不侔矣。」上覽奏嘉之，即遣大理寺丞皇甫選、光祿寺
> 丞何亮馳傳往諸州按視，經度其事。〔註97〕

從上文可以瞭解，北宋陳堯叟、梁鼎等官員提出改旱田為水田，藉以減少蟲害發生的策略，似乎有一種預防災害的思想存在，可見宋代有部份人士知曉旱田之蟲害遠大於水田，若能改旱田為水田，將可避免蟲災的危害；然而宋代的蟲災大多以蝗、螟為主，所以上述的「蟲災之害」自然包括蝗蟲的危害。這也透露出當時有少數的知識份子，已經考慮到以改變耕作的型態，來降低

〔註95〕〔元〕脫脫，《宋史》，卷三百四〈范正辭列傳〉，頁10061。
〔註96〕〔宋〕董煟，《救荒活民書》，卷二〈捕蝗〉，頁17b。
〔註97〕〔宋〕李燾，《長編》，卷三十七，太宗至道元年戊申條，頁806～807。其中漏字由所引用之原書補缺：〔晉〕傅玄，《傅子》（臺北：藝文印書館，1969年），卷三，頁14a～b。另外〔元〕脫脫，《宋史》，卷一百七十六〈食貨上四〉，頁4264～4265，也有相同的記載，只是《宋史》記載較精簡。若比較兩者的差別，《長編》較詳細，《宋史》則較簡短，但後者有記載此政策實行後，似乎無法全面性推廣，而他們所進行之水利建設，可參考〔清〕徐松，《宋會要》，〈食貨〉六一之八九，太宗至道元年正月條，頁5918；其中有詳細敘述。最後因為客觀環境的限制，這個政策沒有持續推行。

蟲害的機率，雖然「蝗蟲」不是直接目的，也不盡然能全國性的推廣，但其附帶的自然環境變動，至少在減少「蝗蟲」繁殖地的預防上，是可採行的治蝗辦法。

　　上述宋人所採行之捕蝗措施，展現出多元的防治型態，其中尤以「掘卵滅蝗法」的形成，是為宋代最引以為傲的成就。縱觀歷史的發展，一項技術的成熟，無不經由經驗的累積，與社會環境的需求，才能夠有效率的呈現，宋代的捕蝗方法也不例外，人們承襲前代的捕蝗之法，加上自身對蝗蟲生物知識的增加，將這些治蝗辦法多方整合，加強滅蝗的功效，藉以保障糧食的供應，實為宋代科技史上最有價值的貢獻之一。

第五章　宋代除蝗的相關法令及信仰活動

透過上一章的論述，可以瞭解宋人對蝗災的發生與反應，已有一套獨特且系統化的解釋，雖然這些說法與處理方式，都是時代特定的產物，但從他們思索致蝗的原因，與積極面對蝗災挑戰的態度，有其時代進步的意義，應予肯定。然而宋代社會對蝗災的回應過程中，勢必造成官府與民間在日常生活上不同層次的變異，此即為本章想要討論的議題：宋代的捕蝗法以及蝗災與信仰之間的互動情況。因此以下的論述，首先探討宋代的蝗災防治如何趨於明確、精細的法規化過程。接著思索捕蝗法令執行後，官民的反應與利弊得失。最後再從精神層面去瞭解蝗災與信仰的互動關係，進而瞭解明清時期驅蝗神信仰流行的淵源。

第一節　宋代捕蝗法的發展趨勢

從目前的資料研判，宋代為加強蝗災的防治，曾頒有三種以上的蝗蟲防治法。其中神宗的「除殄蝗蟲種子法」（以下簡稱「除蝗法」）、哲宗的「捕蝗法」以及南宋孝宗的「捕蝗敕」等法令，是現存具有頒行紀錄的三種捕蝗法。

若比較這些法令的條文，可以發現它們前後之間，有接續發展的特色，也就是說早期捕蝗法的精神與執行之經驗，被後者吸收和補充，形成更完善而有效的治蝗法規，但也不免矯枉過正，相關法令日漸趨於嚴苛，加重了官民捕蝗的重擔。以下就其發展的趨勢，分項加以說明：

一、熙寧（1068～1077）「除蝗法」的施行

　　宋代的「除蝗法」，是現存中國史籍上首見的捕蝗專用法令名稱。熙寧十年（1077）三月，神宗欲抑制蝗蟲的滋生，減少蝗災生發的機率，隨即通令各地施行「除蝗法」，展開全國性滅蝗的工作，其內容為：

> 時雨稍愆，令開封府界洎諸路監司分察州縣，檢舉除殄蝗蟲種子法施行，無使滋生。〔註1〕

可惜紀錄中並沒有「除蝗法」的詳細資料，但「檢舉除殄蝗蟲種子法施行」〔註2〕一語，卻透露該法早已存在，此時僅是將該法通令各地施行罷了。可見「除蝗法」在此之前，應已制定。若追溯其立法基礎，最有可能的法源依據，當以神宗熙寧八年（1075）八月，所頒行的〈捕蝗詔〉較具關鍵性的角色。其詔文載云：

> 有蝗處委縣令佐親部夫打撲。如地里廣闊，分差通判、職官、監司提舉。仍募人得蝻五升或蝗一斗，給細色穀一升；蝗種一升，給麤色穀二升。給價錢者，依中等實直。仍委官視燒瘞，監司差官覆案以聞。即因穿掘打撲損苗種者，除其稅，仍計價，官給地主錢穀，毋過一頃。〔註3〕

詔書與「除蝗法」的再次施行，相距只有一年七個月的時間，依其頒布與執行的過程來看，此一詔令的內涵，極可能是「除蝗法」制定的基礎，或許就是該法的基本內容，其重要性不容輕視。

　　若由詔令的內容來分析，可將它歸納為三個項目。第一，是各級官吏的「職責規範」：即命縣令為捕蝗事務的主要負責人，倘若受災地區遼闊，則地方各行政長官，均須親自督捕蝗蟲，並將所捕獲之蝗及幼蟲，集中加以焚燒和掩埋〔註4〕。第二，則為鼓勵民眾積極參與的「獎賞規定」：詔文清楚將不同階段之蝗蟲（蝗、蝻及卵），按其治蝗價值的高低，分別用不同價格的收購，以合理的報酬來提高百姓捕蝗的意願〔註5〕。第三，則是降低阻力的「配套措

〔註1〕　〔宋〕李燾，《長編》，卷二百八十一，神宗熙寧十年壬申條，頁6886。
〔註2〕　同上註。
〔註3〕　〔宋〕李燾，《長編》，卷二百六十七，神宗熙寧八年癸巳條，頁6543～6544。
〔註4〕　在此項目中，可反應出宋代的「縣」，應為除蝗活動的基本行政區。
〔註5〕　將捕獲之蟲，區分為蝗（成蟲）、蝻（若蟲）以及蝗種（卵），並有不同的價值換算，反應宋人已知「捕蝗不如滅蝻，滅蝻不如掘卵」的生物認知，並運用錢糧折換的高低，來增加滅蝗的效率。

施」：爲避免捕蝗造成的農作損失，引發民怨，甚至導致地主的反抗，特別將農作賠償的條件列入規定，減少不必要阻礙。

此詔文中明訂「官給地主錢穀，毋過一頃」〔註6〕的要求，也值得注意，它反應官府已知預防地主虛報受損田畝，騙取官方的賠償，這款條文的產生，必是得之於先前的執行經驗，也顯示出此詔是彌補早期「捕蝗法」的不足，具有進步、完備的意義。

雖然「除蝗法」的內容，現在無法加以考證，但上述〈捕蝗詔令〉的實務經驗成熟，「除蝗法」之立法官員沒有不去參考它的理由。況且皇帝的詔書、敕令，原本就是宋代法規最主要的取材對象〔註7〕，因此神宗的〈捕蝗詔令〉，被引用、吸收成爲「除蝗法」，可謂順理成章，故可視爲該法的前身，具有重要的參考價值。

二、元符（1098～1100）「捕蝗法」的補充

據《長編》的記載，哲宗元符元年（1098）十　月，曾有「捕蝗法」的頒行〔註8〕，可惜該段記事過於簡要，並沒有將法令條文摘錄於後。然而，在《宋會要》所保存的資料中，卻有一則戶部向哲宗進言治蝗事宜的紀錄，若比對其人物、時間及記事，均符合上述《長編》之記載，可肯定是該「捕蝗法」的相關文獻〔註9〕。其內容爲：

> 元符元年（1098）十一月四日，戶部言有蝗處地主報本者，若在官荒田或山野灘岸之類者，地鄰報本者，盡時申縣，令佐當日親諸地頭，差人打撲。鄰縣界至不明者，兩縣官同。如田段廣闊者，幕職官、通判分行提舉，亦許募人捕取，當官交納。每蟲子一升，官細

〔註6〕〔宋〕李燾，《長編》，卷二百六十七，神宗熙寧八年癸巳條，頁6544。

〔註7〕宋代皇帝的詔書與敕令，經「編敕」這一立法程序，即可成爲實質的法律條文。詳情可參張晉藩，《中國法制史》（臺北：五南圖書出版有限公司，1992年），頁321～324；或孔學、李樂民，〈宋代全國性綜合編敕纂修考〉，《河南大學學報（社會科學版）》三十八卷四期（1998年7月），頁6～11。

〔註8〕〔宋〕李燾，《長編》，卷五百四，哲宗元符元年戊申條，頁11999。其文曰：「戊申，……戶部上捕蝗法，並從之。」並無其他內容之相關記錄。

〔註9〕〔清〕徐松，《宋會要》，〈瑞異〉三之四二，哲宗元符元年十一月條，頁2125。有一則紀錄，是戶部向哲宗進言的捕蝗事宜，其時間爲元符元年（1098）十一月四日，而前述《長編》所載「（元符元年十一月，1098）戊申，……戶部上捕蝗法」亦爲當月四日。若比較兩則記事，其人物、時間及記事均符合，應爲同一事件之相關記載。

色穀斗二升，蝻蟲五升或飛蝗一斗，各給一升。蝻蝗子多易得處，各減半給。如給麤色並依倉例細折，或給中等實直價錢，仍預先量數支錢斛，付隨近寺觀，或與有力戶就便博易給散。令佐往來點檢燒埋候盡靜，轉運於別差官覆檢訖奏。開封府界止差別縣官。其蝗蝻滋生稍多去處，即監司分定地分巡檢，往來督責官吏，寅夜併手打撲盡靜，仍躬親視，聞奏訖方得歸司，更不差別州官覆檢。即蝗初生而本耆及地主鄉人合告而同隱藏不言者，各杖一百，許人告，每畝賞錢一貫，至五十貫止。從之。〔註10〕

由文中的內容研判，應為戶部上呈哲宗批閱「治蝗事宜」的記載。而此治蝗措施經哲宗了解後，認為有施行的必要，即准戶部所奏。可見此次戶部所進之治蝗辦法，是經「聖裁」而具有實質效力的捕蝗命令，因此稍後頒行各地之「捕蝗法」，應不致有太大的變動，或已包納成為「捕蝗法」法律條文。

依戶部奏準內容，可歸納為三個項目。第一，是災情的「通報系統」：即規定民眾發現蝗蟲滋生，應通報縣衙，令佐立即差人撲捕，若發生地區的縣界不明，則相鄰兩縣之縣令應共同執行。第二，則為「官吏職責」與「施行細則」：當蝗災的區域廣闊，各級官吏均須親自督捕，可募民捕蝗以錢糧兌換，且官吏須待蝗蟲捕殺完成後，方得返回治所。第三，則是民眾的「獎懲規範」：條文中詳定蝗蟲與錢糧的兌換比例，以及增設繳納蝗蟲之地點，藉以免除民眾往返官府兌換錢糧之苦，亦能提升他們捕蝗的意願，以加速滅蝗之效率，此外還規定如發現蝗蟲滋生，卻隱匿不報者，則處以「杖刑」〔註11〕，並設有賞金准許百姓告發，減少人們的規避心態。

藉由以上的論述，顯見「捕蝗法」之制定，已相當嚴密。官府對災情通報與損害，均能有效地控制，且許多配套措施的採用，不僅提高滅蝗的效率，更能促進民眾捕蝗的意願。類此周詳的法規設計，若不是得自經驗的累積，勢將難以形成，例如「鄰縣界至不明者，兩縣官同」〔註12〕的規定，

〔註10〕 〔清〕徐松，《宋會要》，〈瑞異〉三之四二，哲宗元符元年十一月條，頁2125。

〔註11〕 「杖刑」自隋起定為五刑之一，即用竹板、棍棒抽擊人犯背部、臀部或腿部，致使人犯痛苦的刑罰。可參〔宋〕孫奭，《律音義》（《續修四庫全書》，上海：上海古籍出版社，1997年，第八六一冊），頁1b～2a；或薛梅卿，《宋行統研究》（北京：法律出版社，1997年），頁56～63。

〔註12〕 〔清〕徐松，《宋會要》，〈瑞異〉三之四二，哲宗元符元年十一月條，頁2125。

即為避免官員互相推諉責任而制定者；又如「仍預先量數支錢斛付隨近寺觀，或與有力戶就便博易給散」〔註13〕的易蝗方法，即是吸取以往繳納蝗蟲的經驗，就近設置據點以便民兌換。這些措施的補充，使得「捕蝗法」發揮更大的效益。但法條內容增加，也不免在蝗災防治的執行上，衍生出許多弊病，使官府進而採取更多的防弊手段，因此法條中的罰責部分開始具體化，亦可看出官方迫不及待想要解決蝗蟲災害，不覺間促使「捕蝗法」日趨於嚴密化。

三、淳熙（1174～1189）「捕蝗敕」的嚴峻

　　隨著捕蝗法令的執行，朝廷為了防止伴隨而來的弊端，特別加重部份法條的罰則，藉以懲治不法，但狡詐之徒仍不改其怠惰或貪財好賄的習性，匿災情、索賄賂等違法亂紀之事，層出不窮，蝗災防治的績效也無法大力改善。因此到了南宋以後，捕蝗法條的規定，乃更趨嚴峻。如董煟《救荒活民書》所記載的〈淳熙敕〉：

> 諸蟲蝗初生若飛落，地主鄉人隱蔽不言，耆、保不即時申舉撲除者，各杖一百，許人告。當官承報不受理及受理而不即親臨撲除，或撲除未盡而妄申盡靜者，各加二等。〔註14〕

> 諸官私荒田^{牧地}。經飛蝗住落處，令佐應差募人取掘蟲子，而取不盡，因致次年生發者，杖一百。〔註15〕

> 諸蝗蟲生發飛落及遺子，而撲掘不盡，致再生長者，地主耆保各杖一百。〔註16〕

> 諸給散捕取蟲蝗穀而減尅者，論如吏人、鄉書手攬納稅受乞財物法。〔註17〕

> 諸係公人因撲掘蟲蝗乞取人戶財物者，論如重祿公人因職受乞法。〔註18〕

〔註13〕　同上註。
〔註14〕　〔宋〕董煟，《救荒活民書》，拾遺〈除蝗條令〉，頁4a～b。
〔註15〕　〔宋〕董煟，《救荒活民書》，拾遺〈除蝗條令〉，頁4b。
〔註16〕　同上註。
〔註17〕　同上註。
〔註18〕　同上註。

> 諸令佐遇有蟲蝗生發，雖已差出而不離本界者，若緣蟲蝗論罪並依
> 在任法。〔註19〕

此敕令雖然收錄於私人著作中，但其真實性無可置疑。董煟雖未提及該敕令的背景，經比對《宋史・孝宗本紀》淳熙九年（1182）八月之記載：「淮東、浙西蝗。壬子，定諸州官捕蝗之罰。」〔註20〕顯見孝宗淳熙年間（1174～1189）確有捕蝗法規的制定，再考董煟所記〈淳熙敕〉的內容，更可發現其主要法條，係針對失職人員所制定的處罰條例，與《宋史》之記錄不謀而合；再參照《慶元條法事類》今存殘卷，也有相類似的規定：

> 諸有蟲蝗縣分令佐，雖不拘常制，並不許差出，即已差出而有蟲蝗
> 者，仍即時關報，當日還任。〔註21〕

此條文與〈淳熙敕〉的相關規定比較，顯得更為細密與周全，應是其改良後的法條，故可佐證其真實性。而上述〈淳熙敕〉之處罰條例，亦係針對當時捕蝗法執行弊病的規範，因此若進一步探究其內容，將可反應出南宋在蝗蟲防治上，所遭遇的阻礙、弊端與其解決辦法。

由此「捕蝗敕」六條規定來看，孝宗採取頗為嚴屬的處罰條例，試圖遏止捕蝗過程中的各種阻礙，用以落實蝗災的防治效果。歸納這些法條所針對的弊病，大致可分為四個項目：即「災情隱匿」、「掘卵不實」、「官吏貪污」及「官員推諉」等等問題。

第一，是「災情隱匿」之弊：由敕令中第一條規定可知，其地主、相鄰者以及當地耆、保等，均有舉報災情的義務，而官府受理後，也必須負起捕蝗和向上級回報的責任；若違反這些規定，將處以「杖一百」的刑責，而官吏的處罰更重〔註22〕。這條法令反應當時的蝗災防治，不乏隱匿災情與官吏怠惰等情節的產生，從「地主鄰人隱蔽不言，耆、保不即時申舉撲除者」

〔註19〕〔宋〕董煟，《救荒活民書》，拾遺〈除蝗條令〉，頁5a。

〔註20〕〔元〕脫脫，《宋史》，卷三十五〈孝宗本紀〉，頁678。

〔註21〕〔宋〕謝深甫，《慶元條法事類》（《續修四庫全書》，上海：上海古籍出版社，1997～2000年，第八六一冊），卷六〈職制門三・差出〉，頁131。由於《慶元條法事類》所收錄之法條，皆為慶元二年（1196）以前，通行於全國的法律條文，故其代表性不容忽視，更能佐證宋代的捕蝗法，是納入法典的正式條文。該書之相關研究，可參王德毅，〈關於「慶元條法事類」〉，《食貨月刊》六卷五期（1976年8月），頁227～231；又，孔學，〈《慶元條法事類》研究〉，《史學月刊》第二期（2000年2月），頁40～47。

〔註22〕〔宋〕董煟，《救荒活民書》，拾遺〈除蝗條令〉，頁4a～b。

〔註23〕和「當官承報不受理及受理而不即親臨撲除，或撲除未盡而妄申盡靜者」〔註24〕等規定中，亦可得知民間的輕忽與官員的敷衍了事，都是朝廷急於掃除的弊習。

　　第二，是爲「掘卵不實」之弊：敕令的第二條與第三條罰則，都與蝗卵的挖掘有關。前者規範官吏的職責，後者則針對百姓的過失，意在確保官員與民眾，均能盡責挖掘蝗卵，以降低來年蝗災的發生機率〔註25〕。由此可見，宋代掘卵滅蝗的行動，雖已成爲治蝗的重心，但其執行不確實，主要原因是撲捕蝗蟳顯然較掘卵有立即的效果，而蝗卵的挖掘比捕沙蝗蟳更爲辛苦，勞碌奔波於山野荒地，往往一無所獲，事後的成果檢驗，更是苦差，因此人們爲免除掘卵與查驗的繁重工作，常敷衍了事，使「掘卵不實」成爲防災的一大漏洞，這即是朝廷制定此項法令的緣由。

　　第三，則是「官吏貪污」之弊：敕令中的第四條與第五條規定，即爲處罰官吏巧取豪奪的不法行徑。前者針對以錢糧易蝗的措施，後者因應捕蝗過程所衍生的收賄情形〔註26〕。這情況的產生，主要是在官民協同捕蝗的過程中，不肖的官員從中取利，其中「給散捕取蟲蝗穀而減尅者」〔註27〕與「公人因撲掘蟲蝗乞取人戶財物者」〔註28〕兩種行爲，是常出現的弊病，故朝廷詳定其處罰條例。

　　第四，即是「官員推諉」之弊：敕令的最後一條規範，主要在避免官員藉口出差，迴避捕蝗的責任。其法條明確指出，官員雖然出差不在官府，但只要沒有離開管轄的區域，均視同在治所，當負起督捕蝗蟲的任務〔註29〕，避免官員以此理由，規避捕蝗任務，從而推諉職責。

　　這四項弊端，即是「捕蝗敕」想要解決的問題，卻也反應出南宋在捕蝗的過程中，仍遭遇許多的阻礙，使朝廷更進一步補充捕蝗法規的周密性。如此嚴厲的法令，代表治蝗工作尚有許多大缺漏，也代表朝廷對蝗災防治的態度，已從常規事務轉變爲更受重視的政策。

〔註23〕　同上註。
〔註24〕　同上註。
〔註25〕　〔宋〕董煟，《救荒活民書》，拾遺〈除蝗條令〉，頁4b。
〔註26〕　同上註。
〔註27〕　同上註。
〔註28〕　同上註。
〔註29〕　〔宋〕董煟，《救荒活民書》，拾遺〈除蝗條令〉，頁5a。

綜上可知，宋代捕蝗法的發展，是藉由長期不斷施行的經驗累積，再針對所衍生的弊病，加以改良或補充，形成更完備有效的治蝗辦法。在過程中，宋人對蝗卵的防治，隨時間逐漸地加強，是一大特色，如神宗〈捕蝗詔〉中規定：「蝗種一升，給麤色穀二升」〔註30〕，到了哲宗「捕蝗法」時，已提高至：「每蟲子一升，官細色穀斗二升」〔註31〕之重賞，充分表現對掘卵滅蝗的重視。再由法條中「罰則」的具體化，更可瞭解宋代捕蝗法的發展趨勢，是由賞入罰，且漸趨於嚴苛，也就是說早期的防治的要點，偏重「賞」的勸誘，但後期弊病叢生，不得不「重罰」來貫徹執行工作。如哲宗「捕蝗法」中，僅有「蝗初生而本耆及地主鄰人合告而同隱藏不言者，各杖一百」〔註32〕的匿災罰則，但到了南宋孝宗的「捕蝗敕」，既有知情不報的處罰條例，亦有官員失職的懲罰規定，都是捕蝗法中「罰則」的嚴密化。這一種發展趨勢，致使明代徐光啟認為：「最嚴者則宋之淳熙敕也。」〔註33〕近代學人劉淦芝也有：「治蝗法令，中國最嚴者，應為宋孝宗之淳熙敕」〔註34〕的相同見解。

第二節　宋代捕蝗對官民之衝擊

治蝗法令趨於嚴苛，官民捕蝗的負擔必然更加沉重。再加上不肖官吏的趁火打劫、刁民恣意妄為等弊病，都加重治蝗的困難，致使執勤人們皆視捕蝗為苦差，每每設法規避，統治者則採重刑罰的方式，來強力貫徹治蝗工作的推動。

如此嚴厲的捕蝗法規，勢必衝擊官民的日常生活。當蝗災一旦發生，地方隨即展開捕蝗行動，官吏們奔命於災區，百姓們得放下手邊工作，日以繼夜從事捕蝗，生計都被耽誤，官吏和民家都得全力投入，其影響十分深遠。以下分別從「官吏」、「百姓」兩方面在勞役的付出及財物的消耗上，加以說明：

〔註30〕〔宋〕李燾，《長編》，卷二百六十七，神宗熙寧八年癸巳條，頁6544。
〔註31〕〔清〕徐松，《宋會要》，〈瑞異〉三之四二，哲宗元符元年十一月條，頁2125。
〔註32〕〔清〕徐松，《宋會要》，〈瑞異〉三之四二，哲宗元符元年十一月條，頁2125。
〔註33〕〔明〕徐光啟，王重民輯校，《徐光啟集》，卷五〈屯田疏稿〉，頁246。
〔註34〕劉淦芝，〈中國飛蝗史〉，頁262。

一、官吏治蝗負擔之加重

　　捕蝗法賦予宋代官員的職責，不僅要督促民眾服役，且要親自參與捕蝗滅蝗行動，若因轄區內執行不力，致使災害向外擴大，必遭到嚴厲的處罰。這對養尊處優的官員來說，實不堪負荷，因爲蝗災生發的地方，多在田野草澤，餐風露宿的捕蝗生活，無異是種煎熬。由此可以瞭解，爲何捕蝗法令的施行，會成爲官吏痛苦的負擔。更有甚者，治蝗行動有時成爲傾軋、報復的工具，如《宋史·孫沖列傳》記載：

> 會京西蝗，眞宗遣中使督捕，至襄，怒沖不出迎，乃奏蝗唯襄爲甚，而州將日置酒，無卹民意。帝怒，命即州置獄。沖得屬縣言歲稔狀，馳驛上之。時使者猶未還，帝悟，爲追使者答之。〔註35〕

上述事件中，朝廷派出的宦官，想要借助捕蝗不力的理由，徇私報復孫沖逢迎不周的私怨，幸好眞宗即時識破，不然孫沖難逃一場牢獄之災。然此案例的另一面向，亦透露出朝廷對捕蝗的重視，若官吏有怠惰失職之嫌，隨即重法伺候，這對官員的顏面，是何等的羞辱呀！

　　官員因違反捕蝗法，遭朝廷怪罪的案例，在神宗元豐五年（1085）十一月，曾經發生過：

> 詔提點開封府界諸縣鎮公事、承議郎楊景略降一官，……不親督趣捕蝗，雖會恩特責也。〔註36〕

當時開封官員楊景略，就因違反捕蝗法，受到朝廷處以「降一官」的責罰。此外，南宋孝宗乾道元年（1165）六月，擔任淮南轉運判官的姚岳，也因蝗災處理不當而獲罪：

> 進呈右正言程叔達章論：「廬州申蝗蟲遺種生發，遍滿田野，損傷苗稼。淮南轉運判官姚岳卻行申奏：『蝗自淮北飛渡前來，皆抱草木自死，仍封死蝗以進。』」上曰：「岳敢以爲嘉祥，更欲錄付史館。可降一官放罷，爲中外佞邪之戒。」〔註37〕

姚岳因爲掩飾蝗害肆虐的災情，呈報不實而遭到嚴懲。依據姚岳奏稱蝗蟲「抱草木自死」的情況來看，他爲逃避蝗災復發的政治責任，以及爲免除捕蝗的

〔註35〕　〔元〕脫脫，《宋史》，卷二百九十九〈孫沖列傳〉，頁9946。

〔註36〕　〔宋〕李燾，《長編》，卷三百三十一，神宗元豐五年乙巳條，頁7979。

〔註37〕　〔元〕佚名，《宋史全文》，卷二十四下，頁8a。此事件也見於〔元〕脫脫，《宋史》，卷三十三〈孝宗本紀〉，頁632；其文記載：「……淮南轉運判官姚岳言境內飛蝗自死，奪一官罷之。」

辛勞，可能是他謊報災情的動機。

　　由此可見，落在地方官員肩上的滅蝗重擔，的確難以負荷！因此北宋末年有此類故事的流傳：

　　　　米元章（米芾，1051～1107 年）爲雍邱令。適旱蝗大起，而鄰尉司焚瘞後遂致滋蔓，即責里正併力捕除，或言盡緣雍邱驅逐過此，尉亦輕脫，即移文載里正之語致牒雍邱、請各務打撲收埋本處地分，勿以鄰國爲壑者。時元章方與客飯，視牒大笑，取筆大批其後付之云：「蝗虫元是空飛物，天遣來爲百姓災。本縣若還驅得去，貴司卻請打回來。」傳者無不絕倒。〔註38〕

這段記事出於宋人何薳（1077～1145）所撰《春渚紀聞》一書，故事中雍邱鄰縣的官吏，面臨蝗災肆虐的處境，欲免除治蝗不力的責任，藉口蝗是由鄰境飛來，竟歸咎米芾滅蝗不當。雖是笑話一則，但也顯示出當時有些官吏，因捕蝗而埋怨鄰境、指責對方的不是，其目的多在推諉責任，可見嚴厲的法規，已造成執法官吏不小的負擔，甚至是恐懼。這則故事在當代顯然很流行，並經傳述而被襲用，如葉夢得（1077～1148）所著《避暑錄話》中，也有類似的故事：

　　　　錢穆甫爲如皋令，會歲旱蝗發，而泰興令獨給郡將云：「縣界無蝗。」已而蝗大起，郡將詰之，令辭窮，乃言：「本縣無蝗，蓋自如皋飛來。」仍檄如皋，請嚴捕蝗，無使侵鄰境。穆甫得檄，輒書其紙尾，報之曰：「蝗蟲本是天災，即非縣令不才，既自敝邑飛去，卻請貴縣押來。」未幾，傳至郡下無不絕倒。〔註39〕

這些記事顯示出，因捕蝗而推諉責任的衝突，在當時應非少數，致使官員之間常存芥蒂，否則這些調侃的故事，不會被時人當做話柄流傳，且一再改編、套用，形成捕蝗過後人們閒暇談論的話題。

　　雖有部分宋代官員未盡職守，實際上卻有更多的執法人員，不計勞苦地從事滅蝗治災。歐陽修即是其中的代表人物之一，他在〈捕蝗歎〉詩中，曾清楚呈現當時依法治蝗的情境：

〔註38〕　〔宋〕何薳，《春渚紀聞》，卷二〈雍邱驅蝗詩〉，頁 18b～19a。
〔註39〕　〔宋〕葉夢得，《避暑錄話》（臺北：藝文印書館，1965 年），卷下，頁 92a。
　　　　葉夢得（1077～1148），字少蘊，號肖翁，又號石林，吳縣人（今江蘇蘇州）。
　　　　哲宗紹聖四年（1097）進士，曾任翰林學士，著有《石林燕語》、《避暑錄話》
　　　　等書。

　　……老農蹙額心如焚。飛文令丞報郡守，掃除撲擊連朝昏。桑林駭

　　駭伐鼕鼓，萬指奔趨赫如怒。火雲炬赫日方炎，禦災捍患寧辭苦。

　　夜深然火更焚瘞，恐入隣州罹罪罟……〔註40〕

詩中歐陽修描述捕蝗的艱苦，也擔心捕除不盡，波及鄰近州縣時，恐遭朝廷
的怪罪。這種內外煎熬的苦楚，表露無遺。詩中又有「詔書已復田租半，賑
乏行看倒倉囷」〔註41〕之感嘆，更添災區官員的無奈與焦慮。此外，蘇軾也
曾執行現場任務，他在〈和趙郎中捕蝗見寄次韻〉詩中寫道：

　　麥穗人許長，穀苗牛可沒。天公獨何意，忍使蝗蟲發。驅攘著令

　　典，農事安可忽。我僕既胼胝，我馬亦款矻。飛騰漸云少，筋力亦

　　已竭……〔註42〕

詩中將自己、隨從以及馬匹的疲態，貼切地描寫出來，頗能呈現當時捕蝗的
辛勞。從另外一個角度來看，即使官員們動用馬匹等交通工具，然因蝗災範
圍廣闊與滅蝗工作繁複，仍使執行人員疲於奔命。這種辛酸不只蘇軾感受到，
當時有許多官員同樣來回奔馳於田野之間，如彭汝礪在〈和君玉捕蝗雜咏〉
一詩中，即描述當時親身捕蝗的實況：

　　馬病風塵裏，人疲簿領間。旱枯憂澤竭，汗浹怨風慳。時雨恩終厚，

　　驕陽勢苦頑。降真香一炷，百拜望南山。〔註43〕

詩中彭汝礪一面盡人為努力，一面也寄託於神力弭災，但文中「馬病風塵裏，
人疲簿領間」〔註44〕之形容，則婉轉將自己的苦況，細膩地烘托出來。再從
章甫《自鳴集》所記載〈王夢得捕蝗二首〉詩中觀察：

　　相逢每歎俱飄流，尊酒作意同新秋。蝗蟲日來復滿野，府帖夜下還

　　呼舟。江天尚黑客騎馬，草露未晞人牧牛。路長遙想兀殘夢，家在

　　風煙蘭杜洲。〔註45〕

詩文敘述王夢得接獲命令後，連夜趕赴災區，負起捕蝗任務的情景。雖屬私
人抒發情緒所留下的回憶，無形中卻透露出治蝗壓力的煩重，一有狀況官吏

〔註40〕　〔宋〕歐陽修，《歐陽文忠公集》（臺北：臺灣商務印書館，1979 年），卷二〈捕
　　　　　蝗歎〉，頁 15b～16a。

〔註41〕　〔宋〕歐陽修，《歐陽文忠公集》，卷二〈捕蝗歎〉，頁 16a。

〔註42〕　〔宋〕蘇軾，《東坡全集》，卷七〈和趙郎中捕蝗見寄次韻〉，頁 20a。

〔註43〕　〔宋〕彭汝礪，《鄱陽集》（臺北：臺灣商務印書館，1983 年），卷九〈和君玉
　　　　　捕蝗雜咏〉，頁 14b。

〔註44〕　〔宋〕彭汝礪，《鄱陽集》，卷九〈和君玉捕蝗雜咏〉，頁 14b。

〔註45〕　〔宋〕章甫《自鳴集》，卷三〈王夢得捕蝗二首〉，頁 3a～b。

必須星夜前往災區。而另一首則敘述他捕蝗奔波之艱苦：

> 江頭曉日方瞳瞳，僕夫喘汗天無風。茅簷汲井洗塵土，野寺煮餅燒
> 油葱。平生憂國寸心赤，在處哦詩雙鬢蓬。村民喜識長官面，樹陰
> 可坐毋匆匆。〔註46〕

其中「茅簷汲井洗塵土，野寺煮餅燒油葱」〔註47〕二句，已爲王夢得不辭勞苦、餐風露宿進行捕蝗的實況，留下鮮活的見證。

　　這些都是宋代官員苦於捕蝗的具體事證，而繁重的滅蝗工作，甚至導致官吏的傷亡，據蘇舜欽在〈兩浙路轉運使司封郎中王公墓表〉的內容中記述：「郡吏有捕蝗而暍死者，公爲出賻給其家屬」〔註48〕的善行紀錄，其中有吏員因捕蝗過於辛苦，竟中暑而死的事例。難怪會有官吏視捕蝗爲畏途，乃存心敷衍了事。由此可知，捕蝗法規所加諸宋代官吏肩膀上的重擔，不可不謂沉重。

二、百姓捕蝗辛勞的遽增

　　身屬統治階級的官吏，面對捕蝗已呈如此之疲態，更何況是基層的老百姓。當捕蝗命令下達後，務農的民家首當其衝，不僅放下了手邊的工作，還得忍受田苗被踐踏的損失，一向引頸盼望的收成沒了，換來一身勞累，還要擔心來年蝗災復發，遭受「捕除不盡」的加重責罰。此情此景，若與上述官吏的遭遇相比，百姓的勞務和艱困，實有過之而無不及。這種捕蝗帶給民家的負擔，按其性質歸納，可分爲下列三個項目來說明：

（一）民眾財物與體力的耗損

　　據《長編》記載，仁宗景祐元年（1034）三月，擔任開封府判官的謝絳，就曾針對捕蝗所造成的損失，向朝廷提出報告：

> 蝗亘田野，坌入郛郭，跳擲官寺，井堰皆滿，而使者數出，府縣監
> 捕驅逐，蹂踐田舍，民不聊生。〔註49〕

可見官方主導的滅蝗行動，範圍愈龐大，對百姓的傷害也愈嚴重，他個人評估災情，實已到了民不聊生的程度。謝降並未詳述民間罹災的細節，但仍有

〔註46〕〔宋〕章甫《自鳴集》，卷三〈王夢得捕蝗二首〉，頁3b。

〔註47〕同上註。

〔註48〕〔宋〕蘇舜欽，《蘇學士集》（臺北：臺灣商務印書館，1979年），卷十五〈兩浙路轉運使司封郎中王公墓表〉，頁6b。

〔註49〕〔宋〕李燾，《長編》，卷一百十四，仁宗景祐元年辛酉條，頁2670。

著名的詩人鄭獬（1022～1072）在其〈捕蝗〉詩中，描述此種百姓接受官府徵調，前去驅捕蝗蟲的事蹟，因而留下了若干見證：

> 翁嫗婦子相催行，官遣捕蝗赤日裏。蝗滿田中不見田，穗頭櫛櫛如排指。鑿坑籌火齊聲驅，腹飽翅短飛不起。囊提籃負輸入官，換官倉粟能得幾。雖然捕得一斗蝗，又生百斗新蝗子。只應食盡田中禾，餓殺農夫方始死。〔註50〕

詩中不僅描寫百姓捕蝗的景象，充分表露民眾對捕蝗的無奈。其中「翁嫗婦子相催行，官遣捕蝗赤日裏」〔註51〕的情境，將百姓在烈日底下，扶老攜幼前去捕蝗的情景，清楚映現出來。

即使已全面動員起來滅蝗，仍無法挽救農作的損失，常在捕蝗未盡全功之際，田裡的莊稼已被蝗蟲全吃光了，如歐陽修〈捕蝗歎〉中曾透露：「蝗蟲未盡苗已空，婦子哀哀淚如雨」〔註52〕的慘狀，可見捕蝗所投入的心血和勞力，不一定能有效保護田作，百姓在經歷了汗下如雨、辛勤勞苦的捕殺行動後，往往面對的是一片已被蝗蟲啃食殆盡而空蕩蕩的田土，他們只得聽天由命，無言地承擔這一切的損失。

（二）不肖胥吏的敲詐與勒索

受差百姓除了上述勞務負擔外，還得忍受胥吏的敲詐與勒索，無疑在他們的傷口上灑鹽，生計愈發艱難。捕蝗工作在污吏的眼中，有時是他們發財的契機，這在董煟《救荒活民書》所收錄之〈淳熙敕〉的法條中，可看出端倪。其中直接關涉的法規有二則，首先是：

> 諸給散捕取蟲蝗穀而減尅者，論如吏人、鄉書手攬納稅受乞財物法。〔註53〕

這則係針對「易蝗錢糧」，遭不法官吏中飽私囊所制定的法令。其次則為：

> 諸係公人因撲掘蟲蝗乞取人戶財物者，論如重祿公人因職受乞法。〔註54〕

這則明顯是為杜絕捕蝗胥吏，假借職務之便，強取民財而制定，犯者將以貪

〔註50〕〔宋〕鄭獬，《鄖溪集》（臺北：臺灣商務印書館，1983年），卷二十六〈捕蝗〉，頁9a～b。
〔註51〕同上註。
〔註52〕〔宋〕歐陽修，《歐陽文忠公集》，卷二，頁16a。
〔註53〕〔宋〕董煟，《救荒活民書》，拾遺〈除蝗條令〉，頁4b。
〔註54〕同上註。

污瀆職的重罪論處。從上述兩條法規的制定，可見胥吏貪污、敲詐之情況，應非少數，故須採用重法嚴懲，藉收嚇阻之效。這些因應捕蝗弊病而衍生的規定，多半是在弊端一再出現之後，方能成爲具體的處置條文，可知捕蝗期間百姓所遭受的荼毒，十分嚴重。

由此不難理解，上述保護民家人戶的法規，反映出宋代確有胥吏假借任務之便，對百姓行勒索之實，這種趁火打劫的惡行，對受災人戶的身家性命而言，無疑是雪上加霜的禍害。

（三）督捕官員所帶來的負擔

朝廷爲表關切經常派任專使，前往各地督導，以免地方官員怠惰。朝廷類此舉措，時常無補於災情，反而爲百姓帶增添麻煩。《救荒活民書》所收錄之〈捕蝗法〉，爲我們留下了若干線索：

> 捕蝗不必差官下鄉，非惟文具，且一行人從，未免蠶食里正，其里
> 正又只取之民戶。未見捕蝗之利，百姓先被捕蝗之擾，不可不戒。
> 〔註55〕

據此可知其「差官下鄉」不僅不無助於捕蝗，徒增困擾罷了。這顯然與傳統觀念有異，自漢代以來，「遣使捕蝗」代表官方積極參預滅蝗工作，宋初也襲用此法，如太宗建隆元年（960）七月，澶州（今河南濮陽）蝗蟲成災，太宗即採「遣使督官吏分捕」的方式，展開滅蝗措施〔註56〕；眞宗天禧元年（1017）五月，眞宗也有類似的命令下達：

> 開封府及京東、陝西、江、淮、兩浙、荊湖路百三十州軍，並言二
> 月後蝗蝻食苗。詔遣使臣與本縣官吏焚捕，每三五州令內臣一人提
> 舉之。〔註57〕

可見「遣使捕蝗」的處理模式，仍常爲朝廷所採用。但爲何到了南宋董煟的〈捕蝗法〉中，會有：「捕蝗不必差官下鄉，……未見捕蝗之利，百姓先被捕蝗之擾，不可不戒。」〔註58〕的禁令？早在北宋仁宗皇祐四年（1052）何郯（1004～1072）上呈仁宗的〈乞專責守宰捕蝗奏〉中，即已清楚剖析過此一問題，他說：

〔註55〕 〔宋〕董煟，《救荒活民書》，拾遺〈捕蝗法〉，頁 6a～b。
〔註56〕 〔宋〕李燾，《長編》，卷一，太祖建隆元年七月戊午條，頁 19。
〔註57〕 〔宋〕李燾，《長編》，卷八十九，眞宗天禧元年五月丙辰條，頁 2061。
〔註58〕 同註55。

　　臣伏聞近日累差內臣往諸路監督州郡官吏捕蝗，緣內臣是出入宮掖
親信之人，以事勢量之，州縣必過有迎奉，往來行李亦須要人。州郡
猶有兵士給使，至於縣邑，即須差貧人戶，蟲蝗未能除去，人民被
此勞役，已先起一害矣。如去歲遣內臣入蜀祈雨，所至差百姓五七十
人擔擎行李。蓋外方不知朝廷恤民本意，苟見貴近之臣，即嚮風承
迎，不顧勞擾，非必使人自要如此也。況捕蝗除害，本繫民事，乃郡
縣守宰之職。今捨守宰不任，而朝廷為之遣人監捕，即是容官司之慢
而不責其職業也。伏乞特降敕命，應有蝗蟲生長處，專責知州、通判
督促屬縣官吏速行打捕，委本路轉運司嚴切提舉部內州郡，候屏除盡
日，具實以聞。如經奏報，後卻致滋長為害，其知州、通判、知縣、
主簿并行停殿，轉運司黜降差遣。如此嚴行督責，官司必自能究心除
害。聖意如何，乞速降指揮。其見在逐處內臣，仍乞抽回。〔註59〕
文中何鄰確定派遣朝中宦官下鄉督捕蝗蟲，絕不如專任地方官自行打撲，對
滅蝗更為有利。這種建言可謂南宋董煟《救荒活民書》中，類似說法的前例，
也表示北宋仁宗皇祐年間（1049～1054），臣僚已經發覺宦官藉蝗災擾民的禍
患，建言速予廢除。

　　從上可知，民戶百姓接受官府的調遣，日夜不停地捕蝗、滅蝗，辛勤捕
殺過程中，卻還得忍受胥吏的勒索，倘若朝廷派內臣前來督捕，更須負擔額
外的勞役，這些艱苦的遭遇，是宋代百姓執行捕蝗的真實寫照。

第三節　宋代的禳蝗活動

　　信仰具有安定人心、穩定社會的功能，尤其在災害生成後更為明顯。所
以當蝗災發生後，除了實際的捕蝗行動外，祈求神力禳除也是重要的減災措
施，但宋代禳蝗祭禱的對象，卻有著不同的類型與多樣性選擇，可以請求上
天消災，或向地方神靈示好，更有脅迫蝗蟲之神讓步的作為。這些消弭蝗災
的活動，即是本節所想要討論的內容。

一、宋代捕蝗中的祭捕現象

　　宋代捕蝗的過程中，經常同時採用兩類性質不同的弭災措施，即一方面

〔註59〕〔宋〕趙汝愚編，《宋朝諸臣奏議》（上海：上海古籍出版社，1999年），卷一
　　　　百六〈財賦門〉，頁1135。

設壇祭拜，祈求神靈消災解厄；另一方面則組織民眾，對蝗蟲展開大規模的撲殺。這種情形的出現，反映持有「天災」觀念的宋人，對蝗災的態度已趨向務實。但當時「祭捕」的實際情況如何？宋代學者朱熹在〈御筆回奏狀〉一文，幫我們留下了紀錄：

> 御筆
>
> 覽奏，知紹興府界蝗頗為災，朕心憂懼。今不欲專遣使人降香二合，付卿等宜即虔潔，分詣祈禱。又聞蝗之小者，滋有甚多，可更支賞召人收捕，速殄滅，毋使遺種以為異日之害，故茲札示，當體至懷。〔註60〕

孝宗既賜香給朱熹祭禱，又敦促他募人捕蝗，這種既祭拜又捕蝗的做法，已被視為很普遍的作為，不會產生矛盾。再由名臣真德秀所撰〈諸廟禳蝗祝文〉中觀察，也可了解此種「祭捕」現象，相容並存的原因，其文曰：

> 在《詩》有之：「去其螟螣，及其蟊賊，毋害我田穉。」夫此人事也，乃以屬諸田祖之神，何哉？蓋禦災弭患，在神為之則易，而在人為之則難。日者本道，郡邑以生。聞天子有詔，俾長吏禱於山川百神之祠，是亦周先王意也。惟王廟食歲久，陰威赫然，霆奔風馳，山嶽可撼，況區區蟲蝗之孽乎？驅之禳之，以升炎火，是直噫欠間耳！虔共致祈，立俟嘉應。〔註61〕

文中真德秀認為，如果老天爺願意幫忙，人力加上神力來驅蝗，那就容易多了。但從另一方面來看，宋代也有將蝗蟲神化的思想存在，例如劉昌詩《蘆浦筆記》所收錄的〈祭蝗蟲文〉中：

> 謹以清酌之奠，祭於蝗蟲之神，而告之曰：「……不聽其言而為民害者，其罪皆可殺。縣令則取詩人去螟之語，唐相捕蝗之命，以與蝗蟲從事，必盡殺之廼止，無俾遺種於茲邑。蝗蟲有知，其聽縣令言。」〔註62〕

既然蝗蟲有神，為了保存辛勤耕作的心血，無怪乎宋人既請求又施壓，竭盡所能去遊說蝗蟲之神。這種蝗神思想的存在，更加強「祭禱弭蝗法」實施的必要性。再從《金壇縣志》所載宋代劉宰的故事觀察：

〔註60〕 〔宋〕朱熹，《晦庵集》，卷十七〈御筆回奏狀〉，頁18a。
〔註61〕 〔宋〕真德秀，《西山先生真文忠公文集》，卷四十八〈祝文〉，頁740～741。
〔註62〕 〔宋〕劉昌詩，《蘆浦筆記》（臺北：藝文印書館，1966年），卷九〈祭蝗蟲文〉，頁4a～5b。

> 宋嘉定己巳（1209）邑旱，飛蝗蔽天而下，時太常丞劉宰家居，草
> 書一函，命其僕至城北鍾秀橋，見兩黃衣客，即跪進之。至橋，果
> 見衣黃者，啓書閱竟，語僕曰：「我借路不借糧也。」蝗果不爲災。
> 自從有蝗，必向漫塘祠祭之。〔註63〕

從故事內容可知，宋人有將蝗蟲視爲神祇或是神蟲的現象，不然就不會有「我
借路不借糧也」的回答出現。

　　由上述之說明，可以瞭解宋代對於祭蝗的態度，基於「蟲災」、「天災」
觀念的不同，而有相異的祈禱內容。這種一方面祈求神明協助，驅除蝗螟；
另一方面卻向蝗神遊說，希望牠能停止禍害行徑，確實反映出宋代農民在求
溫飽的邊緣，無所不用其極地嘗試各種解決蝗患的辦法。因此，宋代在捕蝗
的觀念上，隨著自然知識的增加，是有務實的進步，但對蝗災的態度，依舊
不脫傳統「禳弭論」的限制，採取了祭禱與捕蝗融合並用的治蝗態度，形成
有趣的「祭捕」現象。

二、宋代的「蜡祭」與「醑神之祀」

　　「蝗神」即「管理蝗蟲之神」，是中國文化中所特有的現象。宋代以前並
沒有專職蝗神，凡遇災則向上人請求，或到山川祭禱，或到寺廟建醮祈禳，
但這些方式顯然無法滿足宋人的需求，面對蝗蟲肆虐的景象，宋初甚至有百
姓斷指祭蝗的事例〔註64〕，充分表現人們免除蝗災的渴望。

　　最初的蝗神，應爲「蜡祭」所祀管理昆蟲之神。先民以爲農產收成的好
壞，取決於神靈們的保佑，因此每年歲末都在專用的「祭壇」〔註65〕，舉行
「蜡祭」酬謝諸神。然而宋代「蜡祭」的對象，是否包含主管蝗蟲的蟲神？
據《政和五禮新儀》的記載：「臘前一日蜡百神。……五昆虫從祀」〔註66〕顯
然有主管昆蟲的蟲神存在，而這「蟲神」所管轄的百蟲，理應包括蝗蟲等農
業害蟲。《宋史》所記載之蜡祭頌詞云：「三時不害，四方順成。酬功報始，

〔註63〕　馮煦等纂，《金壇縣志》二冊（臺北：成文出版社，1970年），卷十二之二，
　　　　　頁897。

〔註64〕　〔元〕馬端臨，《文獻通考》，卷三百十四〈物異二十〉，頁2463。文中記載太
　　　　　祖乾德三年（965）七月：「諸路有蝗。淄州民韓贊斷手指以祭。」

〔註65〕　〔宋〕鄭居中，《政和五禮新儀》（臺北：臺灣商務印書館，1983年），卷一，
　　　　　頁5a。書中記載：「四方蜡壇廣四丈，高八尺，四出陛兩壝，每壝二十五步」
　　　　　而一步約爲五尺，故壝距應爲一百二十五尺。

〔註66〕　〔宋〕鄭居中，《政和五禮新儀》，卷二，頁6b～7a。

以我齊明。」〔註67〕由此可以瞭解「蜡祭」主要是祈求四方安寧、災害不生，其中自然也包括「蝗蟲不生」之意。

由於蝗災越來越頻繁，爲害也越來越嚴重，人們便將祭祀的對象轉向「災害之神」。仁宗慶曆年間（1041～1048）即出現因螟蝗爲災，上封事者懇請朝廷修「醋神之祀」以防止蝗災發生的建言，據《宋史》記載：

> ……上封事者言：「螟蝗爲害，乞内外並修祭醋。」禮院言：「按周禮：『族師，春秋祭醋。』醋爲人物災害之神。……歷代書史，悉無祭醋儀式。欲準祭馬步儀，壇在國城西北，差官就馬壇致祭，稱爲醋神。」〔註68〕

由禮院的回答，可知「祭醋」的儀式到宋代已經失傳，但迫於蝗蟲的肆虐，故仿照馬步的祭儀，重新展開「醋神」祭祀以弭災。然而從宋人舉行「醋祭」的情況，卻可以發現「醋神」儼然成爲宋代「蝗神」的代表，如徽宗崇寧二年（1103），全國各地都傳有蝗蟲爲害，朝廷即下令進行「醋祭」：「……諸路蝗，令有司醋祭。」藉以消弭蝗災〔註69〕；高宗建炎二年（1128）六月，京師、淮河一帶蝗災嚴重，朝廷也有「令長吏修醋祭」的舉措〔註70〕；紹興年間（1131～1162）更有祀令的下達：「蟲蝗爲害，則祭醋神。」〔註71〕足見「醋神」禳蝗地位之優越。北宋時，秦觀的〈祭醋神文〉內容有云：

> ……飛蝗蔽天，敢爲妖孽。土之毛髮，所過爲盡。……大旱之後而得霖雨，是天有意於恤民也。惟爾有神，亦當上承天意，驅率醜類入于江海。〔註72〕

祭文內文顯示，當時官民已認爲「醋神」是上天所任命的「蝗蟲之神」，具有控制蝗災生滅的神力，因此祭文中出現「惟爾有神，亦當上承天意，驅率醜類入于江海」的禱辭。到了南宋時代，「醋神」操控蝗螟的威力更加明確，如學者樓鑰（1137～1213）在〈祭告醋神〉一文中即指出：「……蝗螟肆孽，掃除實賴于醋神」〔註73〕；另一則〈祭醋神祝文〉也寫到：「……以蟲螟爲害祭

〔註67〕〔元〕脱脱，《宋史》，卷一百三十七〈樂十二〉，頁3229。

〔註68〕〔元〕脱脱，《宋史》，卷一百三〈禮六〉，頁2523。

〔註69〕〔元〕脱脱，《宋史》，卷六十二〈五行一下〉，頁1357。

〔註70〕同上註。

〔註71〕同註68。

〔註72〕〔宋〕秦觀，《淮海集》（臺北：臺灣商務印書館，1983年），卷三十三〈祭醋神文〉，頁3a。

〔註73〕〔宋〕樓鑰，《攻媿集》（臺北：臺灣商務印書館，1983年），卷四十八〈祭告

以致禱，賴神之賜，隨即衰息」〔註74〕。分析這兩篇祭醮神文，清楚感受「醮神」管理蝗蟲的權威，更能瞭解南宋人民對祂期待殷切。由此，不難理解嘉定八年（1215）會有：「祭醮，令郡有蝗者如式以祭」〔註75〕的詔令出現。比較兩宋「祭醮」次數與規模〔註76〕，可發現「醮神」祭祀日益擴大，求其消弭蝗災的功能項目愈加具體，「醮神」已成為南宋禳蝗祭祀的主要對象，雖然「醮神」在宋代被視為「災害之神」，並非等同於「蝗神」，但從宋人「祭醮」的情況推斷，「醮神」具有約束蝗蟲為災的神力，從祀令中可以見到宋人逢蝗必祭的情形，故可視祂為宋代朝廷最主要的禳蝗祭祀對象。

三、宋代多靈驅蝗的祭祀活動

以上皆是朝廷所制定的祭祀活動，但宋代社會不僅有官方的「蜡祭」、「醮神之祀」等禳蝗措施，在「唯靈是信」觀念的影響下，民間仍有不同的祭祀對象，如《〔淳熙〕新安志》記載：

> 孚應廟，在邵武軍泰寧縣東二里，五代正明（吳越王錢鏐年號，時間不詳）。中建廟，有二神。相傳一姓陳，閩人；一姓汪，歙人。……水旱疾疫，有求必禱，螟蝗、盜賊不及其境。元豐（1078～1085）中，賜孚應廟額。元祐（1086～1094）初，封靈符、靈佑侯。政和（1111～1118）加封寧惠、寧順公。宣和（1119～1125）進封廣惠、廣順王。至紹興二十五年（1155），封廣惠英顯王、廣順威顯王。
> 〔註77〕

可見孚應廟陳姓、汪姓兩位神明，也有阻擋螟蝗入境的神力，因而受當地百姓虔誠的崇拜，且官府從北宋到南宋均給予賜額認可。類似的現象也見於《〔寶慶〕四明志》中的記載，其文曰：「嘉澤廟（主神為李泌），東錢湖青山下。……水潦旱蝗，有禱必應。嘉定二年（1209），有旨賜廟額。」〔註78〕另

醮神〉，頁 21b～22a。

〔註74〕 〔宋〕樓鑰，《攻媿集》，卷八十二〈祭醮神祝文〉，頁 4a～b。

〔註75〕 〔元〕脫脫，《宋史》，卷六十二〈五行一下〉，頁 1358。

〔註76〕 據《宋史》以年為單位統計，北宋祭醮的命令僅見於崇寧二年（1103），但南宋卻有五年之多，更有同一年下達兩次的紀錄，且紀錄中還有「頒醮式于郡縣」、「令郡國醮祭」等等，足見規模的日益擴大。

〔註77〕 〔宋〕羅願，《淳熙新安志》（臺北：臺灣商務印書館，1983 年），卷十〈神異〉，頁 29b～30a。

〔註78〕 〔宋〕羅濬，《寶慶四明志》（臺北：成文出版社，1983 年），卷十三〈神廟〉，

在《〔咸淳〕臨安志》卷七十三裡，也記錄在臨平鎮的周絳侯廟（主神爲周勃）具有「……著聞雨暘蝗疫有禱必應」〔註79〕的說法；還有浙江〈宋李衛公廟碑〉記載了百姓向該廟主神李靖祈禱而使蝗災消弭的神蹟，其文曰：「鄰縣飛蝗，忽集近境，禱而退飛。」〔註80〕這些記錄顯示嘉澤廟的李泌、周絳侯廟的周勃以及李衛公廟的李靖，都是地方百姓祈禱消除蝗災的對象。

此外，更有不少神祇「顯靈驅蝗」的事蹟在宋代流傳，如山東〈宋靈護廟碑〉之記載：「嘉定七年（1214），……飛蝗蔽天，有司亟令收捕，無可奈何。……神（王三十三太保）示眞相，驅而逐之，蝗即散去。」〔註81〕今《〔嘉泰〕吳興志》傳世刊本中，載錄湖州歸安縣「石塚廣陵侯廟」的廟神陸圭，顯神蹟驅走蝗群的記事，其文曰：「嘉定（1208～1224）閒，夏，飛蝗蔽天，神見雲端驅之，蝗不爲害。」〔註82〕從這兩則文獻可看出王三十三太保、廣陵侯也都曾在當地顯靈驅蝗除災，就地方上的百姓來說，祂們遠比朝廷正祀神祇更親近且靈驗。再從咸淳六年（1270）九月，宋人張璹〈驅蝗記〉觀察：

> 歲在庚午（1270），鄰邑上元、江寧、句容、溧陽飛蝗蔽天，平地盈尺。……而吾邑之內，一蝗不入，田夫野老相與嗟嗟，而皆語曰：「是皆吾邑城隍神之功也。」……予有恒產在溧水、句容二境，歲藉是以食。方其飛蝗四起，戕賊禾稼，凡在句容者悉罹其害，其在溧水者生意勃如。夫以吾邑距句容僅跬步耳，而此疆彼界，利害殊絕，信乎神之眷于吾邑也。……今神能陰禦飛蝗，使不入境，……人不知神之功，一有災患，而後知神之爲有功也。功而不書，是隱神之賜也，其可乎？謹書神之功，命工鋟梓，彰於廟庭，以永其傳，庶

頁18b。其廟神爲唐代李泌。

〔註79〕 〔宋〕潛說友，《咸淳臨安志》（臺北：成文出版社，1970年），卷七十三〈祠祀三〉，頁2a。

〔註80〕 〔清〕阮元，《兩浙金石志》（收錄《歷代碑誌叢書》第十九冊，南京：江蘇古籍出版社，1998年），卷二〈宋李衛公廟碑〉，頁6a～7b。據碑文記載，其廟主神爲唐代李靖。

〔註81〕 中央研究院史語所傅斯年圖書館藏，拓片編號：02288，〈宋靈護廟碑〉。其廟神爲「王三十三太保」。

〔註82〕 〔宋〕談鑰，《嘉泰吳興志》（收錄《宋元地方志》第十一冊，臺北：國泰文化事業有限公司，1980年），卷十五〈祠廟〉，頁15b～16a。書中有小字註文引宋禮部尚書文及翁（理宗寶祐元年進士，1253）記敘該廟主神李圭之神蹟。

　　幾千載而下，知神之功，報事毋怠云。〔註83〕

張璹認為此次蝗群過門不入，是得力於該邑（溧水）城隍神的保佑，且文中引述百姓之言語以證明當地民眾皆深信不疑，他更拿本身分屬兩地的田產作為對比，在溧水（今江蘇溧水）的田地秋毫無損，而在句容（今江蘇句容）的農田則盡損於蝗害，強調在城隍神的庇護下，蝗群不敢進入溧水境內。然而，上述這些神靈雖擁有驅蝗能力，但以守護地方的功能較為濃厚，意即凡遇凡水、旱、蝗、疫都可以祈禳，並不像「蝻神」般掌握了蝗災生滅的權力，祂們僅能運用神力保護轄區內的安全而已，這顯然無法滿足民間社會的精神需求，遂有驅蝗神「劉猛將」信仰的應運而生。

四、劉猛將信仰的萌芽

　　上述地方神靈都具有驅蝗禳災的神力，因此宋代可謂「多靈驅蝗」的社會。這一情況到了宋元之際開始產生了變化，即驅蝗神「劉猛將」的出現。

　　關於「劉猛將」信仰的研究，目前學界已有不少成果：如學者車錫倫、周正良〈驅蝗神劉猛將的來歷和流變〉一文，即從清代往上溯源「劉猛將」信仰的來源，認為他的其原型是南宋抗金名將「劉錡」，並考證出祭祀猛將的活動延綿迄今（如浙江嘉興）〔註84〕；又如吳滔、周中建在〈劉猛將信仰與吳中稻作文化〉一文，也認為「劉猛將」的祭祀儀式，至少能追溯到南宋〔註85〕。還有章義和在〈關於中國古代蝗災的巫禳〉一文裡，也明確指陳南宋以降，蝗災巫禳發生了變化，即驅蝗神「劉猛將」信仰之確立〔註86〕。此種驅蝗神「劉猛將」的信仰，也引起日本學者的關注，如澤田瑞穗的《中國の民間信仰》一書，對驅蝗神「劉猛將」有專篇的討論，並歸納出其來由的六種說法〔註87〕；濱島敦俊在〈江南劉姓神雜考〉一文，認為與「劉猛將」有關的文獻，最早是明代的《〔洪武〕蘇州府志》，稍後的《〔正德〕蘇州府志》則明確指出其神為宋人劉銳〔註88〕。這些論述與引用史料的記載，都指向南

〔註83〕　〔明〕吳仕詮、黃汝金，《萬曆溧水縣志》（臺北：國立故宮博物院藏，萬曆七年〔1579〕刊本），卷八〈藝文〉，頁4b～5a。

〔註84〕　車錫倫、周正良，〈驅蝗神劉猛將的來歷和流變〉，頁1～21。

〔註85〕　吳滔、周中建，〈劉猛將信仰與吳中稻作文化〉，頁265～269。

〔註86〕　章義和，〈關於中國古代蝗災的巫禳〉，頁7～11。

〔註87〕　〔日〕澤田瑞穗，《中國の民間信仰》，頁118～136。作者歸納其神有六說，分別為漢代的劉章、宋代的劉錡、劉銳、劉宰、劉斡以及元代的劉承忠。

〔註88〕　〔日〕濱島敦俊，〈江南劉姓神雜考〉，頁1～18。

宋時期是後世蝗神信仰的源頭，茲將紀錄南宋「劉猛將」信仰相關的資料羅列如下表所示（表5-1）：

表5-1：「劉猛將」來歷記錄表

著作時間	內　　　　容	出　處	備　註
明正德年間 （1506～1521）	景定間（1260～1265）因瓦塔而創。神姓劉名銳，或云即宋名將劉錡弟，嘗為先鋒，陷敵保土者也。嘗封吉祥王，故廟亦名吉祥庵。	《姑蘇志》卷二十七	今江蘇蘇州
清康熙年間 （1662～1722）	劉猛將軍廟在中街路仁風坊北，宋景定間建，初名揚威侯祠，加封吉祥王，故亦名吉祥庵。	《吳縣志》	《[崇禎]吳縣志》並無記載
清乾隆年間 （1736～1795）	宋景定四年（1263）敕：「……邇年以來，飛蝗犯境，漸食嘉禾……民不能袪，吏不能捕，賴爾神力，掃蕩無餘。上感其恩，下懷其惠，爾故提舉江州太平興國宮，淮南江東西浙四制置使劉錡，今特敕封為揚威侯天曹猛將之神。」	《濟陽縣志》卷五	作者引自《怡庵雜錄》
清嘉慶年間 （1796～1820）	宋將軍劉錡，舊祀於宋……。	《如皋縣志》卷三	今江蘇如皋縣
清道光年間 （1821～1850）	宋景定四年（1263）三月八日，封揚威侯（後附有敕書內容：「……邇年以來，飛蝗犯境，漸食嘉禾……民不能袪，吏不能捕，賴爾神力，掃蕩無餘，上感其恩，下懷其惠，爾故提舉江州太平興國宮，淮南江東西浙四制置使劉錡，今特敕封為揚威侯天曹猛將之神」）。	《茶餘客話》卷四	作者引自《怡庵雜錄》
清道光年間 （1821～1850）	……宋景定間建，即大猛將堂。神姓劉名銳，端平三年，知文州，死元兵難，亦作劉武穆錡，馮班作劉信叔，又作劉鞈，又作南唐劉仁瞻，……其封神敕命碑在靈巖山前豐盈莊，宋景定四年（1263）二月正書。	《吳門表隱》卷一	今江蘇蘇州
清光緒年間 （1875～1908）	景定四年（1263）三月八日，敕書備曰：「飛蝗犯境，民不能驅，吏不能捕，賴爾神力，掃蕩無遺，上感其恩，下懷其惠，爾故提舉江州太平興國宮，淮南江東西浙四制置使劉錡，今特敕封為揚威侯天曹猛將之神。」	《周莊鎮志》卷三	今江蘇周莊鎮
清光緒年間 （1875～1908）	宋景定四年（1263），上敕封劉錡為揚威侯天曹猛將之神，蝗遂殄災。	《鑄鼎餘聞》卷三	作者引自《怡庵雜錄》
清	宋景定四年（1263），封劉錡為揚威侯天曹猛將，有敕書云：「飛蝗入境，漸食嘉禾，賴爾神靈，剪災無餘。」	《釋神》卷四	作者引自《靈泉筆記》

分析這些資料，不難發現明清追述劉猛將信仰的由來，多尊崇劉猛將軍在淮南、兩浙一帶的驅蝗事蹟，作爲蝗神信仰的開端；然而此一事蹟，在南宋至元代是否已成爲普遍流傳的信仰，尚無法從宋元方志資料獲得直接印證。如元代延祐年間（1314～1320）的《四明志》，雖有猛將廟的記載，但其神祇是唐代李顯忠並非「劉猛將」。〔註89〕

　　南宋末年「劉猛將」信仰的出現，主要的根據文物，是一塊「封神敕命碑」，清代顧震濤《吳門表隱》曾記載說：「其封神敕命碑在靈岩山前豐盈莊」〔註90〕，可見「封神敕命碑」的實物確實存在。然碑文內容的眞實性如何〔註91〕，迄今尚無法斷定，不過《宋史・五行一下》載有：「景定三年（1262）八月，兩浙蝗」〔註92〕這一史事，與碑文中「邇年以來，飛蝗犯境……」〔註93〕的敘述十分吻合，可見其記事必有所本，不可輕忽。

　　從前述山東〈宋靈護廟碑〉碑文的記錄來看，宋代凡展現過顯靈驅蝗神蹟的廟宇，便具有封神的條件〔註94〕。所以，「劉猛將」因驅蝗的神蹟，受朝廷敕封的可能性極高，而驅蝗受封後的加持作用，又有助於「驅蝗神」威靈的強化〔註95〕。雖然祂被百姓們所傳頌、附會，以致轉型成爲專職克制蟲害的「驅蝗神」變遷過程，可能遲至宋元以後方才完成，但祂在南宋的出現卻是禳蝗信仰史上的里程碑。

　　從上述各種跡象來看，宋代面對日益頻繁的蝗災，朝廷與民間各自展開

〔註89〕　〔元〕袁桷，《延祐四明志》（臺北：大化書局，1980年），卷十五〈祠祀〉，頁20b。

〔註90〕　〔清〕顧震濤，《吳門表隱》（南京：江蘇古籍社，1986年），卷一，頁5。

〔註91〕　〔清〕李銘皖、馮桂芬，《光緒蘇州府志》（臺北：成文出版社，1970年），卷三十六〈壇廟祠宇〉，頁7a。其內文說：「亦係好事者僞撰，不足憑。」但從其內容來看，本文明顯是爲雍正皇帝辯護，並未對廟碑的眞僞進行考證。

〔註92〕　〔元〕脫脫，《宋史》，卷六十二〈五行一下〉，頁1359。飛蝗遷飛的距離，可達五百公里至一千五百公里之間；詳情可參郭郛、陳永林、盧寶廉，《中國飛蝗生物學》，頁389。

〔註93〕　車錫倫、周正良，〈驅蝗神劉猛將的來歷和流變〉，頁2～3。

〔註94〕　中央研究院史語所傅斯年圖書館藏，拓片編號：02288，〈宋靈護廟碑〉。由碑文所記的封神申請過程，可見「顯靈驅蝗」的神蹟，是其主神「王三十三太保」取得封號的重要因素。

〔註95〕　這種宋代地方神祇被賦予個別的神力並放大過程，可參考陸敏珍，〈從宋人胡則的神化看民間地方神祇的確立〉，《浙江社會科學》第六期（2003年11月），頁141～145、133；〔美〕韓森（Valerie Hansen）著，包偉民譯，《變遷之神：南宋時期的民間信仰》（杭州：浙江人民出版社，1999年），頁142～144。

不同的禳蝗措施，祭祀的對象主要有「蜡」、「醋神」以及各地神靈，祂們對蝗災都有抑制的法力。但習於「多靈驅蝗」的宋代社會，存在「唯靈是信」的信仰法則，靈不靈驗決定了神祇地位的高低，且宋人與神靈之間的關係，如同人間現實生活一般，神靈不再具有不可侵犯的地位，可以對祂興師問罪曉以大義，脅迫祂滿足群眾的需求，這些行為相較於前代，可謂得寸進尺。如浙江〈宋靈康廟碑〉記載當時台州臨海縣的地方官，求雨急切而將神像請入官衙，並威脅若「三日不雨，則毀廟」的不敬言行〔註96〕。洪邁在《夷堅志·乙志》卷八，也記載數則輕蔑神靈的故事，如〈秀州司錄廳〉記載他父親威脅神靈的話說：「吾每月朔望，以紙錢供大土地，何為反容外鬼？……明日當毀其祠」〔註97〕；同書〈海門鹽場〉則有因鬼怪作祟，遭惹管理鹽場的官吏怒斥神明道：「今與神約，……不然，投偶像於海中，焚祠伐樹，二者唯所擇」〔註98〕；再者〈鎮江都務土地〉也有因官酒變質，官員歸咎於神靈失職，要求神祇回復酒質的恐嚇事件：「今與神約，三日為期，返酒如初，當虔賽祀。否則撤屋毀像，舉而投諸江，二者惟命」〔註99〕這些紀錄都顯示人神之間距離拉近，可以討價還價。宋代的蝗神也是如此，從劉昌詩《蘆浦筆記》所載之〈祭蝗蟲文〉觀察：

> 維某年某月，右修職郎特差知壽春府安豐縣王希呂（孝宗乾道五年
> 進士，1169），謹以清酌之奠，祭於蝗蟲之神，而告之曰：「……縣
> 令則取詩人去螟之語，唐相捕蝗之命，以與蝗蟲從事，必盡殺之廼
> 止，無俾遺種於茲邑。蝗蟲有知，其聽縣令言。」〔註100〕

上文雖仿自唐代韓愈的〈祭鱷魚文〉，但作者勇於挑戰蝗蟲之神的權威，並威脅蟲神務若將蝗蟲捕殺殆盡，也表示蝗蟲之神地位的下降，功利主義的展現。除此之外，還有利用符咒驅蝗的現象，事見陸游〈仲秋書事〉詩中說道：

> 書生習氣盡驅除，酒興詩情亦已無。底怪今朝親筆硯，村鄉來請辟

〔註96〕 〔清〕黃瑞，《台州金石錄》（收錄《歷代碑誌叢書》第二十冊，南京：江蘇古籍出版社，1998年），卷五〈宋靈康廟碑〉，頁5a～b。其主神為東漢趙炳。

〔註97〕 〔宋〕洪邁，《夷堅志》，乙志卷八〈秀州司錄廳〉，頁250～251。洪邁（1123～1202），字景廬，別號野處。饒州鄱陽（今波陽縣）人。紹興年間（1131～1162）進士，官至端明殿學士，著有《容齋隨筆》和《夷堅志》。

〔註98〕 〔宋〕洪邁，《夷堅志》，丁志卷三〈海門鹽場〉，頁560～561。

〔註99〕 〔宋〕洪邁，《夷堅志》，補卷十五〈鎮江都務土地〉，頁1687。

〔註100〕 〔宋〕劉昌詩，《蘆浦筆記》，卷九〈祭蝗蟲文〉，頁4a～5a。劉昌詩，字興伯，江西清江人。寧宗開禧元年（1205）進士，著有《蘆浦筆記》。

蝗符。〔註101〕

陸游自認已喪失文人的氣息，無怪鄉親會跟他索取「避蝗符」。雖然此事可能是詩人的借喻，但反應了民間亦有巫祝，以符咒驅蝗的情況。

　　綜而論之，從宋代捕蝗法的發展來看，具有三項特色：依序是「重視蝗卵的掘除」、「法條由賞轉罰」以及「懲罰措施的嚴峻化」等。這種嚴苛化的發展趨勢，加重了官民生活的負擔，如官吏與百姓為了執行這些法規任務，不僅面臨繁重的捕蝗工作，更帶來額外的勞役、財物上的損失，這些苦不堪言的窘態，突顯宋代官吏的負擔沉重，以及民眾的艱困。面對如此痛苦的遭遇，致使宋代朝廷與民間，經常舉行禳蝗措施，藉以尋求慰藉安定人心，其祭祀對象有「蜡」、「醮神」和地方神靈，祂們對蝗災都有抑制的神力，但在「唯靈是信」現實需求的原則下，靈不靈驗將左右神祇的地位，宋人一開始是「請求」蝗神，或採用「賄賂」手段，都不靈往往轉求於其他神祇，此種功利主義的心態，促使南宋「劉猛將」信仰在巧合與有心人士的推動下，建立驅蝗專神的形象。雖然在文獻尚無法求證「劉猛將」是否為當代之「驅蝗神」，但他擁有驅蝗神力是不爭的事實，這也是明清時期驅蝗神「劉猛將」信仰流行的基礎。此外，從蝗神地位左遷，亦反應出捕蝗的務實做法，不僅拉近人們與蝗蟲之間的距離，還沖淡了蝗蟲的神秘感，更體會到人力和蝗災是可以抗衡的。雖然以當時有限的知識，尚無法理解蝗災發生的真正原因，但蝗災帶給宋代社會的衝擊，足以構成社會發展的阻礙，迫使知識份子進一步深化對蝗蟲的瞭解，這也時代進步的原動力之一。

〔註101〕〔宋〕陸游，《劍南詩稿》（臺北：世界書局，1986 年），卷七十八〈仲秋書事〉，頁 4b。

第六章 結 論

　　宋代承襲了前代對蝗蟲生態的觀察，在生物認知方面，又作了不少推展的貢獻，雖然宋人仍受制於傳統思維，延續蝗蟲化生的說法，但這些觀念的背後，卻也代表中國文化底層的相生、相化之理的深厚淵源。不僅如此，蝗蟲的生活史也被宋人應用在撲殺蝗蟲技術的改進，例如：對付成蟲採用火攻、對幼蟲採取溝捕以及掘卵滅種等等方法。

　　此外，宋代在治蝗的效率上，也有很大的進步，不僅擁有多種捕蝗的方法，更配合時間設計出一定程序的捕蝗模式。這種積極捕蝗的情形，宋代詩人戴栩在其〈捕蝗回奉化泊剡源有感〉詩中，為我們提供了例證，如「早擊暮遮夜秉火」[註1]一語，將當時日以繼夜撲殺蝗蟲的景況，生動刻劃下來。若歸納宋人採用的捕蝗方法，可知已涵蓋預防、積極、消極三個面向，如下表所示（表6-1）：

表 6-1：宋人捕蝗方法的分類

項目	1. 生物防治法	2. 環境防治法	3. 祭禱禳蝗法	4. 鳴金驅趕法	5. 捕蝗易錢法	6. 坎瘞火焚法	7. 掘卵滅蝗法
分類	預防措施		消極辦法		積極辦法		

首先是預防措施上，採取「生物防治」、「環境防治」二法；接著是蝗蟲成災之後的消極辦法，即「祭禱禳蝗」、「鳴金驅趕」二法；同時兼採的是以治本為主的積極作為，如「捕蝗易錢」、「坎瘞火焚」以及「掘卵滅蝗」三法循序

[註1] 〔宋〕戴栩，《浣川集》（臺北：臺灣商務印書館，1983年），卷二〈捕蝗回奉化泊剡源有感〉，頁6b。

漸進，以達到降低來年蝗災的復發機率。

　　若參酌宋人對蝗蟲的生物知識來分析，可整理如下表所示（表6-2）：

表6-2：宋人對捕蝗知識的應用

項　　目	所　應　用　的　蝗　蟲　知　識
1. 生物防治法	天敵（蛙類）
2. 環境防治法	食性（較不喜食麻豆類作物）、繁殖環境（陸田較水田適合繁殖）
3. 祭禱禳蝗法	自然抑制（雨、雪）
4. 鳴金驅趕法	蝗畏懼較大聲響（蝗蟲有聽器）
5. 捕蝗易錢法	生活史（卵、若蟲、成蟲）
6. 坎瘞火焚法	生物學特性（趨光性、若蟲跳躍行為）、飛蝗遇火則不能飛
7. 掘卵滅蝗法	生活史（多產特色、卵的型態）

由表中可以看出，比起前代的捕蝗措施，宋代的許多捕蝗方式，都有著進步
與成長。其中，宋人對捕蝗技術最大的貢獻，應是對蝗蟲生活史中「卵」的
防治，這是化被動（滅若蟲、成蟲）為主動（滅卵）的進階模式。再從另一
個角度來看，這些成長與進步，似乎與宋人對自然知識的增加有密切的關係，
如果對蝗蟲沒有深刻的認識，宋人是無法在前人的侷限下，發展出如此進步、
有效的捕蝗方法。

　　這些捕蝗措施代表著宋人對蝗蟲知識的成長，顯現宋代農民為求生存，
不得不拋開殺生的不安而全力撲滅蝗蟲；況且，官府亦明文規定〈除蝗條令〉，
迫使農民在威嚇利誘的政策下，不得不盡心致力於蝗蟲的捕殺工作，由此也
得以舒緩蝗災帶來的傷害。

　　值得注意的是，從宋人治蝗所留下來的文獻顯示：蝗蟲主要活動範圍在
於今日的海河平原、黃河中下游平原、淮河中下游平原、長江三角洲、皖南
丘陵以及浙江全境。這些地方的共同特點，是土地長期高密度的利用，因戰
禍連結，致使人戶流失田地荒蕪的情況下，蝗蟲危害幾乎常年可見。例如河
北兩路在遼宋長年戰爭時，造成河北兩路成為蝗害的發源地之一；而南宋的
淮南兩路、江南東路、兩浙西路在金宋戰爭後數十年內，也成為蝗害嚴重的
災區。以此觀之，古人對於「蝗者兵象」的經驗歸納，應有部份的因果關係，
有可能是荒廢農田成為蝗蟲的繁殖區，也可能是戰亂迫使農民逃離住所，導

致初期無人發覺蝗蟲的孳生，等到飛蝗出現時，已經來不及了，這些問題有待另行探討。就本論文所討論的範圍，可有下列幾點認識：

一、宋代對蝗蟲已有完整生活史的觀察

宋人對蝗蟲的孵化、羽化有很好的觀察記錄。他們已知曉蝗蟲有三種形態：第一是「卵狀」。蟲卵運用此形態越過冬季，若氣候嚴寒蝗蟲將無法鑽出地面，反之冬無雪（暖冬），則來年蝗蟲將出土爲害。第二是「蝻蟲」，即無翅之蝗。剛出生的時候，與螞蟻相像，但移動的方式是採用跳躍，不久之後即能長出翅膀。第三是「飛蝗」。當蝻蟲長翅飛天後，即成爲飛蝗，落地後有交合的繁殖行爲，並將卵產於土中約一寸深的地方。

由此可知，蝗蟲的一生，即卵、若蟲（蝻）及成蟲（飛蝗）等整個生命週期，在宋代都已有清楚的認識。此外，宋人尚發現鳥類、蛙類能捕食蝗蟲，是牠們的剋星。關於蝗蟲「抱草死」的特殊現象，則未能瞭解箇中原由，但已觀察到蝗蟲因寄生蟲病發而死亡的情況，並留下了記錄。

二、宋代對蝗災的態度已趨向務實

宋人已務實地面對蝗災的威脅，不再消極回應，而諸訴正面的作爲。宋代的蝗災生成說，雖仍有「天災」與「蟲災」兩種觀念，但持有「天災」思想的人們，並不反對大規模的捕殺蝗蟲，反而同樣會求諸神協助撲滅蝗害，誠然是一種務實的態度。

這兩種「蝗災觀」的匯合，代表宋人在治蝗的過程中，已體認蝗災與其它「天災」的性質不同，牠是可以抗衡的，正如董煟在其《救荒活民書‧捕蝗法》後所述：「右件（捕蝗法）雖不仁之術，倘不屏除，則遺種昌熾，誠何以堪？」[註2] 董煟的言論，正彰顯出宋人受蟲害所逼，爲求生存而捕殺蝗蟲的意志。宋人積極消滅蝗蟲，保障糧食生產的態度，有助於安定社會，這也是人定勝天觀念的展現。

三、宋代「掘卵滅蝗」已成爲蝗災防治的重心

宋代頻繁的捕蝗活動，使治蝗的技術精進，並發展出能日夜不停，接續施行的捕蝗模式，其中尤以「掘卵滅蝗法」的運用，是宋代最引以爲傲的成果。

〔註2〕〔宋〕董煟，《救荒活民書》，捨遺〈捕蝗法〉，頁7a。

翻開史籍的記載，宋人「掘卵」滅蝗的記錄，歷歷在目，可見其防治效果深受官民的信賴。再從「捕蝗易錢法」的兌換比例來觀察，「每蟲子一升，官細色穀斗二升。蝻蟲五升或飛蝗一斗，各給一升。」〔註3〕顯然官府重視蝗卵的防治，才會動用重金購賞。宋代學者高晦叟在《珍席放談》卷下，載有一則故事，可說明人們已瞭解「蝗卵」的危害程度：

> 韓魏公（韓琦，1008～1075）在相府。嘉祐中，畿邑多蝗，朝廷遣
> 使分行督捕。時一朝士還闕，見公面白：「縣雖有蝗，全不食稼。」
> 公識其言之佞也，遂問：「有遺種否？」佞者不期問此，遽對：「遺
> 種不無。」公曰：「但恐來年令嗣不及尊君。」其人慚而退。〔註4〕

故事中的宰相韓琦會特別詢問有無遺種，即知曉「蝗卵」不加以捕除，將形成新的禍害，故此語雖為調侃該官員的不盡職，但也透露「滅卵」的要求，是治蝗的必要項目之一。

四、宋代嚴酷的捕蝗法已構成社會的負擔

隨著宋代捕蝗規定的日趨細密，繁重的治蝗工作已成為官民的負擔。宋代不僅有官員因捕蝗受罪，甚有吏員因捕蝗過於勞累，而中暑死亡的實例。這些記載足以證明，捕蝗法規加諸在宋代官吏肩膀上的重擔，可謂相當沉重。再者，從資料中更可見到百姓因捕蝗而倍受折磨，他們接受官府的調遣，日以繼夜地捕殺蝗蟲，在辛勤捕蝗操勞中，還得忍受胥吏的勒索，倘若朝廷派內臣前來督捕，更須負擔額外的勞役。這些超額的勞務負擔，是造成宋代民間苦上加苦的原因。

由此可知，為何會有官吏視捕蝗為畏途，乃存心敷衍了事，也會有百姓鄉愿地隱匿災情，希望蝗蟲趕快散去。上述這些官民艱苦的遭遇，正是宋代執行捕蝗政策的真實寫照，同時也讓整個社會付出昂貴的代價。

綜而論之，從社會、經濟層面來看，蝗災對糧食、養蠶以及畜牧等生產活動，都造成嚴重的破壞，致使災區生產停頓，儲糧耗盡，百姓只得冒險離家，流向其他地區爭取存活機會，進而促使飢饉區域擴大，往往帶來更嚴重的社會問題。例如災民向外地流動時，其中的老人、小孩等弱勢人群，往往不幸死於路途，形成流殍滿野、飢饉相踵的景象，強壯者為了生存下去，迫

〔註3〕〔清〕徐松，《宋會要》，〈瑞異〉三之四二，哲宗元符元年十一月條，頁
　　　2125。
〔註4〕〔宋〕高晦叟，《珍席放談》（臺北：藝文印書館，1968年），卷下，頁3a。

於無奈，經常嘯聚成為一方盜賊，四處劫掠，造成社會動盪不安。這種情況的產生，經常危及整個宋代社會的安寧，所以宋人務實地採取大規模的撲殺工作，以減少蝗蟲對農業的破壞，但此舉卻也間接增加了他們對蝗蟲的認識。雖然宋代對蝗蟲的來由，仍舊受限於傳統思維的影響，承襲「蝗←魚」、「蝗←蝦」以及「沴氣化蝗」三種蝗蟲來由說。但當時的人們確實相信上述三種蝗蟲化生的現象，是存在的「事實」，只是到底是「魚」還是「蝦」，則仍舊有討論的空間，而這種哲學、科學之經驗累積的過程，也是研究中國歷史文化有趣的地方。

徵引書目

一、史　料

（一）史　籍

1. 〔漢〕班固，《漢書》，北京：中華書局點校本，1962 年。
2. 〔漢〕劉珍，《東觀漢記》，收入《中華古籍叢刊》，臺北：大西洋圖書公司，1968 年。
3. 〔南朝宋〕范曄，《後漢書》，北京：中華書局點校本，1965 年。
4. 〔唐〕房玄齡，《晉書》，北京：中華書局點校本，1974 年。
5. 〔後晉〕劉昫，《舊唐書》，北京：中華書局點校本，1975 年。
6. 〔宋〕司馬光，《資治通鑑》，北京：中華書局點校本，1956 年。
7. 〔宋〕李心傳，《建炎以來繫年要錄》，北京：中華書局據商務印書館國學基本叢書本重印，1988 年。
8. 〔宋〕李埴，《皇宋十朝綱要》，收入《宋史資料萃編》第一輯，臺北：文海出版社，1967 年。
9. 〔宋〕李燾，上海師範大學古籍整理研究所、華東師範大學古籍研究所點校，《續資治通鑑長編》，北京：中華書局點校本，1995 年。
10. 〔宋〕徐夢莘，《三朝北盟會編》，臺北：文海出版社據清光緒四年（1878）越東集印本縮印，1962 年。
11. 〔宋〕歐陽修，《新唐書》，北京：中華書局點校本，1975 年。
12. 〔宋〕歐陽修，《新五代史》，北京：中華書局點校本，1974 年。
13. 〔宋〕薛居正，《舊五代史》，北京：中華書局點校本，1976 年。
14. 〔元〕佚名，《宋史全文》，收入《景印文淵閣四庫全書》第三三〇～三三一冊，臺北：臺灣商務印書館據國立故宮博物院藏本影印，1983 年。

15. 〔元〕脫脫，《宋史》，北京：中華書局點校本，1977 年。

16. 〔清〕徐松，《宋會要輯稿》，北京：中華書局據民國二十五年（1936）前北平圖書館影印本複製重印，1957 年。

17. 〔清〕畢沅，《續資治通鑑》，北京：中華書局點校本，1957 年。

（二）政書、類書

1. 〔晉〕張華，《博物志》，收入《百部叢書集成・指海》第五函，臺北：藝文印書館據道光錢熙祚校刊子培讓培杰續刊本影印，1966 年。

2. 〔宋〕孔傳，《白孔六帖》，臺北：新興書局據明嘉靖壬午年（1522）刻本影印，1976 年。

3. 〔宋〕江少虞，《事實類苑》，收入《景印文淵閣四庫全書》第八七四冊，臺北：臺灣商務印書館據國立故宮博物院藏本影印，1983 年。

4. 〔宋〕李季，《乾象通鑑》，收入《續修四庫全書》第一〇五〇～一〇五一冊，上海：上海古籍出版社據北京圖書館藏明抄本影印，1997 年。

5. 〔宋〕李昉，《太平御覽》，臺北：新興書局據王雲五先生前請張元濟先生向日本借帝室圖書寮京都東福寺東京岩崎氏靜嘉堂文庫藏宋刊珍本重印，1959 年。

6. 〔宋〕李昉，《太平廣記》，臺北：新興書局，1968 年。

7. 〔宋〕孫奭，《律音義》，收入《續修四庫全書》第八六一冊，上海：上海古籍出版社，1997 年。

8. 〔宋〕祝穆，《古今事文類聚》，京都：中文出版社據明萬曆甲辰（1584）金谿唐富春精校補遺重刻本影印，1982 年。

9. 〔宋〕秦九韶，《數書九章》，收入《百部叢書集成・宜稼堂叢書》第五函，臺北：藝文印書館據清道光郁松年刊本影印，1967 年。

10. 〔宋〕潘自牧，《記纂淵海》，臺北：新興書局明據萬曆己卯年 1579 年刻本影印，1972 年。

11. 〔宋〕鄭居中，《政和五禮新儀》，收入《景印文淵閣四庫全書》第六四七冊，臺北：臺灣商務印書館據國立故宮博物院藏本影印，1983 年。

12. 〔宋〕謝深甫，《慶元條法事類》，收入《續修四庫全書》第八六一冊，上海：上海古籍出版社據北京圖書館藏清抄本影印，1997 年。

13. 〔宋〕謝維新，《古今合璧事類備要》，臺北：新興書局據明嘉靖丙辰年（1556）摹宋刻本影印，1971 年。

14. 〔宋〕蘇軾，《物類相感志》，收入《百部叢書集成・寶顏堂秘笈》第十四函，臺北：藝文印書館據中央圖書館藏明萬曆中繡水沈氏尚白原齋刻本影印，1965 年。

15. 〔元〕馬端臨，《文獻通考》，杭州：浙江古籍出版社據萬有文庫本影印，

1988 年。

16. 〔明〕方以智，《物理小識》，收入《景印文淵閣四庫全書》第八六七冊，臺北：臺灣商務印書館據國立故宮博物院藏本影印，1983 年。

17. 〔明〕李蘇，《見物》，收入《百部叢書集成・惜陰軒叢書》第七函，臺北：藝文印書館據清道光李錫齡輯刊本影印，1967 年。

18. 〔明〕徐光啓，《徐光啓集》，收入《中國農書叢刊》，臺北：明文書局，1986 年。

19. 〔明〕黃淮，《歷代名臣奏議》，臺北：臺灣學生書局據國立中央圖書館珍藏善本影印，1964 年。

（三）經書、子書

1. 〔漢〕王充，《論衡》，收入《百部叢書集成・漢魏叢書》第四函，臺北：藝文印書館據明程榮何允中清王謨輯刊本影印，1967 年。

2. 〔漢〕劉安，《淮南子》，臺北：臺灣中華書局據武進莊氏本校刊，1966 年。

3. 〔晉〕郭璞，《爾雅》，臺北：世界書局據景刊唐石經本縮印，1953 年。

4. 〔晉〕傅玄，《傅子》，收入《百部叢書集成・聚珍版叢書》第三十六函，臺北：藝文印書館據清乾隆敕刻武英殿聚珍本影印，1969 年。

5. 〔宋〕段昌武，《毛詩集解》，收入《景印文淵閣四庫全書》第七十四冊，臺北：臺灣商務印書館據國立故宮博物院藏本影印，1983 年。

6. 〔宋〕范處義，《詩補傳》，收入《景印文淵閣四庫全書》第七十二冊，臺北：臺灣商務印書館據國立故宮博物院藏本影印，1983 年。

7. 〔宋〕羅願，《爾雅翼》，收入《百部叢書集成・學津討原》第六函，臺北：藝文印書館據清嘉慶張海鵬輯刊本影印，1965 年。

8. 〔宋〕嚴粲，《詩輯》，收入《景印文淵閣四庫全書》第七十五冊，臺北：臺灣商務印書館據國立故宮博物院藏本影印，1983 年。

9. 〔宋〕蘇轍，《詩集傳》，收入《四庫全書珍本・六集》第十～十一冊，臺北：臺灣商務印書館據國立故宮博物院藏文淵閣四庫全書影印，1976 年。

10. 〔清〕郭慶藩，《莊子集釋》，臺北：國家出版社，1982 年。

11. 姜義華注譯，《禮記讀本》，臺北：三民書局，1997 年。

12. 楊伯峻，《列子集釋》，臺北：明倫出版社，1970 年。

（四）方志、地理書

1. 〔宋〕潛說友，《咸淳臨安志》，收入《中國方志叢書・華中地方・浙江省》第四十九號，臺北：成文出版社據清道光十年（1830）重刊本影印，

1970 年。

2. 〔宋〕談鑰，《嘉泰吳興志》，收入《宋元地方志三十七種》第十一冊，臺北：國泰文化事業有限公司據民國三年刊吳興先哲遺書本影印，1980 年。

3. 〔宋〕羅濬，《寶慶四明志》，收入《中國方志叢書・華中地方・浙江省》第五七四號，臺北：成文出版社據清咸豐四年（1854）甬上煙嶼樓徐氏刊本影印，1983 年。

4. 〔宋〕羅願，《淳熙新安志》，收入《景印文淵閣四庫全書》第四八五冊，臺北：臺灣商務印書館據國立故宮博物院藏本影印，1983 年。

5. 〔元〕袁桷，《延祐四明志》，收入《宋元地方志叢書》第九冊，臺北：大化書局據宋元明清刊本及影抄本影印，1980 年。

6. 〔明〕吳仕詮、黃汝金，《萬曆溧水縣志》，臺北：國立故宮博物院藏萬曆七年（1579）刊本。

7. 〔清〕李銘皖、馮桂芬，《光緒蘇州府志》，收入《中國方志叢書・華中地方・江蘇省》第五號，臺北：成文出版社據清光緒九年（1883）刊本影印，1970 年。

8. 〔清〕阮元，《兩浙金石志》，收入《歷代碑誌叢書》第十九冊，南京：江蘇古籍出版社據清道光四年（1824）廣東刊本影印，1998 年。

9. 〔清〕黃瑞，《台州金石錄》，收入《歷代碑誌叢書》第二十冊，南京：江蘇古籍出版社據民國五年（1916）劉氏嘉業堂刊本影印，1998 年。

10. 〔清〕楊宜崙修撰，《高郵州志》，收入《中國方志叢書・華中地方・江蘇省》第二十九號，臺北：成文出版社據清乾隆四十八年修清嘉慶十八年增補清道光二十五年（1845）重刊本影印，1970 年。

11. 〔清〕顧震濤，《吳門表隱》，南京：江蘇古籍社，1999 年。

12. 中央研究院史語所傅斯年圖書館藏，拓片編號：02288，〈宋靈護廟碑〉。

13. 馮煦等纂，《金壇縣志》，收入《中國方志叢書・華中地方・江蘇省》第十三號，臺北：成文出版社據民國十年（1921）刊本影印，1970 年。

（五）文集、筆記小說

1. 〔南朝梁〕任昉，《述異記》，收入《百部叢書集成・龍威秘書》第一函，臺北：藝文印書館據清乾隆馬俊良輯刊本影印，1968 年。

2. 〔唐〕白居易，《白香山詩集》，臺北：世界書局，1965 年。

3. 〔唐〕段成式，《酉陽雜俎》，收入《百部叢書集成・學津討原》第二十二函，臺北：藝文印書館據清嘉慶張海鵬輯刊本影印，1965 年。

4. 〔宋〕孔武仲，《清江三孔集》，收入《景印文淵閣四庫全書》第一三四五冊，臺北：臺灣商務印書館據國立故宮博物院藏本影印，1983 年。

5. 〔宋〕王令，《廣陵集》，收入《景印文淵閣四庫全書》第一一〇六冊，臺北：臺灣商務印書館據國立故宮博物院藏本影印，1983 年。

6. 〔宋〕王炎，《雙溪類稿》，收入《景印文淵閣四庫全書》第一一五五冊，臺北：臺灣商務印書館據國立故宮博物院藏本影印，1983 年。

7. 〔宋〕王應麟，《困學紀聞》，收入《四部叢刊》，臺北：臺灣商務印書館據上海涵芬樓景印江安傅氏雙鑑樓藏元刊本影印，1966 年。

8. 〔宋〕司馬光，《傳家集》，收入《景印文淵閣四庫全書》第一〇九四冊，臺北：臺灣商務印書館據國立故宮博物院藏本影印，1983 年。

9. 〔宋〕朱熹，《晦庵集》，收入《景印文淵閣四庫全書》第一一四三～一一四六冊，臺北：臺灣商務印書館據國立故宮博物院藏本影印，1983 年。

10. 〔宋〕朱熹，《詩集傳》，臺北：臺灣商務印書館據上海涵芬樓景印中華學習社借照日本東京岩崎氏靜嘉文庫藏宋本影印，1981 年。

11. 〔宋〕朱熹注，《詩經》，上海：上海古籍出版社，1987 年。

12. 〔宋〕何薳，《春渚紀聞》，收入《百部叢書集成·學津討原》第二十函，臺北：藝文印書館據清嘉慶張海鵬輯刊本影印，1965 年。

13. 〔宋〕呂祖謙，《呂氏家塾讀詩記》，臺北：新文豐出版公司據「商務依墨海金壺本排印」影印，1984 年。

14. 〔宋〕杜範，《清獻集》，收入《景印文淵閣四庫全書》第一一七九冊，臺北：臺灣商務印書館據國立故宮博物院藏本影印，1983 年。

15. 〔宋〕車若水，《腳氣集》，收入《百部叢書集成·寶顏堂秘笈》第十六函，臺北：藝文印書館據中央圖書館藏明萬曆中繡水沈氏尚白原齋刻本影印，1965 年。

16. 〔宋〕周密，《癸辛雜識》，收入《百部叢書集成·學津討原》第二十六函，臺北：藝文印書館據清嘉慶張海鵬輯刊本影印，1965 年。

17. 〔宋〕洪咨夔，《平齋文集》，臺北：臺灣商務印書館據上海涵芬樓景印常熟瞿氏鐵琴銅劍樓景宋鈔本闕卷以中華學藝社借照日本內閣文庫藏宋本重印，1981 年。

18. 〔宋〕洪邁，《夷堅志》，臺北：明文書局，1994 年。

19. 〔宋〕胡銓，《澹菴文集》，收入《景印文淵閣四庫全書》第一一三七冊，臺北：臺灣商務印書館據國立故宮博物院藏本影印，1983 年。

20. 〔宋〕范浚，《香溪集》，收入《景印文淵閣四庫全書》第一一四〇冊，臺北：臺灣商務印書館據國立故宮博物院藏本影印，1983 年。

21. 〔宋〕孫覿，《鴻慶居士集》，收入《景印文淵閣四庫全書》第一一三五冊，臺北：臺灣商務印書館據國立故宮博物院藏本影印，1983 年。

22. 〔宋〕徐元杰，《楳埜集》，收入《景印文淵閣四庫全書》第一一八一冊，

臺北：臺灣商務印書館據國立故宮博物院藏本影印，1983 年。

23. 〔宋〕徐照《芳蘭軒集》，收入《景印文淵閣四庫全書》第一一七一冊，臺北：臺灣商務印書館據國立故宮博物院藏本影印，1983 年。

24. 〔宋〕晁補之，《雞肋集》，臺北：世界書局據國立故宮博物院藏清乾隆四十三年（1778）鈔本影印，1986 年。

25. 〔宋〕真德秀，《西山先生真文忠公文集》，臺北：臺灣商務印書館據上海商務印書館縮印江南圖書館藏明正德刊本影印，1968 年。

26. 〔宋〕秦觀，《淮海集》，收入《景印文淵閣四庫全書》第一一一五冊，臺北：臺灣商務印書館據國立故宮博物院藏本影印，1983 年。

27. 〔宋〕袁燮，《絜齋集》，收入《景印文淵閣四庫全書》第一一五七冊，臺北：臺灣商務印書館據國立故宮博物院藏本影印，1983 年。

28. 〔宋〕高晦叟，《珍席放談》，收入《百部叢書集成·函海》第三函，臺北：藝文印書館據清乾隆李調元輯刊道光李朝夔重修補刊本影印，1968 年。

29. 〔宋〕寇宗奭，《本草衍義》，收入《百部叢書集成·十萬卷樓叢書》第三函，臺北：藝文印書館據清光緒陸心源校刊十萬卷樓叢書本影印，1968 年。

30. 〔宋〕張方平，《樂全集》，收入《景印文淵閣四庫全書》第一一〇四冊，臺北：臺灣商務印書館據國立故宮博物院藏本影印，1983 年。

31. 〔宋〕張師正，《括異志》，臺北：臺灣商務印書館據上海涵芬樓影印常熟瞿氏鐵琴銅劍樓藏景宋鈔本重印，1966 年。

32. 〔宋〕張師正，《倦游雜錄》，上海：上海古籍出版社，1993 年。

33. 〔宋〕莊綽，《雞肋編》，收入《唐宋史料筆記叢刊》，北京：中華書局，1997 年。

34. 〔宋〕郭祥正，《青山續集》，收入《景印文淵閣四庫全書》第一一一六冊，臺北：臺灣商務印書館據國立故宮博物院藏本影印，1983 年。

35. 〔宋〕陳造，《江湖長翁集》，收入《景印文淵閣四庫全書》第一一六六冊，臺北：臺灣商務印書館據國立故宮博物院藏本影印，1983 年。

36. 〔宋〕陸佃，《埤雅》，收入《百部叢書集成·五雅全書》，臺北：藝文印書館據明郎奎金輯刊五雅全書本影印，1967 年。

37. 〔宋〕陸游，《劍南詩稿》，臺北：世界書局據國立故宮博物院藏清乾隆四十三年（1778）鈔本影印，1986 年。

38. 〔宋〕章甫，《自鳴集》，收入《景印文淵閣四庫全書》第一一六五冊，臺北：臺灣商務印書館據國立故宮博物院藏本影印，1983 年。

39. 〔宋〕彭汝礪，《鄱陽集》，收入《景印文淵閣四庫全書》第一一〇一冊，臺北：臺灣商務印書館據國立故宮博物院藏本影印，1983 年。

40. 〔宋〕彭乘，《墨客揮犀》，收入《百部叢書集成・稗海》第三函，臺北：藝文印書館據明萬曆中會稽半埜堂商濬校刊稗海本影印，1965 年。

41. 〔宋〕曾敏行，《獨醒雜志》，收入《百部叢書集成・知不足齋叢書》第二函，臺北：藝文印書館據清乾隆鮑廷博校刊本影印，1966 年。

42. 〔宋〕程珌，《洺水集》，收入《景印文淵閣四庫全書》第一一七一冊，臺北：臺灣商務印書館據國立故宮博物院藏本影印，1983 年。

43. 〔宋〕黃榦，《勉齋集》，收入《景印文淵閣四庫全書》第一一六八冊，臺北：臺灣商務印書館據國立故宮博物院藏本影印，1983 年。

44. 〔宋〕楊萬里，《誠齋集》，收入《景印文淵閣四庫全書》第一一六〇～一一六一冊，臺北：臺灣商務印書館據國立故宮博物院藏本影印，1983 年。

45. 〔宋〕溫革，《分門瑣碎錄》，收入《續修四庫全書》第九七五冊，上海：上海古籍出版社據上海圖書館藏明抄本影印，1997 年。

46. 〔宋〕葉夢得，《避暑錄話》，收入《百部叢書集成・學津討原》第十九函，臺北：藝文印書館據清嘉慶張海鵬輯刊木影印，1965 年。

47. 〔宋〕董煟，《救荒活民書》，收入《百部叢書集成・珠叢別錄》第一函，臺北：藝文印書館據清道光錢熙祚校刊本影印，1966 年。

48. 〔宋〕趙令畤，孔凡禮點校，《侯鯖錄》，收入《唐宋史料筆記叢刊》，北京：中華書局，2002 年。

49. 〔宋〕趙汝愚編，北京大學中國中古史研究中心校點整理，《宋朝諸臣奏議》，上海：上海古籍出版社，1999 年。

50. 〔宋〕趙葵，《行營雜錄》，收入《百部叢書集成・古今說海》第六函，臺北：藝文印書館據明嘉靖陸楫輯清道光西山堂重刊陸氏儼山書院本影印，1966 年。

51. 〔宋〕趙蕃，《乾道稿》，收入《景印文淵閣四庫全書》第一一五五冊，臺北：臺灣商務印書館據國立故宮博物院藏本影印，1983 年。

52. 〔宋〕劉昌詩，《蘆浦筆記》，收入《百部叢書集成・知不足齋叢書》第十九函，臺北：藝文印書館據清乾隆鮑廷博校刊本影印，1966 年。

53. 〔宋〕劉宰，《漫塘集》，收入《景印文淵閣四庫全書》第一一七〇冊，臺北：臺灣商務印書館據國立故宮博物院藏本影印，1983 年。

54. 〔宋〕劉敞，《公是集》，收入《景印文淵閣四庫全書》第一〇九五冊，臺北：臺灣商務印書館據國立故宮博物院藏本影印，1983 年。

55. 〔宋〕樓鑰，《攻媿集》，收入《景印文淵閣四庫全書》第一一五二～一一五三冊，臺北：臺灣商務印書館據國立故宮博物院藏本影印，1983 年。

56. 〔宋〕歐陽修，《歐陽文忠公集》，臺北：臺灣商務印書館據上海涵芬樓

景印，1979 年。

57. 〔宋〕鄭獬，《鄖溪集》，收入《景印文淵閣四庫全書》第一〇九七冊，臺北：臺灣商務印書館據國立故宮博物院藏本影印，1983 年。

58. 〔宋〕戴栩，《浣川集》，收入《景印文淵閣四庫全書》第一一七六冊，臺北：臺灣商務印書館據國立故宮博物院藏本影印，1983 年。

59. 〔宋〕羅大經，《鶴林玉露》，收入《百部叢書集成‧稗海》第四函，臺北：藝文印書館據明萬曆中會稽半埜堂商濬校刊稗海本影印，1965 年。

60. 〔宋〕蘇舜欽《蘇學士集》，臺北：臺灣商務印書館據上海涵芬樓影印清康熙刊本重印，1979 年。

61. 〔宋〕蘇軾，《東坡全集》，收入《景印文淵閣四庫全書》第一一〇七～一一〇八冊，臺北：臺灣商務印書館據國立故宮博物院藏本影印，1983 年。

62. 〔宋〕蘇軾，孔凡禮點校，《蘇軾文集》，收入《中國古典文學基本叢書》，北京：中華書局，1986 年。

63. 〔宋〕蘇頌，《蘇魏公文集》，收入《景印文淵閣四庫全書》第一〇九二冊，臺北：臺灣商務印書館據國立故宮博物院藏本影印，1983 年。

二、近人著作

（一）專　書

1. 中國社會科學院歷史研究所資料編纂組，《中國歷代自然災害及歷代盛世農業政策資料》，北京：農業出版社，1988 年。

2. 王德毅，《宋代災荒的救濟政策》，臺北：中國學術著作獎助委員會，1961 年。

3. 朱恩林編，《中國東亞飛蝗發生與治理》，北京：中國農業出版社，1999 年。

4. 宋正海，《中國古代自然災異動態分析》，合肥：安徽教育出版社，2002 年。

5. 宋正海，《中國古代自然災異群發期》，合肥：安徽教育出版社，2002 年。

6. 宋正海、高建國、孫關龍、張秉倫等撰，《中國古代自然災異相關性年表總匯》，合肥：安徽教育出版社，2002 年。

7. 宋正海主編，《中國古代重大自然災害和異常年表總集》，廣州：廣東教育出版社，1992 年。

8. 周堯，《中國早期昆蟲學研究史》，北京：科學出版社，1957 年。

9. 周堯，《中國昆蟲學史》，西安：天則出版社，1988 年。

10. 孟昭華，《中國災荒史記》，北京：中國社會出版社，2003 年。

11. 夏凱齡等編，《中國動物志》，昆蟲綱第十卷，北京：科學出版社，1998年。

12. 夏凱齡等編，《中國動物志》，昆蟲綱第四卷，北京：科學出版社，1994年。

13. 姬慶文，《治蝗豐碑》，南京：江蘇文史資料編輯部，1995 年。

14. 馬世駿，《中國東亞飛蝗蝗區的研究》，北京：科學出版社，1965 年。

15. 張文，《宋朝社會救濟研究》，重慶：西南師範大學出版社，2001 年。

16. 張全明、王玉德，《中華五千年生態文化》，武漢：華中師範大學出版社，1999 年。

17. 張波、馮風、張綸、李宏斌等編，《中國農業自然災害史料集》，西安：陝西科學技術出版社，1994 年。

18. 張建明、宋儉，《災害歷史學》，武漢：湖北人民出版社，1998 年。

19. 張晉藩，《中國法制史》，臺北：五南圖書出版有限公司，1992 年。

20. 郭文佳，《宋代社會保障研究》，北京：新華出版社，2006 年。

21. 郭郛、陳永林、盧寶廉，《中國飛蝗生物學》，濟南：山東科學技術出版社，1991 年。

22. 陳正祥，《中國文化地理》，臺北：木鐸出版社，1983 年。

23. 陳高傭，《中國歷代天災人禍表》，上海：上海書店，1986 年。

24. 傅璇琮編，《全宋詩》，北京：北京大學出版社，1991～1998 年。

25. 程遂營，《唐宋開封生態環境研究》，北京：中國社會科學出版社，2002年。

26. 鄒逸麟，《黃淮海平原歷史地理》，合肥：安徽教育出版社，1993 年。

27. 鄒樹文，《中國昆蟲學史》，北京：科學出版社，1982 年。

28. 樂愛國，《儒家文化與中國古代科技》，北京：中華書局，2002 年。

29. 鄧雲特，《中國救荒史》，臺北：臺灣商務印書館，1987 年。

30. 薛梅卿，《宋刑統研究》，北京：法律出版社，1997 年。

31. 韓茂莉，《宋代農業地理》，太原：山西古籍出版社，1993 年。

32. 廊芷人，《陰陽五行及其體系》，臺北：文津出版社，1992 年。

33. 〔英〕李約瑟（Joseph Needham）原著，陳立夫主譯，《中華科學文明史》，臺北：臺灣商務印書館，1980 年。

34. 〔日〕道家信道，《華北の飛蝗》，北京：華北產業科學研究所華北農事試驗場（華北產業科學研究所調查報告第十四號），1943 年。

35. 〔日〕澤田瑞穗，《中國の民間信仰》，東京：工作舍，1982 年。

36. 〔美〕韓森（Valerie Hansen）著，包偉民譯，《變遷之神：南宋時期的民間信仰》，杭州：浙江人民出版社，1999 年。

（二）期刊、論文

1. 丁建軍、郭志安，〈宋代依法治蝗論述〉，《河北大學學報（社科版）》第五期（2005），頁 35～38。

2. 孔學，〈《慶元條法事類》研究〉，《史學月刊》第二期（2000），頁 40～47。

3. 孔學、李樂民，〈宋代全國性綜合編敕纂修考〉，《河南大學學報（社會科學版）》三十八卷四期（1998 年 7 月），頁 6～11。

4. 王涯軍、楊偉兵，〈宋代川峽四路荒政特點淺析〉，《貴州社會科學》第二期（1998），頁 93～97。

5. 王德毅，〈關於「慶元條法事類」〉，《食貨月刊》六卷五期（1976），頁 227～231。

6. 朱青海、黃玉芳，〈論中國古代生物循環變化思想〉，《華中農業大學學報（社科版）》第一期（2001），頁 45～48。

7. 朱清海、李思孟，〈中國古代生物循環變化思想初探〉，《自然辨證法通訊》第六期（2001），頁 47～54。

8. 吳滔、周中建，〈劉猛將信仰與吳中稻作文化〉，《農業考古》第一期（1998），頁 265～269。

9. 宋湛慶，〈宋元明清時期備荒救災的主要措施〉，《中國農史》第二期（1990），頁 14～22。

10. 李伯重，〈氣候變化與中國歷史上人口的幾次大起大落〉，《人口研究》第一期（1999），頁 15～19。

11. 李鳳蓀，〈捕蝗古法〉，《昆蟲與植病》第一卷（1933），頁 734～742。

12. 車錫倫、周正良，〈驅蝗神劉猛將的來歷和流變〉，收入《中國民間文化：稻作文化與民間信仰調查》（上海：學林出版社，1992 年），頁 1～21。

13. 周曉鐘，〈我國飛蝗災害的成因及防治〉，《生物學教學》第四期（2003），頁 29～30。

14. 施和金，〈論中國歷史上的蝗災及其社會影響〉，《南京師大學報（社會科學版）》第二期（2002），頁 148～154。

15. 倪根金，〈中國歷史上的蝗災及治蝗〉，《歷史教學》第六期（1998），頁 48～51。

16. 倪根金、趙艷萍，〈徐光啓〈除蝗疏〉「蝗蝦互變」思想真偽考〉，收入《中西文化會通第一人——徐光啓學術研討會論文集》（上海：上海古籍出版社，2006 年），頁 119～126。

17. 徐國棟，〈浙江省縣志蟲害記載之整理與推論〉，《浙江省昆蟲局年刊》第二號（1933），頁 332～363。

18. 徐碩俊，〈歐陽修答朱寀捕蝗詩（附跋）〉，《昆蟲與植病》第一卷（1933），頁 463～464。

19. 桂慕文，〈中國古代自然災害史概說〉，《農業考古》第三期（1997），頁 226～238。

20. 耿寶榮、蔡明章，〈虎紋蛙（Rana tigerina rugulosa）的食性與繁殖習性的研究〉，《福建師範大學學報（自然科學版）》第三期（1994），頁 92～96。

21. 張劍光、鄒國慰，〈唐代的蝗害及其防治〉，《南都學壇》第一期（1997），頁 32～35。

22. 張德二、陳永林，〈由我國歷史飛蝗北界記錄得到的古氣候推斷〉，《第四紀研究》第一期（1998），頁 12～19。

23. 曹驥，〈歷代有關蝗災記載之分析〉，《中國農業研究》第一卷第一期（1950），頁 57～64。

24. 郭郛，〈中國古代的蝗蟲研究的成就〉，《昆蟲學報》第二期（1955），頁 211～220。

25. 陳家祥，〈中國歷代蝗患之記錄〉，《浙江省昆蟲局年刊》第五號（1936），頁 188～241。

26. 陸人驥，〈中國歷代蝗災的初步研究——開明版《二十五史》中蝗災記錄的分析〉，《農業考古》第一期（1986），頁 311～324。

27. 陸敏珍，〈從宋人胡則的神化看民間地方神祇的確立〉，《浙江社會科學》第六期（2003 年 11 月），頁 141～145、133。

28. 章義和，〈關於中國古代蝗災的巫禳〉，《歷史教學問題》第三期（1996），頁 7～11。

29. 彭世獎，〈中國歷史上的治蝗鬥爭〉，《農史研究》第三輯（1983），頁 122～130。

30. 葉鴻灑，〈北宋儒家的自然觀〉，收入《國際宋史研討會論文選集》（保定：河北大學出版社，1992 年），頁 216～234。

31. 葉鴻灑，〈北宋的蟲災與處理政策演變之探索〉，《淡江史學》第十三期（2002），頁 205～228。

32. 遊修齡，〈中國蝗災歷史和治蝗觀〉，《華南農業大學學報（社會科學版）》第二期（2003），頁 94～100。

33. 鄒佩貞等，〈沼水蛙繁殖習性與食性的初步研究〉，《動物學雜誌》第二期（2003），頁 66。

34. 趙雲鮮，〈化生說與中國傳統生命觀〉，《自然科學史研究》第四期

（1995），頁 366～373。

35. 趙艷萍，〈中國歷代蝗災與治蝗研究述評〉，《中國史研究動態》第二期
（2005），頁 94～100。

36. 趙艷萍、倪根金，〈清代治蝗管理機制研究〉，《中國農史》第二期
（2007），頁 60～73。

37. 劉淦芝，〈中國飛蝗史〉，收入《中國科技史》上冊（臺北：銀禾文化，
1989 年），頁 242～267。

38. 鄭雲飛，〈中國歷史上的蝗災分析〉，《中國農史》第四期（1990），頁 38
～50。

39. 閻守誠，〈唐代的蝗災〉，《首都師範大學學報（社會科學版）》第二期
（2003），頁 12～18。

40. 〔日〕濱島敦俊，〈江南劉姓神雜考〉，《待兼山論叢》第二十四號
（1990），頁 1～18。

附錄：宋代蝗災發生記錄年表
（960～1279 A.D.）

時　　間			記　　載	出　　處
太 祖	建隆元年 （960）	七月	潭州蝗，遣使督官吏分捕。	《長編》卷
			潭州蝗。	《宋史‧五行一卜》 《文獻通考‧物異二十》
	建隆二年 （961）	五月	范縣蝗。	《宋史‧五行一下》
			濮州范縣蝗。	《文獻通考‧物異二十》
			濮州蝗。	《山東通志》卷三十三
	建隆三年 （962）	七月	深州螟蟲生。	《宋史‧五行一下》
			兗、濟、德、磁、洺五州蝗。	《長編》卷三
			兗、濟、德、磁、洺五州有蝝生。眞定府、深州螟蟲生。	《文獻通考‧物異二十》
		無月份 記載	河北、陝西、京東諸州旱、蝗，河北尤甚，悉蠲其租。	《長編》卷三 《宋史全文》卷一
			河北、陝西、京東諸州旱、蝗，悉蠲其租。	《續資治通鑑》卷二
	建隆四年 （963） 乾德元年 （963）	六月	潭、濮、曹、絳等州有蝗。	《宋史‧五行一下》
			潭、濮、曹、絳等州有蝗。懷州蝗生。	《文獻通考‧物異二十》
			絳州有蝗。	《山西通志》卷一百六十二
			潭、濮、曹、絳等州言有飛蝗在野，各命其長吏祭以牢醴，後皆言蝗不為災。	《長編》卷四 《宋史全文》卷一
			潭、濮、曹、絳蝗，命以牢祭。	《宋史‧太祖本紀》
		七月	懷州蝗生。	《宋史‧五行一下》

太 祖	乾德二年 （964）	四月	京東諸州螟蟲生。	《長編》卷六十
			相州螟蟲食桑。	《宋史・五行一下》 《文獻通考・物異二十》
		五月	昭慶縣有蝗，東西四十里，南北二十里。是時，河北、河南、陝西諸州有蝗。	《宋史・五行一下》
			趙州昭慶縣有蝗，東西四十裏，南北二十裏。是夏，河南、河北、陝西諸州皆蝗。	《文獻通考・物異二十》
		六月	河北、關西諸州蝗。	《長編》卷五
			河南北及秦諸州蝗，惟趙州不食稼。	《宋史・太祖本紀》
		無月份 記載	河南北蝗。	《河南通志》卷五
			陝西諸州有蝗。	《陝西通志》卷四十七
	乾德三年 （965）	七月	諸路有蝗。	《宋史・五行一下》
			諸路有蝗。淄州民韓贊斷手指以祭。	《文獻通考・物異二十》
	開寶二年 （969）	八月	冀、磁二州蝗。	《宋史・五行一下》
			眞定府、冀、磁州蝗。	《文獻通考・物異二十》
太 宗	太平興國元 年（976）	二月	詔：「開封府近年蝗旱，流民甚眾，委本府設法招誘，並令復業，只計每歲所墾田畝、桑棗輸稅，至五年復舊。舊所遺欠，悉從除免。違者，以所桑土許他人承佃，承佃人歲輸租調，亦如復業之制。民願歸業而官司邀滯者，許人陳告，犯者決配。」	《宋會要・食貨六九》
	太平興國二 年（977）	閏七月	衛州螟蟲生。	《宋史・五行一下》 《文獻通考・物異二十》 《河南通志》卷五
	太平興國 六年（981）	七月	延州、鄜、寧、河中大水，宋州蝗。	《宋史・太宗本紀》
			河南府、宋州蝗。	《宋史・五行一下》 《文獻通考・物異二十》
	太平興國七 年（982）	三月	唐州言北陽縣蝗生，飛鳥數萬食之皆盡。	《長編》卷二十三
			北陽縣蝗，飛鳥數萬食之盡。	《宋史・太宗本紀》
		四月	北陽縣螟蟲生，有飛鳥食之盡。滑州螟蟲生。是月，大名府、陝州、陳州蝗。	《宋史・五行一下》
			唐州北陽縣螟蟲生，有飛鳥食之盡。河南府、滑州螟蟲生。	《文獻通考・物異二十》
		五月	大名府言蝗生。……陝州言蝗生。	《長編》卷二十三
			大名府、陝州、陳州蝗。	《文獻通考・物異二十》

太	太平興國七年（982）	五月	陝州蝗。	《宋史‧太宗本紀》《續資治通鑑》卷十一《山西通志》卷一百六十二
		七月	陽穀縣蝗	《宋史‧太宗本紀》
			陽穀縣蝻蟲生。	《宋史‧五行一下》
			鄆州陽穀縣蝻蟲生。	《文獻通考‧物異二十》
		九月	邠州言蝗食稼。	《長編》卷二十三
			邠州蝗。	《宋史‧太宗本紀》
	太平興國九年（984）	七月	泗州蝝蟲食桑。	《文獻通考‧物異二十》
	雍熙二年（985）	四月	天長軍蝝蟲食苗。	《文獻通考‧物異二十》
	雍熙三年（986）	七月	鄄城縣有蛾、蝗自死。	《宋史‧五行一下》
			濮州鄄城縣有蝗俄自死。	《文獻通考‧物異二十》〔萬曆〕《兗州府志》卷二一
		無月份記載	濮州蝗。	《宋史‧太宗本紀》
			鄄城蝗。	《山東通志》卷三十三
	端拱元年（988）	二月	會運旱蝗，太宗以水旱失度、陰陽乖戾咎在宰相，遂罷為右僕射。	《宋史全文》卷三
	淳化元年（990）	四月	鄆州中都縣蝻蟲生。	《文獻通考‧物異二十》
		七月	淄澶濮州、乾寧軍有蝗；滄州蝗蝻蟲食苗；棣州飛蝗自北來，害稼。	《宋史‧五行一下》
			單州碭山縣蝗。曹州濟陰縣有蝗自北來，飛亙大，有聲。	《文獻通考‧物異二十》
		無月份記載	曹、單二州有蝗，不為災。	《宋史‧太宗本紀》
			淄州蝗。	《山東通志》卷三十三
宗	淳化二年（991）	潤二月	鄄城縣蝗。	《宋史‧太宗本紀》
		三月	上以歲旱蝗，……翌日而雨，蝗盡死。	《長編》卷三十二
			上以歲旱蝗，……翌日而雨，蝗盡死。	《宋史全文》卷四
			亳州蝻蟲生，遇雨而死。	《文獻通考‧物異二十》
			三十日，帝以歲蝗旱，減損常膳，並禱羣望，而甘澤未應，降手詔曰：「宰相呂蒙正與參知政事等共於文德殿前築一臺，朕當暴露於其上，三日不雨，卿等當焚朕以答天譴。」蒙正等惶恐，共匿詔書，不宣布于外。未幾而膏澤沾足，飛蝗盡死。	《宋會要‧禮十八》

太	淳化二年（991）	三月	帝以歲旱蝗，……翼日而雨，蝗盡死。	《續資治通鑑》卷十五
		四月至六月	大旱蝗。	《河南通志》卷五
		六月	楚丘、鄆城、淄川三縣蝗	《宋史‧太宗本紀》
			淄、澶、濮州，乾寧軍並蝗生。	《文獻通考‧物異二十》
		七月	乾寧，蝗。	《宋史‧太宗本紀》
			寧邊軍有蝻，滄州蝻蟲食苗，棣州有飛蝗自北來，害稼。	《文獻通考‧物異二十》
	淳化三年（992）	六月	有蝗自東北來，蔽天，經西南而去。	《長編》卷三十三《宋史全文》卷四《續資治通鑑》卷十六
			飛蝗自東北來，蔽天，經西南而去。	《宋史‧太宗本紀》
			京師有蝗起東北，趣至西南，蔽空如雲翳日。	《宋史‧五行一下》
			京師有蝗起東北趣西南，蔽空如雲翳日。	《文獻通考‧物異二十》
		七月	許、汝、兗、單、滄、蔡、齊、貝八州蝗。	《宋史‧太宗本紀》
			貝、許、滄、沂、蔡、汝、商、兗、單等州，淮陽軍、平定、彭城軍，蝗、蛾抱草自死。	《宋史‧五行一下》
			貝、許、滄、沂、蔡、汝、商、兗、單等州，淮陽、平定、靜戎軍蝗俄抱草自死。	《文獻通考‧物異二十》
			平定軍蝗、蛾抱草自死。	《山西通志》卷一百六十二
宗	至道二年（996）	六月	亳州蝗。	《宋史‧太宗本紀》
			亳州、宿密州蝗生，食苗。	《宋史‧五行一下》
			亳、宿、密州蝗生，食苗。	《文獻通考‧物異二十》
		七月	許、宿、齊三州蝗抱草死。	《宋史‧太宗本紀》
			長葛、陽翟二縣有蝻蟲食苗。歷城、長清等縣有蝗。	《宋史‧五行一下》
			許州長葛、陽翟二縣有蝻蟲食苗。齊州歷城、長青等縣有蝗。	《文獻通考‧物異二十》
			歷城、長清二縣蝗。	《山東通志》卷三十三
		八月	密州言蝗不為災。	《宋史‧太宗本紀》
	至道三年（997）	七月	單州蝻蟲生。	《宋史‧五行一下》《文獻通考‧物異二十》

眞	景德元年（1004）	八月	陝、濱、棣州蝗害稼，命使振之（據《文獻通考‧物異二十》，改列爲八月）。	《宋史‧眞宗本紀》
			陝、濱、棣州蟲（蝗）害稼。	《文獻通考‧物異二十》
	景德二年（1005）	六月	京東諸州螟蟲生。	《宋史‧五行一下》《文獻通考‧物異二十》
		無月份記載	京東螟生。	《宋史‧眞宗本紀》
	景德三年（1006）	八月	德、博蝝生。	《宋史‧五行一下》
			河北轉運使言德、博州有蝗，不爲災。	《長編》卷六十三
			德、博州蝝生。	《文獻通考‧物異二十》
		無月份記載	博州蝝，不爲災。	《宋史‧眞宗本紀》
			密州莒縣蝗。	《山東通志》卷三十三
	景德四年（1007）	九月	宛丘、東阿、須城三縣蝗。	《宋史‧五行一下》
			陳州、宛邱、鄆州、東阿須城等縣，蝗不害稼，抱草死。	《長編》卷六十六
			陳州、宛邱縣、鄆州、東河須城二縣蝗。	《文獻通考‧物異二十》
		無月份記載	宛丘、東阿、須城縣蝗，不爲災。	《宋史‧眞宗本紀》
宗	大中祥符二年（1009）	五月	雄州螟蟲食苗。	《宋史‧五行一下》《文獻通考‧物異二十》
	大中祥符三年（1010）	六月	開封府言咸平、尉氏縣螟蟲生。	《長編》卷七十三
			開封府尉氏縣螟蟲生。	《宋史‧五行一下》
			開封府咸平、尉氏二縣螟蟲生。	《文獻通考‧物異二十》
			開封府尉氏螟蟲生。	《河南通志》卷五
	大中祥符四年（1011）	五月	陝西旱蝗。	《陝西通志》卷八十四
		六月	祥符縣蝗。	《宋史‧五行一下》
			開封府言祥符縣有飛蝗。	《長編》卷七十六
			開封府祥符縣有蝗。	《文獻通考‧物異二十》
			河南蝗。	《河南通志》卷五
		七月	河南府言有蝗，自死，不害稼。……京東轉運使言蝗生，食苗葉，不傷穗。	《長編》卷七十六
			河南府及京東蝗生，食苗葉。	《宋史‧五行一下》《文獻通考‧物異二十》
		八月	開封府言，咸平、中牟二縣蝗。	《長編》卷七十六

眞 宗	大中祥符四 年（1011）	八月	開封府祥符、咸平、中牟、陳留、雍丘、封丘六縣蝗。	《宋史·五行一下》
			開封府祥符、咸平、中牟、陳留、雍邱、封邱六縣蝗生。	《文獻通考·物異二十》
		無月份 記載	畿內蝗。	《宋史·眞宗本紀》
	大中祥符九 年（1016）	六月	李士衡言：「……又蝗飛空中，有身首斷而殞者，有自潰其腹，有小蟲食之者，斯乃妖不勝德，而示茲異也。」	《長編》卷八十七
			京畿蝗。	《長編》卷八十七
			知陳州馮拯言：「境內有蝗，尋遣官祭告，焚捕已盡，田稼無害。近頻得雨，麥菽滋茂。」	《長編》卷八十七
			京畿、京東西、河北路蝗蝻繼生，彌覆郊野，食民田殆盡，入公私廬舍。	《長編》卷八十八 《宋史·五行一下》 《文獻通考·物異二十》
			京畿、京東西、河北路蝗蝻繼生，食民田殆盡。	《宋史全文》卷六
			京畿蝗。	《宋史·眞宗本紀》 《續資治通鑑》卷三十二
			十六日，詔：「昨緣蝗旱，今始得雨，諸處務開公事比常年更延一月，八年以前婚、田等事未得受理，俟豐稔如舊。」	《宋會要·刑法三》
			先是京畿、京東、西、河北路蝗生，彌覆郊野（據《續資治通鑑長編》卷八十八、《宋史·眞宗本紀》，推估爲六月）。	《續資治通鑑》卷三十三
		七月	中使自嵩山來，言蝗飛至山南，遇雨悉殞於澗中，殆數千斛。河東轉運使言潞州致祭，蝗悉飛出境，鄰州或祭或驅，皆漸殞散。	《長編》卷八十七
			飛蝗過京城。	《長編》卷八十七
			上謂宰臣曰：「中使自兗州來，言飛蝗所至，不食禾苗，唯食豆葉殆盡。……京中蝗蝻頗多，聞城西隅有田家，粟止數畝，蝗至，相顧而泣，俄悉飛去無傷。亦有豪族設長塹埋瘞而益多者。」	《長編》卷八十七
			開封府言祥符縣赤岡村蝗附草而死者數里，擷其草來上。	《長編》卷八十七
			京兆府、華州並言田穀滋茂，蝗飛越境有自死者。上曰：「諸州奏牘多云飛往西北，朕慮聚於山谷，蝻蟲滋多，宜令河東轉運使陳堯佐規度焚窖，無使復生。」	《長編》卷八十七

眞 宗	大中祥符九 年（1016）	七月	中使任守忠言自河東至，……行次潞州，惟襄垣縣有蝗飛度，不爲災。	《長編》卷八十七
			又相州言安陽縣有蝗抱草而死者，約十餘里。磁、華、瀛、博等州並言蝗不爲災。	《長編》卷八十七
			王旦等曰：「前月（七月）蝗飛度河北，鄉民方備焚撲，連日西北勁風，由是不及遠，自澶以北，少害稼者。今麻豆堅實，不復爲慮矣。」	《長編》卷八十七
			（飛蝗）過京師，群飛蔽空，延至江、淮南，趨河東，及霜寒始盡。	《長編》卷八十八
			飛蝗過京城。	《宋史全文》卷六
			分命內臣與轉運使、諸洲通判、職官按規視蝗傷苗稼以聞，仍悉除其租。	《宋史全文》卷六
			開封府祥符縣，蝗附草死者數里。……以畿內蝗下詔戒郡縣。	《宋史·眞宗本紀》
			過京師，群飛翳空，延至江、淮南，趨河東，及霜寒始絕。	《宋史·五行一下》
			過京師，群飛翳空，至淮南，趨河東，及霜寒始斃。	《文獻通考·物異二十》
			二十一日，詔以蝗災，遣官於二十五日祀九宮貴神。王旦曰：「九宮貴神是大祀，前七日當受誓戒。若以二十五日祀，則於禮不備。」帝曰：「可擇日依典禮施行。」	《宋會要·禮十九》
			飛蝗過京城。	《續資治通鑑》卷三十三
			蝗蝻趨河東，及霜寒始斃（據《宋史·五行一下》，應爲七月）。	《山西通志》卷一百六十二
		八月	中使張文昱等言：「分路檢視蝗傷民田，河南府密縣所傷千二百戶，偃師四百戶，永安三百戶，隸州、順安軍不食禾，博州、通利軍以霜寒悉斃於田野間。」	《長編》卷八十七
			磁、華、瀛、博等州蝗不爲災。	《宋史·眞宗本紀》
			中使張文昱等，言分路檢視，蝗傷民田約十之一二。	《續資治通鑑》卷三十三
			華州蝗不爲災。	《陝西通志》卷四十七
		九月	侍御史李行簡使陝西還，言關外蝗傷民田，登實者十之七。	《長編》卷八十八
			虢州言飛蝗越境，秋稼豐茂。	《長編》卷八十八
			并州言秋稼豐稔，蝗不爲害。	《長編》卷八十八

眞	大中祥符九年（1016）	九月	博州蝗旱，民有訴而州縣抑輸常賦，運司不爲之理。	《長編》卷八十八
			青州言飛蝗投海死，海水所激，積於岸側僅百里。	《長編》卷八十八
			令諸路轉運使督民焚捕蝗蝻，無使滋育。	《宋史全文》卷六
			督諸路捕蝗。……戊辰，青州飛蝗赴海死，積海岸百餘里。	《宋史・眞宗本紀》
			博州蝗旱，民有訴而州縣抑輸常賦，轉運司不爲之理，詔遣官按視蠲之。	《宋會要・食貨七〇》
			十八日，詔：「諸路州縣七月以後訴災傷者，准格例不許，今歲蝗旱，特聽收受。」	《宋會要・刑法三》
			詔：「諸州蝗旱，今始得雨，方在勸農，罷諸營造。」	《續資治通鑑》卷三十三
			青州言飛蝗投海死。	《續資治通鑑》卷三十三
		十月	七日，詔京東、淮南蝗旱，所傷田據遣官按定合放分數外，所納稅物三分以下者，並與倚閣，四分以上者，便放一分。	《宋會要・食貨七〇》
		無月份記載	上謂宰相曰：「朕以去歲（大中祥符九年）蝗旱，秋稼不稔，夙夜驚懼，未嘗暫忘。……」	《宋史全文》卷六
宗	天禧元年（1017）	二月	開封府及京東、陝西、江、淮、兩浙、荊湖路百三十州軍，並言二月後蝗蝻食苗。	《長編》卷八十九
			開封府、京東西、河北、河東、陝西、兩浙、荊湖百三十州軍，蝗蝻復生，多去歲蟄者。和州蝗生卵，如稻粒而細。	《宋史・五行一下》
			開封府、京東西、河北、河東、陝西、江、淮兩浙、荊湖百三十州軍，蝗蝻複生，多去歲蟄者。和州蝗生卵，如稻粒而細。	《文獻通考・物異二十》
			兩浙蝗蝻。	〔雍正〕《浙江通志》卷一百八
			開封府及東京、陝西、江、淮、兩浙、荊湖路百三十州軍，並言二月後蝗蝻食苗。	《續資治通鑑》卷三十三
			河北、河東，蝗蝻復生，多去歲蟄者。	《山西通志》卷一百六十二
			兩浙蝗蝻，民飢。	〔同治〕《湖州府志》卷四十四 〔光緒〕《嘉興府志》卷三十五 〔光緒〕《烏程縣志》卷二十七 〔光緒〕《余姚縣志》卷七 〔民國〕《杭州府志》卷八十二

眞	天禧元年（1017）	三月	入內高班王懷正言眞州銅山去年蝗蟄，今春稍有飛者，兼生蝻虫。命本州設祭焚捕。	《長編》卷八十九
			和州言蝗生卵，狀如稻粒差細。	《長編》卷八十九
			宿州言靈壁鎮蝗蟲生。	《長編》卷八十九
		四月	河北轉運使寇瑊言懷、衛州有蝻蟲，即已焚捕。	《長編》卷八十九
			陝西言陝、解等州蝻蟲生。	《長編》卷八十九
			昇州言蝻蟲生。	《長編》卷八十九
			宰臣王旦言：「漕、濟、徐、鄆、廣濟、淮陽六州軍船運上供斛斗歲課三十七萬石，緣歲蝗旱，望免夏稅一料支移。」從之。	《宋會要·食貨七〇》
		五月	入內供奉官邵文雅言懷、衛、邢、洺州焚捕蝗蟲並盡。	《長編》卷八十九
			京兆府言捕瘞蝗蟲並盡。	《長編》卷八十九
			諸路蝗食苗，詔遣內臣分捕，仍命使安撫。	《宋史·眞宗本紀》
			二十日，開封府等路並言二月後蝗蝻食苗。詔遣使臣與本縣官吏焚捕，每五州命內侍一人提舉之。	《宋會要·瑞異三》
			詔曰：「仍歲之內，蝗旱爲災，……」	《宋會要·瑞異三》
			詔曰：「仍歲之內，蝗旱爲災，稼事靡登，流民相屬，託居人上，情用惻然。……」	《宋會要·職官四一》
		六月	陝西、江、淮路並言部內蝗蝻抱草木死及大風吹入海。	《長編》卷九十
			知蘇州梅詢言飛蝗入境，悉於叢薄間抱枝幹僵死，又羣飛投太湖。	《長編》卷九十
宗			陝西、江淮南蝗，並言自死。	《宋史·眞宗本紀》
			江、淮大風，多吹蝗入江海，或抱草木僵死。	《宋史·五行一下》《文獻通考·物異二十》
			陝西言蝗自死。	《陝西通志》卷四十七
	天禧元年（1017）	七月	以蝻虫再生，分遣官禱京城宮觀寺廟，仍令諸州軍於公署設祭。	《長編》卷九十
			知永興軍寇準言部內民稼蝗傷之後，莖葉再茂，蝗多抱草死。	《長編》卷九十
			詔開封府、河北路經蝗蟲傷處，夏稅特延限一月，孤貧者倚閣之。	《長編》卷九十

眞 宗	天禧元年 （1017）	七月	以蝗蝻再生，遣官分禱京城宮觀、寺廟，仍令諸州軍於公署設祭壇。	《續資治通鑑》卷三十三
		八月	二十七日，帝謂宰臣等曰：「如聞諸處牧地，近緣蝗旱乏草。昨經大雨，皆復生，不妨蓄牧。」	《宋會要・兵二四》
		無月份 記載	虢州蝗災。	《宋史全文》卷六
			時仍歲旱蝗。	《宋史全文》卷六
			諸路蝗，民飢。	《宋史・眞宗本紀》
			荊州蝗蝻生。	《湖廣通志》卷一
			陝西蝗蝻復生，多去歲蟄者。	《陝西通志》卷四十七
仁 宗	天禧二年 （1018）	四月	江陰軍言蝻蟲生，捕之已盡，詔獎其官屬。	《長編》卷九十一
			江陰軍蝻蟲生。	《宋史・五行一下》 《文獻通考・物異二十》
		無月份 記載	免衛州民三年科率，以蝗旱流移，新復業故也。	《長編》卷九十四
仁 宗	天聖五年 （1027）	七月	邢州言蝗。	《長編》卷一百五
			甲寅，趙善言蝗自邢州南來，才二頃餘，不食苗。	《長編》卷一百五
			邢洺州蝗。	《宋史・仁宗紀》
			邢、洺州蝗。甲寅，趙州蝗。	《宋史・五行一下》
			邢、洺州蝗。甲寅，趙州蝗，不食苗。	《文獻通考・物異二十》
			十六日，趙州言：「蝗自邢州南纔二頃餘，不食苗。」帝謂輔臣曰：「但慮州郡所奏不實爾，其遣官按視之，速捕瘞以聞。」	《宋會要・瑞異三》
		九月	二日，御史知雜王曙言：「伏覩敕命，塞疊河口，竊惟濮、衛之郊，連苦水旱，趙、魏之境，昨經蝮蝗，倘加役使，重益困窮。……」	《宋會要・方域一四》
		十一月	陝西體量安撫王沿等言，京兆府旱蝗，乞減長安等四縣秋稅十之三，咸陽等九縣十之二，從之。	《長編》卷一百五
			以陝西旱蝗，減其民租賦。	《宋史・仁宗本紀》
			京兆府旱蝗。	《宋史・五行一下》 《文獻通考・物異二十》
			以陝西旱蝗，減其民租賦。	《陝西通志》卷八十四

仁 宗	天聖五年 （1027）	無月份 記載	京兆府、邢洺州蝗。	《宋史・仁宗本紀》
	天聖六年 （1028）	五月	河北、京東蝗。	《長編》卷一百六 《宋史・五行一下》 《文獻通考・物異二十》
			河北蝗。	《山西通志》卷一百六十二
		九月	河北轉運使楊嶠言：「真定民杜簡等狀稱：近年水旱蝗災，被豪富之家將牛利斛斗倚質桑土。」	《宋會要・食貨一》 《宋會要・食貨六三》
	明道元年 （1032）	十月	濠州蝗。	《文獻通考・物異二十》
	明道二年 （1033）	七月	詔開封府界、京東西、河北、河東、陝西蝗，其除民田租，仍免差官檢覆，亟令改之。	《長編》卷一百十二
			開封界、京東西、河北、河東、陝西蝗。	《文獻通考・物異二十》
			二十五日，詔曰：「比年以來，蝗旱作沴，群國交奏，日月相仍，豈朕德之不明，將天時之適爾？夙夜循省，咎實在予。……」	《宋會要・禮四九》
		無月份 記載	明道二年，（范雍）以戶部侍郎知陝州，踰月，移京兆府。其年諸道旱蝗，人復疾疫，於關中爲甚，百姓轉于溝壑。	《范文正集》卷十三
			詔去歲飛蝗所至遺種。令民掘蝗子，每一升給菽米五升。	《宋史全文》卷七
			畿內、京東西、河北、河東、陝西蝗。	《宋史・仁宗本紀》
			河南北蝗。	《河南通志》卷五
			河東蝗。	《山西通志》卷一百六十二
			陝西蝗。	《陝西通志》卷四十七
			陝西蝗，遣使安撫，除民租。	《陝西通志》卷八十四
	景祐元年 （1034）	六月	開封府、淄州言蝗。	《長編》卷一百十四
			開封府、淄州蝗。諸路募民掘蝗種萬餘石。	《宋史・五行一下》 《文獻通考・物異二十》
		無月份 記載	開封府、淄州蝗。	《宋史・仁宗本紀》
			淄州蝗。	《山東通志》卷三十三
	寶元二年 （1035）	六月	曹、濮、單三州蝗。	《長編》卷一百二十三 《宋史・五行一下》
			曹、濮、單州蝗（原無月份記載，據《續資治通鑑長編》卷一百二十三、《宋史・五行一下》改列六月）。	《宋史・仁宗本紀》

仁	寶元二年（1035）	六月	曹、濮、單三州蝗（原記載為元年，據《續資治通鑑長編》卷一百二十三、《宋史・五行一下》改列二年六月）。	《文獻通考・物異二十》
		無月份記載	曹州蝗。	《山東通志》卷三十三
	康定元年（1040）	十二月	詔天下諸縣，凡撲飛蝗遺子一升者，官給以米荳三升。	《長編》卷一百二十九
			十二日，詔：「天下諸縣凡掘飛蝗遺子一升者，官為給米豆三斗。」	《宋會要・瑞異三》
		無月份記載	四年（改年號為康定），淮南旱蝗。是歲，京師飛蝗蔽天。	《宋史・五行一下》
	慶曆元年（1041）	無月份記載	京師飛蝗蔽天。	〔康熙〕《開封府志》卷三十九
	慶曆三年（1043）	無月份記載	江淮倫賊（指「王倫」）之後，繼以饑蝗。	《長編》卷一百四十三
			伏見淮南、江、浙經春少雨，麥田半損，蝗蝻復生。	《長編》卷一百四十五
			江、淮之間，去年（慶曆三年）王倫蹂踐之後，人戶不安生業，倫賊纔滅，瘡痍未復，而繼以飛蝗，自秋至春，三時亢旱。	《長編》卷一百四十七
宗	慶曆四年（1044）	一月至三月	詔淮南比年穀不登，今春又旱蝗，其募民納粟與官，以備賑貸。	《長編》卷一百四十九
			上謂輔臣曰：「方歲旱而飛蝗滋甚，百姓何罪而罹此！默禱上帝，願歸咎於眇躬。」	《長編》卷一百五十
			（范仲淹）今夏蝗秋潦。	《長編》卷一百五十一
			春，淮南旱蝗。是歲，京師飛蝗蔽天。	《文獻通考・物異二十》
		六月	上謂輔臣曰：「歲旱而飛蝗滋甚，百姓何罪而罹此？默禱上帝，願歸咎於眇躬。」（原無月份記載，據《宋會要》，〈瑞異〉三之四一，仁宗慶曆四年六月條，頁2124。改列為六月）	《宋史全文》卷七
			二十四日，帝謂輔臣曰：「方歲旱，而飛蝗滋甚，百姓何罪，而罹此！朕默禱上帝，願歸咎于眇躬。」章得象對曰：「臣不能輔理宣化，以致災孽于民，而貽陛下憂。今聖言及此，必有以上通天意之應。」	《宋會要・瑞異三》
			汴京大旱蝗。	《河南通志》卷五

仁 宗	慶曆七年 （1047）	十一月	赦書：「開封府界今秋經水災，體量殘稅、諸人吏當均納欠負官物者，河北、京東經河災及淮南蝗爲害，今年倚閣夏稅者，并秋稅減放外，及荊湖南路經蠻傜俇踐，予差役頻併處六年以前倚閣殘稅，并貸糧支諸處官乾渡錢，並除之。」	《宋會要・食貨七〇》
		無月份記載	是時，江、淮歲歉，丹陽復苦蝗孽，公（錢彥遠）募民捕掘蝗子，以常平粟計升斗易之，焚瘞殆盡。	《蘇魏公文集》卷五十二
	皇祐五年 （1053）	一月至六月	詔自春陟夏，蝗旱爲災，其令監司諭親民官訪民間利害以聞。	《長編》卷一百七十五
			十月九日，詔：「春夏以來，蝗旱于災，民間利害有未達者。其令諸路轉運、提點刑獄司徧諭新（應爲「親」）民官採訪以聞。」	《宋會要・帝系九》
		十月	詔：以蝗旱，令監司諭親民官上民間利害（原無月份記載，據《宋會要》，〈帝系〉九之一三，仁宗皇祐五年十月條，頁199。改列十月）。	《宋史・仁宗本紀》
		十一月	四日，赦：「應諸路昨經蝗蝻、水旱爲災，並等第體量減放稅數。」	《宋會要・瑞異三》
		十二月	十五日，又詔：「今年十一月四日赦書，應諸路昨經蝗蝻水旱爲災去處，已經體量減放稅數外，其第四等已下人戶殘欠稅物，並與倚閣。今後但納及七分已上者，方爲殘欠，永爲定制。」	《宋會要・食貨七〇》
		無月份記載	建康府蝗。	《宋史・五行一下》
宗	至和元年 （1054）	無月份記載	至和改元之一年，有蝗不知自何來。	《廣陵集》卷四
	嘉祐五年 （1060）	無月份記載	詔以蝗潦相仍，敕轉運使、提點刑獄督州縣振濟，仍察不稱職者。	《宋史・仁宗本紀》
英 宗	治平三年 （1066）	無月份記載	（司馬光）今歲災異尤甚，……飛蝗害稼。	《長編》卷二百八
	治平四年 （1067）	四月	治平四年四月十四日，京東西、陝府西（應爲「陝西」）、河北等路安撫轉運司奏：「乞賑濟灾傷州軍。」詔從其請。因諭其有蝻虫生長打撲未盡去處，亦仰躬親提舉，早令去除盡靜。如人戶披訴夏稅灾傷，便仰差官體量減放，更不檢覆。	《宋會要・瑞異三》

神	熙寧元年（1068）	無月份記載	秀州蝗。	《宋史・五行一下》《文獻通考・物異二十》〔光緒〕《嘉興府志》卷三五
			湖州蝗。	〔光緒〕《歸安縣志》卷二七
	熙寧三年（1070）	無月份記載	兩浙旱蝗。	〔光緒〕《杭州府志》卷八十二
	熙寧四年（1071）	無月份記載	抃至青州，時京東旱蝗，蝗將及境，遇風，退飛墮水而盡，青州無害（據《乾道臨安志》卷三、《續資治通鑑長編》卷二百三十六及《續資治通鑑長編拾補》卷七，推估到任時間因在北宋熙寧四年）。	《長編》卷二百十八
	熙寧五年（1072）	閏七月	御史張商英言：「……今大名府，祁、保、邢、莫州，順安、保定軍所奏凡四十九狀，而三十九狀除捕未盡，……且蝗蝻幾遍河朔，……」御批：「近亦據瀛州安撫司奏：『本司近據轄下諸州縣申到飛蝗蝻蟲，遂具奏，並準進奏院遞回，稱近制安撫司不得奏災傷。』……」	《長編》卷二百三十六
			御史張商英言：「……今大名府，祁、保、邢、莫州，順安、保定軍所奏凡四十九狀，而三十九狀除捕未盡，……且蝗蝻幾遍河朔，……」（此條誤爲閏十月，據《續資治通鑑長編》卷二百三十六，更正爲閏七月）。	《宋史全文》卷十二上
		無月份記載	河北大蝗。	《長編》卷二百四十一《宋史・五行一下》《文獻通考・物異二十》
			河北蝗。	《河南通志》卷五
宗	熙寧六年（1073）	四月	上批：「聞河北諸郡有蝗蝻，可令監司督官吏撲滅。」	《長編》卷二百四十四
			河北諸路蝗。是歲，江寧府飛蝗自江北來。	《宋史・五行一下》《文獻通考・物異二十》
			二十四日，上批：「聞河北諸郡有蝗蝻，可令監司督官吏撲滅。」	《宋會要・瑞異三》
	熙寧七年（1074）	一月至六月	自春至夏無雨，河北路皆蝗。民多餓殍。	〔光緒〕《寧津縣志》卷十一
		四月	詔開封府界提點司督責諸縣捕蝗，得雨即時以聞。	《長編》卷二百五十二
			三日，詔：「開封府界提點司督責諸縣捕蝗，得雨即時以聞。」六日雨。	《宋會要・瑞異三》

		四月至六月	開封府界及河北路蝗。	《宋史・五行一下》《文獻通考・物異二十》
神	熙寧七年（1074）	六月	中書奏，自應天至淮以南有蝗，已得旨差官監捕。	《長編》卷二百五十四
			上批：「聞河北路有蝗害稼，而所在多以未至滋盛，不即加意剪撲，其次第以聞。」又批：「訪聞陳留等縣，下戶已是闕食，縣官又不許百姓披訴，多行決罰，人情惶擾，極為可憂。」乃詔開封府界、淮南路提點提舉司遍檢覆蝗旱災傷，甚者具合賑卹事以聞。賜米十五萬石賑給河北西路災傷。	《長編》卷二百五十四
			是月，開封府界提點司言咸平縣有鸜鵒食蝗蝻。	《長編》卷二百五十四
		七月	詔京東路監司各具有飛蝗州軍及所撲滅、所害田苗分數以聞。	《長編》卷二百六十六
			熙甯甲寅（熙寧七年）秋七月，予（孔武仲）將漕江南，艤舟於長蘆之川。登高而望，見群飛而至者，若焜若瀾，若人軍之塵，自西而東，前後十餘里相屬不絕。野夫奔走相告曰：「蝗至矣。」	《清江二孔集》卷十七
			詔河北兩路捕蝗。又詔開封淮南提點、提舉司檢覆蝗旱。	《宋史・神宗本紀》
			咸平縣鸜鵒食蝗。	《宋史・五行一下》《文獻通考・物異二十》
			咸平縣鸜鵒食蝗（原無月份記載，據《宋史》，卷六十二〈五行一下〉，頁1357。改列七月）。	《河南通志》卷五
			二十七日，上批：「聞河北兩路有蝗害稼，而所在多以未至滋盛，不即加剪撲。可指揮轉運、提點刑獄、安撫司嚴責當職官併力剪撲，具次第以聞。」	《宋會要・瑞異三》
宗		無月份記載	又言宣城縣化成圩去歲（熙寧七年）旱蝗，而令佐不受訴狀，乞檢放二分。	《長編》卷二百六十一
	熙寧八年（1075）	三月至六月	祠部郎中趙鼎言：「京東自夏秋旱蝗相仍，民被災流徙者十六七，雖檢放租稅，而一縣通較，類不及五分，蓋恐礙倚閣青苗本息。……」	《長編》卷二百六十九
		八月	詔：「有蝗處委縣令佐親部夫打撲。如地里廣闊，分差通判、職官、監司提舉。仍募人得蝻五升或蝗一斗，給細色穀一升；蝗種一升，給麤色穀二升・給價錢者，依中等實直。……」	《長編》卷二百六十七

神宗	熙寧八年（1075）	八月	手詔：「聞陳、潁州蝗蝻所在蔽野，初無官司督捕，致重複孳生，自飛蝗已降，大小凡十餘等。……」	《長編》卷二百六十七
			募民捕蝗易粟，苗損者償之，仍復其賦。	《宋史・神宗本紀》
			淮西蝗，陳、潁州蔽野。	《宋史・五行一下》《文獻通考・物異二十》
			三日，詔：「有蝗蝻處，委縣令佐親部夫打撲。如地里廣闊，分差通判職官監司提舉。仍募人得蝻五升或蝗一斗給細色穀一升；蝗種一升，給麤色穀二升。給價錢者依中等實直。仍委官視燒瘞，監司差官覆按以聞。即因穿掘打捕，損苗種者，除其稅，仍計價官給地主錢穀，毋過一頃。」六日，上批：「聞陳、潁州蝗蝻所在蔽野，初無官司督捕，致重復孳生。自飛蝗已降，大小凡十餘等，雖自此漸得雨澤，麥種亦未敢下。蓋懼苗出即為所食，根亦隨壞。若至秋深，播種失時，則來歲夏田又無望矣。公私之間，實非細故。其令京西北路監司、提舉司嚴督官吏速去除之，仍具析不督捕因依以聞。」	《宋會要・瑞異三》
		無月份記載	司農寺主簿王古言，奉詔體訪淮、浙今歲旱蝗，私稼無望，民必艱食，乞豫為備也。	《長編》卷二百六十六
			（蔡承禧）今歲江、淮大旱，畿甸蝗蝻。	《長編》卷二百六十八
			是歲（熙寧八年），奏計，上問曰：「如聞滁、和民食蝗以濟，有之乎？」秉對：「有之。民飢甚，死者相枕籍。」上慘然曰：「獨趙抃為朕言與卿合。」（據《宋史全文》卷十二上、嘉泰《會稽志》，推估為熙寧八年）	《長編》卷二百八十二
			是歲（熙寧八年）奏計，上問曰：「如聞滁、和民食蝗以濟，有之乎？」秉對：「有之。民飢甚，死者相枕籍。」上慘然曰：「獨趙抃為朕言與卿合。」（據《續資治通鑑長編》卷二百八十二、嘉泰《會稽志》，推估為熙寧八年）	《宋史全文》卷十二上
	熙寧九年（1076）	一月至三月	開封府畿、京東、河北、陝西蝗。	《宋史・五行一下》《文獻通考・物異二十》
		五月	四日，詔司農寺：「訪聞諸路州軍蝻蟲率皆生長，除開封府界嚴緊打捕盡靜外，令逐路轉運、提刑、提舉倉司緊行督促當職官監轄打撲盡靜，仍仰轉運司依條覆視訖以聞。」	《宋會要・瑞異三》

神	熙寧九年（1076）	七月	上批：「自關以西，秋稼頗有順成之望。近忽生蝗蝻蚜蚄，可令監司速分定州軍，往來督趣官吏打撲靜定以聞。」	《長編》卷二百七十七《宋史全文》卷十二上
			關以西蝗蝻、蚜蚄生。	《宋史・神宗本紀》
			六日，詔：「訪聞自關以西，今秋苗稼頗有順成之望。但日近忽有蝗蝻蚜蚄蟲生，為害極甚。可令永興軍等路轉運、提刑等司分往州軍，督促當職官吏打撲盡靜以聞。」	《宋會要・瑞異三》
		無月份記載	今淮甸、兩浙、江東西、湖南北州縣，仍歲旱蝗，陂澤竭涸，野無青草，人戶流散，窮荒極敝，事可憂痛。	《長編》卷二百七十六
	熙寧十年（1077）	三月	詔州縣捕蝗。	《宋史・神宗本紀》
		五月	詔：「諸路言蝻蟲生，宜申嚴條約，下當職官殛除絕之。」	《長編》卷二百八十二
			詔：「諸路言蝻蟲生，宜申嚴條約，下當職官除絕之。」	《宋史全文》卷十二上
	元豐二年（1079）	二月	二十一日，詔：「諸路為春闕雨，慮生蝗蝻害田。其令河北、陝西、京東西等路監司常戒州縣撲滅，毋致孳生。」	《宋會要・瑞異三》
	元豐三年（1080）	四月	十七日，詔：「西北諸路久旱，慮蝻蟲漸生。其令轉運司督州縣撲滅，毋致孳長。」	《宋會要・瑞異三》
宗	元豐四年（1081）	六月	詔河北諸郡蝗蝻漸熾，可專委東路提舉官李宜之督捕。	《長編》卷三百十三
			詔：「聞河北飛蝗極盛，漸已南來，速令開封府界提舉司、京東西路轉運司遣官督捕，仍告諭州縣收穫先熟禾稼。」	《長編》卷三百十三
			詔命提點開封府界諸縣鎮公事楊景略、提舉開封府界常平等事王得臣分詣諸縣，提舉捕蝗。	《長編》卷三百十三
			河北諸郡蝗生。癸未，命提點開封府界諸縣公事楊景略、提舉開封府界常平等事王得臣督諸縣捕蝗。	《宋史・神宗本紀》
			河北蝗。秋，開封府界蝗。	《宋史・五行一下》《文獻通考・物異二十》
			三日，詔：「河北諸郡蝗蝻漸熾，可專委東路提舉官李宜之督捕。」二十七日，詔提舉開封府界諸縣鎮公事楊景略、提舉開封府界常平等事王得臣分詣諸縣提舉捕蝗。	《宋會要・瑞異三》
			河北蝗。	《山西通志》卷一百六十二

神 宗	元豐五年 （1082）	一月至 三月	又蝗。	《宋史·五行一下》
			又蝗。	《文獻通考·物異二十》
		四月	詔開封府界提點司速捕絕螟蟲，毋令害 稼。	《長編》卷三百二十五
			三日，詔開封府界提點司速捕絕蝗蟲， 毋令害苗稼。	《宋會要·瑞異三》
宗	元豐六年 （1083）	一月至 三月	又蝗。	《宋史·五行一下》 《文獻通考·物異二十》
		五月	沂州蝗。	《宋史·五行一下》 《文獻通考·物異二十》
		七月	詔：「開封府界諸縣螟虫猥多，今田稼就 成，恐害豐稔，宜令提點刑獄范峋親督 人夫速芟除之。」	《長編》卷三百三十七
			十日，詔：「聞開封府界諸縣螟蟲猥多， 今田稼既成，恐害豐稔。宜令提點刑獄 范峋親督人夫速剪除之。」	《宋會要·瑞異三》
哲	紹聖二年 （1095）	無月份 記載	大旱蝗，詔公奉使安撫江淮。	《澠水燕談錄》補遺
宗	元符元年 （1098）	八月	高郵軍言飛蝗抱草死。	《長編》卷五百一 《文獻通考·物異二十》
			高郵軍蝗抱草死。	《宋史·五行一下》
徽	建中靖國 元年（1101）	八月	二十一日，臣寮言：「府界近京各有被 旱、蝗去處，及江、淮、兩浙、福建路 亦有旱災去處。其監司、郡守或不以聞， 或雖聞而不敢盡以實告。州縣承望轉運 司意旨，不肯依法受接人戶訴狀。望指 揮諸路轉運使司，應今後實有被災傷人 戶，並專責守、令依法受訴。提舉司依 條檢察施行。」從之。	《宋會要·食貨五九》 《宋會要·食貨六八》
		無月份 記載	京畿蝗。	《宋史·徽宗本紀》
宗	崇寧元年 （1102）	一月至 三月	開封府界、京東、河北、淮南等路蝗。	《宋史·五行一下》 《文獻通考·物異二十》
		閏六月	二十六日，尚書省言：「府界、京東、河 北、淮南等路蝗。」詔監宗（應為「官」） 督捕、官吏弛慢者劾治以聞。	《宋會要·瑞異三》
		無月份 記載	京畿、京東、河北、淮南蝗。	《宋史·徽宗本紀》
			湖州蝗。	〔光緒〕《歸安縣志》卷二十七

徽	崇寧二年 （1103）	七月	九日，詔：「府界諸路監司，前去親詣蝗蟲生發去處，監督當職官多差人夫、部押，併手打撲。本司及當職官，並仰專在地分，候打撲盡靜，方得歸任。人戶多方收打蝗蟲赴官，即時依條支給米穀。如官司阻節，許人戶經監司陳訴。」	《宋會要·食貨五九》 《宋會要·食貨六八》
			二十三日，臣僚言：「乞行酺祭，以弭蝗災。」詔太常寺檢舉。	《宋會要·瑞異三》
		無月份記載	諸路蝗。	《宋史·徽宗本紀》
			諸路蝗，命有司酺祭。	《宋史·五行一下》
			諸路蝗，令有司酺祭。	《文獻通考·物異二十》
			湖州蝗。	〔同治〕《湖州府志》卷四十四 〔光緒〕《烏程縣志》卷二十七
	崇寧三年 （1104）	無月份記載	諸路蝗。	《宋史·徽宗本紀》
			秋，杭州、富陽飛蝗蔽野，田禾俱盡；湖州、長興連歲大蝗。	〔同治〕《湖州府志》卷四十四 〔光緒〕《烏程縣志》卷二十七 〔光緒〕《長興縣志》卷九 〔民國〕《杭州府志》卷八十二 〔民國〕《富陽縣志》卷十五
			連歲（崇寧三年、四年）大蝗，其飛蔽日，來自山東及府界，河北尤甚。	《宋史·五行一下》
			連歲（崇寧三年、四年）大蝗，其飛蔽日，來自山東及府界，惟河北尤甚。	《文獻通考·物異二十》
			連歲（崇寧三年、四年）大蝗，其飛蔽日，山東、河北野無青草。	〔光緒〕《寧津縣志》卷十一
宗	崇寧四年 （1105）	無月份記載	連歲（崇寧三年、四年）大蝗，其飛蔽日，來自山東及府界，河北尤甚。	《宋史·五行一下》
			（崇寧三年、四年）連歲大蝗，其飛蔽日，來自山東及府界，惟河北尤甚。	《文獻通考·物異二十》
			（崇寧三年、四年）連歲大蝗，其飛蔽日，山東、河北野無青草。	〔光緒〕《寧津縣志》卷十一
			大蝗，其飛蔽日。	〔光緒〕《長興縣志》卷九
	宣和三年 （1121）	五月	淄州奏：「本州界四縣五鎮，自五月中有四向飛到蝗蟲，及鄰境間有蝗蝻遷逐入界，皆抱枝自乾，並不傷害田苗。本州界內禾稼成實。」	《宋會要·瑞異三》
		無月份記載	諸路蝗。	《宋史·徽宗本紀》 《宋史·五行一下》 《文獻通考·物異二十》

徽宗	宣和三年（1121）	無月份記載	諸路蝗（原文爲宣和二年，據《宋史‧徽宗本紀》及《宋史‧五行一下》應爲宣和三年）。	《山西通志》卷一百六十二
	宣和五年（1123）	無月份記載	蝗。	《宋史‧五行一下》
高宗	建炎二年（1128）	六月	命京畿、淮甸捕蝗。	《宋史全文》卷十六下
			京畿、淮甸蝗。	《宋史‧高宗本紀》
			京師、淮甸大蝗，令長吏修酺祭。	《文獻通考‧物異二十》
			二十四日，詔：「聞京師、淮甸等處飛蝗甚多，恐害田稼。可行下逐路轉運司差官疾速撲，限日近須管盡靜，仍具申尙書省。」	《宋會要‧瑞異三》
		七月	以春霖夏旱蝗，詔監司、郡守條上闕政，州郡災甚者蠲田賦。	《宋史‧高宗本紀》
	紹興二年（1132）	七月	十九日，詔：「州縣大水，飛蝗爲害，而最重之處，仰百姓自陳，州縣、監司次第驗寔，保明聞奏，量輕重予免稅租。」	《宋會要‧食貨六三》
	紹興廿九年（1159）	七月	盱眙軍、楚州金界三十里，蝗爲風所墮，風止，復飛還淮北。	《宋史‧五行一下》
			盱眙軍、楚州處界三十裏，蝗爲風所墜，風止，複飛回淮北，虜知天佑，自是不敢架。	《文獻通考‧物異二十》
		九月	蠲中下戶所欠稅賦及江、浙蝗潦州縣租。	《宋史‧高宗本紀》
			蠲江、浙蝗潦州縣租。	《浙江通志》卷七十五
孝宗	紹興三十年（1160）	十月	江浙郡國螟、蟓。	《宋史‧五行一下》
	紹興卅二年（1162）	六月	右正言袁孚言：「乃六月中旬，霖與累日，浙西州郡，以山水發洪，壞盧屋舟楫，而人被其害。近又聞江浙之間，飛蝗爲害。此二者同出一月之內，天其或者仁愛陛下之深，警戒陛下之切，欲陛下修德以應之呼？」	《宋史全文》卷三十二下
			蝗。	《宋史‧孝宗本紀》
			江東、淮南北郡縣蝗，飛入湖州境，聲如風雨。	《宋史‧五行一下》《文獻通考‧物異二十》
		七月	自（六月）癸巳至於七月丙申，偏於畿縣，余杭、仁和、錢塘皆蝗。丙午，蝗入京城。	《宋史‧五行一下》《文獻通考‧物異二十》

高宗	紹興卅二年（1162）	七月	三日，詔：「飛蝗自湖州安吉入臨安府界，令本路監司、守令詢究其實，檢照前後條令疾速施行。」從侍御史張震請也。	《宋會要・瑞異三》
			淮蝗飛入湖州，聲如風雨，餘杭、錢塘、仁和皆蝗。	〔雍正〕《浙江通志》卷一百八
		八月	山東大蝗。	《宋史・五行一下》
			山東大蝗江、淮諸道多食，令發廩萬石以振。癸丑，頒祭醮禮式。	《文獻通考・物異二十》
			九日，詔：「以飛蝗爲害，令太常寺條具祭醮神禮施行。」	《宋會要・瑞異三》
孝宗	隆興元年（1163）	四月	十七日，詔令有蝗路分、轉運司督責州縣措置除蝗。	《宋會要・瑞異三》
			飛蝗自北來，蔽天有聲。	〔光緒〕《菏澤縣志》卷十八
		七月	以旱蝗、星變，詔侍從、臺諫，兩省自條上時政闕失。	《宋史・孝宗本紀》
			大蝗。	《宋史・五行一下》
			大蝗辛丑，詔群臣言闕失。八月丙子，上降次貶食，詔諸道蠲察冤，振災蠲賦，重匿災之罰，休息江、淮、襄、蜀科調，民忘凶年。。	《文獻通考・物異二十》
			十六日，詔以：「秋陽亢旱，飛蝗在野，星變數見，朕心懼焉。意者政令多有所闕，賞罰有不當。朕雖側身求應以實，卿等各思革正積弊，勿徇佞私，務塞災異之原，稱寅畏之意。」又令筒與侍從、臺諫、兩省官照會，仍依今月十二日已降指揮，各條具時政闕失聞奏。	《宋會要・帝系九》《宋會要・瑞異三》
			十九日，宰執陳康伯以旱、蝗、星變，抗章自列，詔不允。	《宋會要・瑞異三》
			大蝗襄隨尤甚。	《湖廣通志》卷一
高宗		八月	以災傷避殿減膳，降詔略云：「比日飛蝗益多……」癸未，起居郎胡銓上奏：「陛下憂災，避殿減膳，蝗蟲頓息。」	《宋史全文》卷二十四上
			以飛蝗、風水爲災，避殿減膳。	《宋史・孝宗本紀》
			飛蝗過都，蔽天日；徽、宣、湖三州及浙東郡縣，害稼。京東大蝗，襄、隨尤甚，民爲乏食。	《宋史・五行一下》
			飛蝗過都蔽天日，徽、宣、湖三州及浙東郡縣害稼遂下捕蝗之令。	《文獻通考・物異二十》

孝	隆興元年（1163）	八月	十七日，詔：「比日飛蝗益多，又聞諸路州縣風雨爲災，螣螟害稼，咎證罔測，朕甚懼焉。……」	《宋會要‧瑞異三》《宋會要‧食貨五九》《宋會要‧食貨六八》
			二十日，臣僚言：「州縣檢放災傷，奉行不虔，守令未嘗加意，十分災傷之處，檢放不及二三分。乞自今年八月三十日以後，再展限一月，州縣多出文牓曉示。應今年經水旱、蝗螟災傷去處，許人戶從實經縣陳理，不拘早晚收接。委縣令躬親同所差州官前去地頭檢視，著實分數，依條檢放。……」	《宋會要‧食貨一》《宋會要‧食貨六一》
			二十二日，車駕欲詣德壽宮上壽聖太上皇后壽，以蝗蟲避殿減膳，不當留宴，遂寢。從諫官陳良祐請也。	《宋會要‧瑞異三》
			飛蝗害稼，又有螟爲災。	〔光緒〕《蘭溪縣志》卷八
			飛蝗蔽天日，害稼。	〔光緒〕《長興縣志》卷九
		九月	京東大蝗，襄、隨蝗甚，民爲乏食。	《文獻通考‧物異二十》
			十八日，詔：「淮南、江東西、兩浙轉運司立便下所部州縣，遵依見行條法，捕收蝗子。……」	《宋會要‧瑞異三》
			二十八日，閤門言：「……繼以飛蝗，避正殿至今。近文武百僚上表請御正殿，已允所請。」	《宋會要‧儀制一》
		十月	二十七日，兵部尚書兼湖北、荊（應爲「京」）西路制置使虞允文言：「京西一路，今歲旱蝗。乞下本路常平司，候開春日，將所管常平、義倉米廣行賑濟。」從之（據《宋會要》，〈食貨〉五九之三九，孝宗隆興元年十月條，頁5858。改爲「京西路」）。	《宋會要‧食貨五八》
			二十七日，兵部尚書兼湖北、京西路制置使虞允文言：「京西一路，今歲旱蝗，乞下本路常平司，候開春日，將所管常平義倉米，廣行賑濟。」從之。	《宋會要‧食貨五九》
宗			二十七日，兵部尚書兼湖北、荊（應爲「京」）西路制置使虞允文言：「京西一路今歲旱蝗，乞下本路常平司，後（應爲「候」）開春日，將所管常平、義倉米廣行賑濟。」從之（據《宋會要》，〈食貨〉五九之三九，孝宗隆興元年十月條，頁5858。改爲「京西路」）。	《宋會要‧食貨六八》
		無月份記載	是歲，以兩浙大水、旱蝗。	《宋史‧孝宗本紀》
			兩浙水旱蝗悉蠲其租。（浙江）	《浙江通志》卷七十五

孝	隆興二年（1164）	三月	十日，詔：「徽州旱蝗爲災，可將常平、義倉米出糶賑濟。如本路州軍亦有似此去處，依此施行。」	《宋會要・食貨五八》《宋會要・食貨五九》《宋會要・食貨六八》
		四月至六月	餘杭縣蝗。	《宋史・五行一下》
			畿縣餘杭大蝗令漕臣察獄菹捕。	《文獻通考・物異二十》
			餘杭蝗。	〔雍正〕《浙江通志》卷一百八
		五月	蝗。	《宋史・孝宗本紀》
			二十三日，詔：「臨安府餘杭縣見有蝗蝻，雖已差撲除，恐所在冤獄，催促僕滅。」	《宋會要・瑞異三》
宗	乾道元年（1165）	六月	進呈右正言程叔達章論：「盧州申蝗蟲遺種生發，遍滿田野，損傷苗稼。」淮南轉運判官姚岳卻行申奏：「蝗自淮北飛渡前來，皆抱草木自死，仍封死蝗以進。」上曰：「岳敢以爲嘉祥，更欲錄付史館。可降一官放罷，爲中外佞邪之戒。」	《宋史全文》卷二十四上
			以淮南轉運判官姚岳言境內飛蝗自死，奪一官罷之。	《宋史・孝宗本紀》
			淮西蝗。	《宋史・五行一下》
			淮西蝗，憲臣姚岳貢死蝗爲瑞，上斥其佞，坐黜。	《文獻通考・物異二十》
			十五日，詔：「淮南運判姚岳以蝗死爲嘉祥，奏乞錄付史館，特降一官。」以右正言程叔達奏：「岳言蝗蟲自淮北飛渡前來，皆抱草木自死，首唱佞諛，務爲容悅之階。乞罷黜之，以警其餘。」故有是命。	《宋會要・瑞異一》
			十五日，有旨：「淮南運判姚岳以蝗死爲嘉祥，乞錄付史館，特降一官。以右正言程叔達奏：「岳申奏蝗蟲自淮北飛渡前來，皆抱草木自死，首唱佞諛，務爲容悅之階。乞賜罷黜，以警其餘。」故有是命。	《宋會要・瑞異三》
			十四日，左朝請大夫、淮南路轉運判官姚岳特降官放罷。以右正言程叔達論其妄申淮西蝗虫抱草木而死，欲以姦諛悅上意，故有是命。	《宋會要・職官七一》
			淮南運判姚岳，奏蝗自淮北飛度，皆抱草木自死。	《續資治通鑑》卷一百三十九
	乾道三年（1167）	無月份記載	兩浙水、江東西路蝗，賑之。	《江南通志》卷八十三

孝	淳熙元年（1174）	二月	正奉大夫、右丞相、兼樞密院使、兼太子少傅錢象祖等言：「臣等二月十四日，伏蒙宣諭臣等：『飛蝗大作，朕日夕憂懼，雖宮中連日祈禱，尚乃如故，恐有抑塞，上干和氣，凡合舉行之事，可條具聞奏。』……」	《宋會要・職官七八》
		四月	曹州濟陰縣有蝗，自北飛來，亘天有聲。	〔萬曆〕《兗州府志》卷三十一
		六月	十四日，禮部、太常寺狀：「準尚書省箚子節文，為飛蝗為災，合修祭醮，奉聖旨令禮部、太常寺日下申尚書省。數內所有飛蝗飛入他郡者，亦乞令戶部證開禧三年例禮行下州縣，依小祀儀式用酒醮，差守令說（應為「設」）位祭告行禮施行。伏乞朝廷速賜指揮施行。」詔從之。	《宋會要・職官七八》
		七月	都省箚子：「檢會七月二十五日詔：『屬者蝗螟為菑，朕軫念焦勞，省躬憂懼，減膳忘寢，未嘗頃刻自安。今秋以來，雖屢得雨，未盡蕩滌，紛飛蔽空，尚慮有傷禾稼，尤深震悼。已於宮中齋戒致禱，今再擇二十七日設醮保禳。不敢歸之時數，未知所以銷弭之方。其寬恤事件舉行未盡者，三省條具奏聞。仍令有司復修醮祭，及行下監司、守、令，凡飛蝗所到處去，並須精加祈禱，不得徒為文具。』」	《宋會要・職官七八》
宗	淳熙二年（1175）	五月	五日，都省箚子：「奉御筆：時雨未通，仰守令精誠祈禱，監司分遣清強官疏決獄訟，毋令淹滯。其有遺蝗復生去處，州縣舉行醮祭，多方捕除，不得具文。或守令貪殘，不能體朕卹民之意，併加按劾。諸軍將帥各務拊存士率（應為「辛」），如尚循舊習，敢行掊刻之政，並令御史臺覺察聞奏。」	《宋會要・職官七八》
			九日，臣僚奏：「……粵自兵興以來，飛蝗為災，農功隳廢，民食孔艱，流離載道。……比自春夏之交，蝗之餘孽漸復滋，所幸二麥登場，少回菜色。而今秋歲時，實為可慮。臣竊惟螟蝗之害，在去載已不可支，公私憂皇，上下匱乏，延頸企足，以覬一稔，豈應醜類又復縱橫，不即殄除，民夫何恃！臣謂飛蝗挺孽，乃天災之未殄，所為捕蝗之策，誠動民之要道、應天之急務，在今日不宜緩也。……」	《宋會要・職官七八》

孝	淳熙二年 （1175）	六月	十日，尚書省劄子：「勘會近有蝗蟲飛入府界，合行差官祭告醮神，劄付禮部、太常寺日下討論，申尚書省。今討論數內一，所有蝗蟲飛入府界者，亦乞令戶部照開熙（應為「禧」）三年禮例行下州縣，依小祀儀式，用酒醮一面，差首令設位祭告行禮。伏乞朝廷指揮施行。」詔從之。	《宋會要・職官七八》
	淳熙三年 （1176）	八月	淮北飛蝗入楚州、盱眙軍界，如風雷者逾時，遇大雨皆死，稼用不害。	《宋史・五行一下》
			淮北飛蝗楚州，盱眙軍界，如雲陣風雷者逾時，遇大雨皆死，稼用不害。	《文獻通考・物異二十》
			二日，楚州武鋒軍副都統制張宣言有蝗自淮北飛過淮南，遇大雨，皆抱草木。又二十日，有飛蝗自東北起過向西南去，蔽空如雲，陣若風雷。又二十一日，有飛蝗仕來，連日不絕，未聞傷食禾稼。上曰：「初不聞，不曾損傷禾稼否？」參知政事襲茂良等奏：「久聞淮北旱蝗，未敢深信，今乃果然。蝗過淮南，被雨即死，此非人力所能為，實天意也。」詔措置打撲，務令日下靜盡。	《宋會要・瑞異三》
			楚州界飛蝗，如雲陣風雷者逾時，大雨皆死，禾稼不害（原無月份記載，據《宋史》，卷六十二〈五行一下〉，頁 1358。改列八月）。	《淮安府志》卷二十五
		無月份記載	是歲，……江東西、湖南北路蝗，振之。	《宋史・孝宗本紀》
宗	淳熙七年 （1180）	三月	大旱蝗，民飢。	《江西通志》卷一百七
	淳熙九年 （1182）	五月	八日，中書門下省：「勘會飛蝗漸有滋長，合行祭告醮神。五月五日，詔令諸路轉運司、安撫司、提刑司、提舉司并江淮荊湖置制司、三總領所，各行下所部州縣，應有蝗蝻生發去處，守令日下癸（應為「祭」）告醮神，仍於在城靈應寺觀、神祠精加祈禱，務在速獲銷弭。城外分差官前去。及令督責州縣，疾速收捕淨盡，不得視為文具。」	《宋會要・職官七八》
			二十六日，臣僚言：「臣聞天之愛君，則時出災異之證；臣之愛君，則時陳警懼之說。……自入春暄，羽翼漸生，揖揖詵詵，不可勝數。若更滋長不已，其為禍豈不有甚於去歲耶！……」	《宋會要・職官七八》

孝	淳熙九年（1182）	六月	臨安府蝗，詔守臣亟加焚瘞。	《宋史・孝宗本紀》
			全椒、歷陽、烏江縣蝗。乙卯，飛蝗過都，遇大雨，墮仁和縣界。	《宋史・五行一下》
			滁州全椒縣、和州歷陽烏江縣蝗。乙卯，飛蝗過都，遇大雨，墮仁和界蘆蕩茅穗令徙瘞之。	《文獻通考・物異二十》
			二十二日，詔知臨安府王佐日下責委州縣疾速體訪蝗蟲飛落去處，並躬親前詣地頭監督，併力打撲，無致傷損禾稼。	《宋會要・瑞異三》
			二十二日，中書門下勘會日來稍有飛蝗，合行祭告醮神。詔行下諸路監司，督責州縣，委自守令，應有飛蝗去處，疾速捕逐，再行祭告醮神。	《宋會要・職官七八》
			飛蝗墮仁和縣界。	〔雍正〕《浙江通志》卷一百八
		七月	淮甸大蝗，眞、揚、泰州窖撲蝗五千斛，余郡日捕數十車，群飛絕江，墜鎮江府，皆害稼。	《宋史・五行一下》
			淮甸大蝗，其、揚、泰州窖撲蝗五千斛，餘郡日捕數十車，群飛絕江，墮鎮江府，皆害稼令淮、浙郡國捕除。	《文獻通考・物異二十》
宗			淮東、浙西蝗。壬子，定諸州官捕蝗之罰。	《宋史・孝宗本紀》
		八月	十四沼（應爲「日」），詔：「蝗發之處，令疾速措置撲除，務要靜盡。如將來尙有孳育，其所在守令不以去官，取旨責罰。」	《宋會要・瑞異三》
	淳熙十年（1183）	六月	蝗遺種于淮、浙，害稼。	《宋史・五行一下》
			淮、浙舊蝗遺育害稼。	《文獻通考・物異二十》
	淳熙十四年（1187）	七月	丙辰，命臨安府捕蝗，募民輸米振濟。	《宋史・孝宗本紀》
			仁和縣蝗。	《宋史・五行一下》
			畿縣仁和蝗蝗始生，令捕除之，不爲災。	《文獻通考・物異二十》
			十九日，臣僚言：「臨安府仁和縣管下蝗蝻生發，已有羽翼，及今未能高飛，尙可掩捕。」詔臨安府速措置施行，毋致滋長。	《宋會要・瑞異三》
光	紹熙元年（1190）	無月份記載	夔、利告蝗，發粟三萬石以賑夔之民，五萬石以賑利之民。	《誠齋集》卷一百二十三
宗	紹熙二年（1191）	七月	高郵縣蝗，至于泰州。	《宋史・五行一下》
			泰州蝗自高郵縣。	《文獻通考・物異二十》

光宗	紹熙五年（1194）	八月	楚、和州蝗。	《宋史‧五行一下》《文獻通考‧物異二十》
			權知和州程九萬言：「本州夏季以來久愆雨澤，旱勢已成，又有蝗蝻生發。……」	《宋會要‧食貨五八》
寧宗	嘉泰元年（1201）	無月份記載	浙江大蝗。（浙江）	〔光緒〕《杭州府志》卷八十三
	嘉泰二年（1202）	無月份記載	浙西諸縣大蝗，自丹陽入武進，若煙霧蔽天，其隳亘十餘里，常之二縣捕八千餘石，湖之長興捕數百石。時浙東近郡亦蝗。	《宋史‧五行一下》
			浙西大蝗，自丹陽入武進，若煙霧蔽天，其隳亘十餘里，常之三縣捕八千餘石，湖之長興捕數百石。時浙東近郡亦蝗。	《文獻通考‧物異二十》
			浙西大蝗，若煙霧蔽天，其隳亘十餘里。	《吳興備志》卷二十一
			旱，大蝗若煙霧蔽天，其墜百十餘里。	〔光緒〕《烏程縣志》卷二十七
	開禧元年（1205）	無月份記載	夏秋久旱，大蝗。	〔康熙〕《錢塘縣志》卷十二
			夏秋久旱，大蝗群飛蔽天，豆粟皆既於蝗。	〔光緒〕《烏程縣志》卷二十七
	開禧三年（1207）	四月至九月	夏秋久旱，大蝗群飛蔽天，浙西豆粟皆既于蝗。	《宋史‧五行一下》
			夏秋旱，大蝗群飛蔽天。先是，浙西郡縣首種不入，或種豆粟，皆既於蝗。	《文獻通考‧物異二十》《吳興備志》卷二十一
			夏秋久旱，大蝗，群飛蔽天，浙西豆粟皆既於蝗。	〔光緒〕《杭州府志》卷八十三
		七月	大旱，飛蝗蔽天，食浙西豆粟皆盡。	《續資治通鑑》卷一百五十八
			乙酉，詔曰：「朕德弗類，致天之災。比者郡邑間被大水，加以飛蝗爲孽，永爲咎證，震悼於衷。……」	《宋史全文》卷二十九下
			十一日，御筆：「朕德弗類，致天之災。比者郡邑間被大水，加以飛蝗爲孽，永惟咎證，用震悼于予衷。……」	《宋會要‧瑞異三》
			十一日，都省箚子：「奉御筆：『朕德弗類，致天之災。比者郡邑間被大水，加以飛蝗爲孽，永惟咎證，用震悼于予衷。……』」	《宋會要‧瑞異三》
		無月份記載	是歲，浙西旱蝗。	《宋史‧寧宗本紀》《宋史全文》卷二十九下
	嘉定元年（1208）	四月	臣僚言：「……遺蝗復生，撲滅難盡，漕渠不通，米價翔踴，人情嗷嗷，幾不聊生。」	《宋會要‧瑞異三》

寧	嘉定元年 （1208）	四月	二十五日，臣僚言：「……聞之道路，旱勢甚廣，江湖閩浙，所望皆然，遺蝗復生，撲滅難盡，漕渠不通，米價翔踴，人情嗷嗷，幾不聊生。……」	《宋會要·瑞異三》
		閏四月	詔曰：「……去歲以來，蝗蝻爲災。冬既無雪，春又不雨。夏且半矣，祈禱不應。……」	《宋史全文》卷三十
		五月	以飛蝗爲災，減常膳。	《宋史·寧宗本紀》 《宋史全文》卷三十
			江浙大蝗。	《宋史·五行一下》 〔雍正〕《浙江通志》卷一百八
			江浙大蝗乙丑，上懼災，損膳露禱。	《文獻通考·物異二十》
			二十九日，以飛蝗大作，奏告天地、社稷。	《宋會要·禮七》
			以蝗災，詔侍從、臺諫疏奏闕政，監司、守令條上民間利害。	《續資治通鑑》卷一百五十八
		六月	以蝗禱于天地、社稷。	《宋史·寧宗本紀》
			以蝗生，禱于天地、社稷。	《宋史全文》卷三十
		七月	以飛蝗爲災，詔三省疏奏寬恤未盡之事。	《宋史·寧宗本紀》
宗	嘉定二年 （1209）	四月	詔諸路監司督州縣捕蝗。	《宋史·寧宗本紀》
			又蝗，五月丁酉，令諸郡修酺祀。	《宋史·五行一下》
			又蝗下捕蝗令。五月丁酉，令諸郡修酺祀。	《文獻通考·物異二十》
			詔諸路監司督州縣捕蝗。	《宋史全文》卷三十
		五月	命州縣捕蝗。	《宋史全文》卷三十 《續資治通鑑》卷一百五十八
			申命州縣捕蝗。	《宋史·寧宗本紀》
		六月	飛蝗入畿縣。	《宋史·五行一下》
			飛蝗入畿縣令守臣修酺祭。	《文獻通考·物異二十》
		八月	三十日，江東提舉司奏：「……加以飛蝗爲害，間有得熟之田，亦復被其剪傷。……」	《宋會要·瑞異二》
		無月份記載	秋，天子以畿內旱蝗……。	《漫塘集》卷二十
			詔曰：「去歲（嘉定二年）旱蝗，百官應詔封事，命兩省擇可行者以聞。」	《宋史全文》卷三十
			是歲，旱蝗。	《宋史全文》卷三十

寧	嘉定二年 （1209）	無月份 記載	是歲，諸路旱蝗。	《宋史‧寧宗本紀》
			以去歲（嘉定二年）旱蝗百官應詔封事，命兩省擇可行者以聞。	《宋史‧寧宗本紀》
			以去歲（嘉定二年）旱、蝗，百官應詔封事，命兩省擇可行者以聞。	《續資治通鑑》卷一百五十九
			浙西大旱，大蝗，長興捕數百石。	〔光緒〕《長興縣志》卷九
	嘉定三年 （1210）	三月	二十日，臣僚言：「淮甸旱蝗，江湖中熟，商販不通。乞下諸路監司，嚴戒州縣官通販米之舟，弛下河出界之禁，無得出稅截糴。……」從之。	《宋會要‧刑法二》
		四月	十九日，臣僚言：「比年以來，州縣之間荐歲旱蝗，疾疫間作，陛下焦心勞思，惻怛之誠，靡有餘力。然而流離餓莩尚多有之，官有徒費之名，無寔惠之效，無他，版籍不素明故也。……」	《宋會要‧食貨六九》
			十一日，詔：「兵興以後，旱蝗相仍，物價踴貴，都城尤甚。行在諸軍，宜加優恤。可於內藏庫撥錢會共二十萬貫，支犒一次。照雪寒例，倍支錢會，中半給散。如不敷，於封樁庫貼降。」	《宋會要‧兵二〇》
		八月	臨安府蝗。	《宋史‧寧宗本紀》 《宋史‧五行一下》 《宋史全文》卷三十 《續資治通鑑》卷一百五十九
	嘉定七年 （1214）	六月	浙郡蝗。	《宋史‧五行一下》 《文獻通考‧物異二十》 《吳興備志》卷二十一 〔雍正〕《浙江通志》卷一百八
宗	嘉定八年 （1215）	四月至 九月	自夏徂秋，蝗患不息，諸道捕蝗者，以千萬石計，饑民競捕，官以粟易之。	《文獻通考‧物異二十》
		四月	飛蝗越淮而南，江淮群蝗，食禾苗、山林草木皆盡。乙卯，飛蝗入畿縣。	《宋史‧五行一下》
			北境飛蝗越淮而南，江、淮郡蝗，食禾苗、山林草木皆盡。乙卯，飛蝗入畿縣。已亥，祭醊，令蝗郡如式以祭。	《文獻通考‧物異二十》
		五月	二十七日，臣僚言：「……昔固有袖死蝗請賀，而飛蝗蔽天者，今壅蔽無乃類此邪？近旬之旱勢既彌甚，江涯之間，赤地相望，間有所植新秧，盡為蝗蝻所損，而州縣申述，或謂雨已通濟，或謂雨意未已，或謂蠶麥收成。貢諛說之書，行蒙蔽之寔。……」從之。	《宋會要‧禮十八》

寧	嘉定八年（1215）	六月	七日，以飛蝗入臨安府界，詔差官祭告醋神。同日，詔令兩浙、淮東西路轉運司行下所部州縣，如有飛蝗去處，並仰守臣差官祭告醋神，精加祈禱，不得徒爲文具。	《宋會要‧禮十八》
		七月	臣僚言：「今歲旱勢極廣，災傷深淺，郡縣不同，如蘇、湖、江陰稍得耕種，紹興災甚，饒、信可望成熟，江州、興國間有蝗孽，宜令監司選委公正精明有志爲民之士，覈實催放蠲除分數。」	《宋會要‧食貨五八》
		八月	蝗，禱于霍山。	《宋史‧禮五》
			十四日，都省言：「飛蝗所至去處，合行祭告醋神。」詔令諸路轉運、提舉司各行下所部州軍，如有飛蝗去處，並仰守令躬親祭告，精加祈禱，毋爲文具。	《宋會要‧禮十八》
			二十二日，臣僚言：「竊見兩浙、江淮等路今歲旱魃爲虐，種不入土者什七八，加之飛蝗肆毒，所過一空，民心嗷嗷，甚可憂也。……」	《宋會要‧刑法二》
		無月份記載	兩浙、江東西路旱、蝗。	《宋史全文》卷三十《宋史‧寧宗本紀》《續資治通鑑》卷一百五十九《宋史‧五行一下》
			兩浙、江東西旱蝗，建康尤甚。	〔至大〕《金陵新志》卷十三下
宗	嘉定九年（1216）	一月	罷諸路旱、蝗州縣和糴及四川、關外科糴。	《宋史‧寧宗本紀》《宋史全文》卷三十
		五月	浙東蝗。	《宋史‧五行一下》〔雍正〕《浙江通志》卷一百八
			浙東蝗。丁己，令郡國醋祭令諸道部使者督捕之。是歲，薦饑，官以粟易蝗者，計千百斛及多校比而賞罰之。	《文獻通考‧物異二十》
		六月	蝗，禱醋祀。	《宋史‧禮五》
	嘉定十年（1217）	四月	楚州蝗。	《宋史‧五行一下》《文獻通考‧物異二十》
	嘉定十一年（1218）	五月	二日，臣僚言：「……且鄱陽之民連遭蝗旱，已不聊生，而貪吏姦胥又陰肆推剝，如此其極，自非上官推本尋源，痛爲革絕，雖朝罷一宰，暮然點一吏，而鄱民未有安居樂業之望也。」從之。	《宋會要‧食貨七〇》
	嘉定十四年（1221）	無月份記載	明、台、溫、婺、衢等州孟、蟓（蝗）爲災。	〔乾隆〕《浙江通志》卷一百八

理	紹定三年（1230）	無月份記載	福建蝗。	《宋史・五行一下》《續文獻通考・物異十三》〔弘治〕《八閩通志》卷八十一
			蝗。	《福建通志》卷六十五
	端平元年（1234）	五月	當塗縣蝗。	《宋史・五行一下》《文獻通考・物異二十》
	嘉熙四年（1240）	六月	江、浙、福建旱、蝗。詔曰：「亢陽爲害，日事禱祈，邈無報應。且聞飛蝗爲孽，朕心惕然。自七月一日，避正殿，減常膳，應中外臣僚，並許直言朝廷闕失。」	《續資治通鑑》卷一百七十
			詔：「六月亢陽，日事禱祈，邈無報應。且聞飛蝗爲孽，朕心惕然。自七月一日，避正殿，減常膳，應中外臣僚，並許直言朝廷闕失。」	《宋史全文》卷三十三
			江、浙、福建大旱，蝗。	《宋史・理宗本紀》
			詔：「今夏六月恒陽，飛蝗爲孽，朕德未修，民瘼尤甚，中外臣僚其直言闕失毋隱。」	《宋史・理宗本紀》
			江浙、福建大旱蝗。	《文獻通考・物異二十》
			江西大旱蝗。	《江西通志》卷一百七
			大旱蝗。	〔光緒〕《杭州府志》卷八十三
		無月份記載	建康府蝗。	《宋史・五行一下》《文獻通考・物異二十》
			大旱，蝗，人相食。	〔光緒〕《烏程縣志》卷二十七
宗	淳祐元年（1241）	六月	以旱、蝗，錄行在繫囚。	《續資治通鑑》卷一百七十
	淳祐二年（1242）	五月	兩淮蝗。	《宋史・五行一下》《文獻通考・物異二十》
	淳祐三年（1243）	八月	湖州蝗。	〔同治〕《湖州府志》卷四十四
	淳祐五年（1245）	無月份記載	蝗，禾穗及松竹葉皆食盡。	〔同治〕《樂平縣志》卷十
	景定元年（1260）	九月	朱熠言：「吳門近似秋暑，忽蝗蝻孽生，未幾得雨皆殞，遂不危害。」	《宋史全文》卷三十六
	景定三年（1262）	八月	兩浙蝗。	《宋史・五行一下》
度宗	咸淳元年（1265）	無月份記載	溫州、瑞安蝗。	〔乾隆〕《溫州府志》卷二十九
	咸淳二年（1266）	六月	溫州蝗。	〔光緒〕《永嘉縣志》卷三十六

後　記

　　歷史是我一生的最愛。每當夜深人靜，一杯茶，一盞燈，便可神入其中，遨遊天地之間。有時候三、五好友相聚，言談間，那觸動心弦的歷史往事，便將一天的塵囂都洗淨了。

　　回想八年前秋天，憑著一股信念，我從專科轉來大學的殿堂，尋求夢想的實現。無奈長時間的理工訓練，僵化了我的人文思維，雖愛讀史書，但總不得其門而入，一路走來，跌跌撞撞，甚至澆熄了我滿腔的熱血。這孤獨的適應期，有賴系上師長的提攜與鼓勵，為我披荊斬棘，讓我堅持下去。

　　無法忘懷已仙逝的吳慧蓮老師，對我秦漢史期末論文最高分的肯定，這給了我無比的信心。還有世界通史劉世安老師的支持、中通討論課邱仲麟老師的勉勵、臺灣近代史蔡錦堂老師的訓練、中國思想史王樾老師的關懷與照顧。這段時間的史學歷練，使我更加堅定自己的選擇。

　　大三以後，因課堂報告受到當時系主任劉增泉老師的青睞，安排我擔任系辦的工讀生，不僅學習到許多行政上的知識，也獲得籌辦學術研討會、演講等活動的寶貴經驗。這些經歷讓我成長不少，也感謝劉前主任給我大開眼界的機會，使我想要在歷史的領域裡，更上一層樓。大四的上學期，與忘年之交唐耀棕老師多次餐敘詳談後，我立下要報考研究所的決心。更幸運的是獲得何永成老師的支持與肯定，並提供個人的研究空間，讓我準備研究所考試。這種提攜後輩的恩情，使我永難忘懷！在此必須向您大聲道謝！感謝何老師您在我求學期間多次關鍵性的幫忙。

　　畢業後能留校攻讀碩士學位，對我而言是莫大的榮幸。尤其選修師大邱添生教授在淡江所講授的隋唐史專題，更是求學過程中難得的學習經驗。還

記得第一次上課的情景，邱老師的隨和、寬容與博學，讓我感受到大學者的風範，這為期一年與老師在課堂間的對話，使我有幸窺見史家廟堂之美，未來我將加倍努力，在學業上回報老師給予最高分的期盼。

在研究所修課兩年後，我進入學位論文的寫作階段。從選題到尋找指導教授，無不讓我倍感困惑與煎熬。原因在於本身資質魯鈍，但又有強烈的企圖心，想要挑戰跨領域的題目。因此在可預見的寫作過程中，勢必遭受許多困難、阻礙，迫切需要所內葉鴻灑與黃繁光兩位教授個別專業領域的指導。這情況讓我躊躇不決，不知道要如何向老師們提出請求。兩位老師在得知此情況後，都慷慨的提供協助，願意擔任我的論文指導。這使困頓顛躓的我，豁然開朗，如獲至寶。葉老師甚至主動為我擬定寫作計畫，引領我在問題意識上耕耘，深化論題的學術價值，為我節省許多寶貴的時間，令學生感動萬分。

如今論文已撰就，首先要感謝的是兩位指導教授所付出的心力。若不是葉老師的鼓勵與觀念上之啟發，本文可能還是一堆零散的資料；若不是黃老師在百忙之中，仍為我的論文逐頁修改錯字、講解引文以及分享寫作的心得，這篇論文將錯誤百出。尤其黃老師在我論文寫作的後期，接任系主任的行政職務，在學術、行政兩頭奔波之際，還以指導我論文的工作為優先，頻繁接受我的求助，熬夜審閱我的論文，為我安排各項事務，可以說論文中的一字一句，都有您辛勞的汗水，志強真誠地感謝您的幫忙。

其次要感謝論文的兩位口試委員：清華大學徐光台教授、新竹教育大學江天健學務長。回憶起口試前夕，與徐老師在清大教育館研究室的面談，徐老師親切的問答，很快消弭我晉見大學者的緊張與不安，徐老師更以其遼闊的視野，深厚的學養，為我指出論文可深化的面向，分享研究方法和寫作技巧，那一天愉快的知識饗宴，學生將永生難忘。江老師享譽宋史學界，是我引頸盼望的著名學者，如今論文能獲得江老師的審閱，榮幸之至，不可言語，我永遠記得，2007 年 1 月 10 日的下午，從淡水捷運站到文學館，這十五分鐘的路程，江老師所散發的學者風範與淵博的學識，都是我嚮往與學習的目標。再次感謝兩位教授對我論文的指點與建議，這將是我進步的原動力。

學術研究是一項漫長且持久的工作，其中的孤獨與寂寞，沒有前輩與好友的幫忙，是無法堅持下去的。正所謂：「獨學而無友，則孤陋而寡聞。」在

求學的過程中，還有一群默默提供協助的師長與朋友，這裡請容我一一向他們道謝。

感謝行政副校長高柏園教授對我的叮嚀與鼓勵，現今我已完成對您的承諾，順利畢業了！還有大學以來一路照顧我的諸位師長：常在城區部巧遇的羅運治教授、不厭其煩為我講解玉器的黃建淳教授、引領我發現古蹟之美的周宗賢老師、擔任我初審委員並提供寫作建議的楊育鎂老師、言談間總有新奇想法的林呈蓉老師、曾一起打拼國科會專案的張素玢老師、亦師亦友的高上雯老師以及見識卓越的尤昭和老師。都為我的成長帶來了助益，由衷的感謝你們！

此外，還要感謝歷史系的麗卿助理、春枝與秀蕙兩位助教，在行政上多方面的幫忙，讓我能專心完成論文的寫作，不受庶務的打擾，尤其麗卿助理在生活上的關懷與照顧，更令我感動！

再者，還要感謝一群志同道合的夥伴。首先是清大周維強、徐志豪兩位學長，感謝學長在口試前的協助與提示，還有清大校園裡的勉勵，對我有很關鍵的幫助。第二是暨大的李其霖學長，感謝您熱心為我詢問未出版的資料，並提供自身的寫作經驗。第三是苗栗縣大同國小的饒珮琪學姊，感謝您的信賴與鼓勵，這給我很大的力量。第四是師大的鄭宗賢學長，從大學的同學到研究所的學長，您的批評與建議使我少犯許多錯誤，感謝您的幫忙。第五是諸位同窗與學弟妹們：在中研院為我找資料的鴻勳、陪我談論古今的凱銘、時常刺激我的蕙綺、與我並肩作戰的德田幸惠、為我扛下庶務的怡妃、多方協助我的川豪等。都是我感謝的對象，尤其是師妹怡妃，不僅承擔我未完成的工作，更不時為我尋找罕見的資料，在此請讓我向妳說聲謝謝！還有美麗的幸惠，妳不僅是我的日文小老師，在寫作期間更經常相互勉勵，這種特殊的情誼，將永銘我心。接著就是蕙綺，雖然妳老愛調侃我，但我知道這是妳激勵我的表現方式，謝謝妳的關心。至於臭味相投的師弟川豪，經過這段期間的相處，你我已建立深厚默契，願我們互相扶持，為理想而努力不懈。第六是對我論文提供實質與精神幫助的好友們：淡大教政所的嘉彥、輔大歷史所的穎襄和乃元、中央歷史所的瑞均、政大台史所的於威、精通電腦維修的宗瀚、遠在英國求學的穎隈、淡大中文所的怡蘋、台大昆蟲系的又亭等。感謝你們的陪伴與協助，尤其是嘉彥遠赴大陸田調時，在百忙之間仍抽空幫我收集資料，解決了我不少文獻上的問題。此外，可愛的穎襄不僅擔任

我的英文小老師，在我遭遇挫折，妳適時的關心與鼓勵，給了我很大的勇氣。還有遠在英國留學的穎隁爲我翻譯英文摘要、口試前怡蘋的勉勵、台大昆蟲學系的又亭爲我收集昆蟲學資料等等。都是我論文寫作重要的助力，眞摯感謝你們的幫忙。

最後，特別要感謝家人的支持，體恤我近而立之年，未能分擔家計的缺憾。還有恆毅高中那隻會咩咩叫的羊，妳的言語恐嚇與棍棒威脅，是我論文寫作的重要動力，我會持續努力，達成妳對我的期望！

時光飛逝，轉眼間，我已通過大學四年的考核，碩士三年多的訓練，即將邁向人生的另一場挑戰。看著書桌上的學位論文，這些日子的點點滴滴，立刻湧上心頭。實在有太多的師長、朋友給予我協助，尤其是兩位指導教授之辛苦，無法以文字來形容，兩位口試委員的批評與建議，更增添論文的價值與意義。我多麼熱切的希望，我有能力報之以泉湧。僅將此書獻給你們！

張 志 強

2007 年 3 月 3 日於新莊書房